GABRIELE SCHNEIDER

Tiger im Käfig

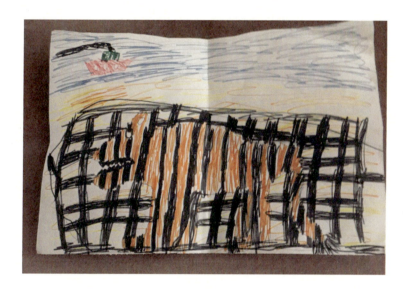

Was hat mich bloß so ruiniert?

Eine wahre Geschichte

Bibliografische Information der Deutschen Nationalbibliothek:
Die Deutsche Nationalbibliothek verzeichnet diese Publikation
in der Deutschen Nationalbibliografie; detaillierte bibliografische
Daten sind im Internet über https://portal.dnb.de/ abrufbar.

© 2024 Gabriele Schneider

Covergrafik: romiri/ Olga Zarytska/ Shutterstock.com
Karte auf S. 244: Map on Demand. Bundesamt für Kartographie und
Geodäsie, www.bkg.bund.de/mod

Satz, Umschlaggestaltung, Herstellung und Verlag:
BoD – Books on Demand, Norderstedt

ISBN: 978-3-7583-5309-3

Tiger im Käfig

Für Alexander

Inhalt

	Vorwort	7
1	Misslungener Start?	11
2	Blendung	16
3	Ein Neubeginn?	18
4	Klopfen	21
5	Bücher lesen, malen, spielen, Schach	25
6	Gewalt	30
7	Der Unfall	34
8	Das Leben geht weiter	44
9	Die Beerdigung	48
10	Tiger im Käfig	52
11	Allein in einem anderen Leben	55
12	Ein Sonnenstrahl	58
13	Immer noch Angst	62
14	Ein Schwesterchen	66
15	Die Angst besiegen und Sieger werden	69
16	Das Chaos kommt in kleinen Schritten	77
17	Die Fahrprüfung	85
18	Das Abitur	88
19	Die Bundeswehr	90
20	I said I loved you but I lied	93
21	Studentenleben	100
22	Malen	105
23	Sinnlose Rettungsversuche	109
24	Die Welt aus den Fugen	116
25	Rauswürfe	121
26	Klingenmünster – Das Rettende ist nah	126
27	Wie geht es weiter?	132
28	Nein, es ist nicht vorbei	134
29	Im falschen Leben	138
30	Abwärtsspirale	140

31	Wiesloch – Der Verrat	145
32	Frankfurt	151
33	Die Schatten von gestern	155
34	Fremdenlegion	158
35	Das Karussell dreht sich weiter	161
36	Kosten, Schulden, Nachzahlungen	165
37	Nochmal ein Studium?	167
38	Unabhängigkeit?	176
39	Der totale Absturz	178
40	Die Persönlichkeit verändert sich	184
41	Der Tiger bricht aus	187
42	Gescheitert	191
43	Überfordert	194
44	Rein in die Klinik – Raus aus der Klinik	198
45	Bierkonsum	206
46	Diagnosen – Medikamente	209
47	Ein Durchbruch?	220
48	Abstinent	224
49	Geschafft?	228
50	Alles gut? – Vielleicht.	239
Nachworte		241

Vorwort

Diese wahre Geschichte berichtet über das Leben eines jungen Mannes vom Kleinkind bis zum Erwachsenen. Alle Geschehnisse haben sich tatsächlich so wie geschildert ereignet. Um die Authentizität zu sichern, werden die realen Orte, Institutionen und Jahreshinweise benannt. Auch mit der Veröffentlichung von ärztlich gestellten Diagnosen, Krankenberichten und privat geführtem Schriftverkehr erklärt sich der Protagonist ausdrücklich einverstanden. Einzig die Namen der vorkommenden Personen sind verfremdet.

Es sei zudem darauf hingewiesen, dass diese Biografie von einem Einzelschicksal erzählt und die Begebenheiten nicht verallgemeinert werden können. Allerdings kann sie exemplarisch für ähnliche Schicksale junger Menschen auf einen Leidensweg aufmerksam machen, der möglicherweise vermeidbar gewesen wäre.

Diese Biografie einer breiten Öffentlichkeit verfügbar zu machen, entspricht dem ausdrücklichen Wunsch des Protagonisten. »Ich will es erzählen. Die Welt soll es wissen. Die Menschen, die mir auf meinem Leidensweg begegnet sind, sollen es wissen. Die Kliniken, in denen ich viel Lebenszeit verbrachte, sollen es wissen.«

Eine psychische Auffälligkeit, eine psychische Störung oder gar eine psychische Krankheit zu entwickeln, ist zutiefst menschlich und kann daher jeden Menschen betreffen. Diese Disposition wohnt aufgrund seiner anthropologischen Verfasstheit jedem Menschen inne. Die Ursachen können biologischer, psychologischer oder sozialer Natur sein und wirken immer im Zusammenspiel.

Bei der Entstehung von psychischen Auffälligkeiten und Störungen des Kleinkindes, des Kindes und des Jugendlichen sind häufig tiefsitzende und andauernde dysfunktionale Familienverhältnisse mitverantwortlich. Hierbei können auch transgenerationale Prozesse, z. B. die Weitergabe von defizitären, verfestigten Einstellungs- und Verhaltensmustern oder traumatisch erlebte Lebensereignisse, über die Familiengenerationen hinweg bedeutsam wirken. Hinzukommende kleine und große Schicksalsschläge können bei einem Kind zu einer Überlastung seines psychischen Systems führen, da individuelle Bewältigungsmechanismen noch nicht in dem Maße vorhanden sind, um diese potenzierte seelische Erschütterung aufzufangen. Wenn die psychologische Unterstützung fehlt, die es dem Kind ermöglicht, seine intensiven Gefühle zum Ausdruck zu bringen, über seine traumatischen Erfahrungen, seine Traurigkeit, seine Ängste, seine Wut zu sprechen, dann kann ein unterdrückter Schmerz auch für den weiteren Lebenslauf verheerende Folgen haben. Der Weg in die Katastrophe ist meist vorgezeichnet, wenn zudem auch das professionelle pflegerische und medizinische Unterstützungs- und Hilfesystem versagt.

Die Stigmatisierung, mit der ein psychisch erkrankter Mensch konfrontiert ist, kann zudem die Inanspruchnahme einer adäquaten Behandlung erschweren und zu einer Selbststigmatisierung des Betroffenen führen, was mit Schuldgefühlen, Rückzug und somit zu beeinträchtigter sozialer Teilhabe verknüpft sein kann, was das individuelle Leid noch verstärkt. Unter Beachtung der Tatsache, dass jeder Mensch eine psychische Störung oder Krankheit entwickeln kann, stellt sich die Frage, ob es nicht die Angst des *Jedermann* ist, selbst psychisch zu erkranken, was dessen Abwehrhaltung, Verleugnung, Verdrängung des *Psychischen* begünstigt und hervorruft. Die Stigmatisierung des *Fremden* entlastet das *Eigene*.

Dieses Buch, welches die Leserschaft tief in die Seele eines kleinen Kindes schauen lässt, eines Kindes, welches auf bewundernswerte Weise versucht, seine Ängste, die es unbewusst symbolhaft als *Tiger* in einen Käfig gesperrt hat, allein zu vertreiben, das bis ins Erwachsenenalter versucht, Herr über seine Ängste zu werden, dieses Buch mit detaillierten und zu Tränen rührenden Schilderungen vom Verzweifeln und Wiederaufstehen eines jungen Menschen soll nicht nur dem Protagonisten Gerechtigkeit, Aufmerksamkeit und Würde zurückgeben, sondern möchte alle Eltern und Erziehungsberechtigten ermutigen, trotz der Hektik im Alltag ihre Kinder nicht aus den Augen zu verlieren. Es möchte die Wichtigkeit eines liebevollen und respektvollen Umgangs aller Familienmitglieder miteinander betonen, vor allem auch die Wichtigkeit einer offenen und vertrauensvollen Kommunikation, insbesondere in Konflikt- und Problemsituationen, damit die Familie ihrer Bestimmung als Schutz- und Zufluchtsort, der Sicherheit und Vertrauen gibt, gerecht wird.

Mit der Veröffentlichung dieser Biografie ist unbedingt auch das Anliegen verbunden, allen professionell Tätigen in Schulen, Praxen, Förderzentren, Betreuungseinrichtungen, Heimen oder Kliniken ihre hohe Verantwortung für das Schicksal eines ihnen anvertrauten Menschen bewusstzumachen.

Junge Menschen, die sich selbst mit ihrem eigenen Schicksal in dieser Lebensgeschichte wiederfinden, möge beim Lesen die Last eines Unzulänglichkeits- oder gar Schuldgefühls genommen werden. Sie mögen die dysfunktionalen Strukturen, in denen sie unschuldig gefangen sind, erkennen und so möge es ihnen gelingen, sich aus diesem Teufelskreis zu befreien, der ihr Leben zu zerstören droht. Sie mögen Menschen finden, denen sie vertrauen, die sie liebevoll und vielleicht auch professionell begleiten und unterstützen auf dem Weg heraus aus der Dunkelheit in ein neues, gelingendes Leben. Ein Leben ohne Sorgen, ohne Krankheit, ohne Schmerzen, ohne Tränen gibt es nicht. Aber es gibt auch kein Leben ohne Freude, ohne Leichtigkeit, ohne Glückserfahrung, ohne Sinnhaftigkeit, ohne

Liebe. All diese Erfahrungen, ob Bitterkeit oder Zufriedenheit, gehören zu unserem Menschsein dazu. Und das ist gut so. Möge das, was zufrieden und glücklich macht, auf Dauer dominieren. Das Märchenzitat aus dem vorletzten Kapitel dieser Biografie soll dieses Vorwort beschließen:

»*Was in der Jugend einen Sprung kriegt und geht nicht gleich entzwei, das hält nachher oft gerade noch recht lange.*«

Gabriele Schneider, Frankfurt am Main

1 Misslungener Start?

Er ist ein Wunschkind. Obwohl die Ehe von der Mama und dem Papa nach fünf Jahren Dauer endgültig gescheitert ist. Doch der Bruder, der schon zwei Jahre alt ist, soll doch ein Geschwisterchen haben. Die Zeugung, die gleichzeitig den Schlusspunkt der Intimität, die nie wirklich erotisch war, zwischen der Mama und dem Papa setzt, klappte auf Anhieb. Die Mama ist ja auch erst vierundzwanzig Jahre alt und hat somit biologisch ein perfektes Alter fürs Kinderkriegen. Die Schwangerschaft und die Geburt verliefen wie nach Bilderbuchmanier, der Wunschtraum jeder werdenden Mama. Die Mama und der Papa leben als Ehepaar in der kleinen Wohnung ohne Zank und Streitereien, aber auch ohne Zärtlichkeit und Liebe. Sie sprechen über die Arbeit, den Haushalt, die Kinder. Aber über die Beendigung oder gar über einen möglichen Rettungsversuch der angeblichen Liebesbeziehung wird nicht gesprochen. Haben die Mama und der Papa Freundschaft mit Liebe verwechselt?

Die Mama, aufgewachsen in den sogenannten Wirtschaftswunderjahren der Nachkriegszeit, träumte beim Kennenlernen ihres zukünftigen Ehemannes von der Aussicht auf Unabhängigkeit von einem autoritären und von Gewalt geprägten Elternhaus, wo Disziplin, Verbote, Strenge und Schweigen das Familienklima beherrschten. Wie befreiend erschien es ihr, endlich mit einem schmucken Verehrer ausgehen zu dürfen, was die strengen Eltern bisher nicht erlaubt hatten. Der Papa seinerseits war stolz, eine hübsche junge Frau an seiner Seite zu wissen, die er in Zukunft als Oberhaupt der Familie würde verwöhnen dürfen, da ihm als Kriegswaisenkind ein sicheres und vertrautes Familienleben verwehrt geblieben war.

Das diffuse Gefühl, eine Fehlentscheidung getroffen zu haben, stellte sich allerdings nach der Hochzeit bei beiden recht schnell ein. So wie alles bisher viel zu schnell gegangen war. Kurzes Kennenlernen, schnelle Verlobung und in angemessenem Abstand, aber zügig, die Heirat. Der Kloß in Mamas und auch Papas Hals wurde drückender und immer schwerer zu ertragen. Darüber sprechen konnten sie nicht. Nachkriegskinder haben von ihren Eltern gelernt zu schweigen.

Ein Kindchen war nicht geplant. Doch das Verhütungsmittel, welches der Frauenarzt verschrieben hatte, versagte. So stellte sich nach Eröffnung der *freudigen Nachricht* eine spannende Erwartung bei den werdenden Eltern ein und ein Hoffnungsschimmer legte sich über ihre Beziehung. Die Erstlingsgeburt wurde für die Mama ein Albtraum – Verspannungen und Verkrampfungen. Die ersten Monate mit dem Neugeborenen, einem sogenannten Schreibaby, gestalteten sich für beide, für das Kindchen und für die frischgebackene Mama, sehr schwierig. Danach jedoch wandelte sich das Bübchen in ein Sonnenscheinkind. Fröhlich, neugierig, voller Liebreiz. Die junge Familie erschien harmonisch, funktionierte im Alltag reibungslos, dem Kindchen mangelte es nicht an Fürsorge und Liebe.

Das Brüderchen, nach zwei Jahren ein Wunschkind, welches mit einer Bilderbuchgeburt pünktlich am ausgerechneten Geburtstermin schon nach zwei heftigen Presswehen das Licht des kalten Kreißsaales erblickte und somit seiner Mama die entsetzlichen Schmerzen wie bei der Geburt des ersten Kindes ersparte, ist von Anfang an pflegeleicht und unkompliziert. Doch das Stillen klappt wieder nicht – wie nach der Geburt des großen Bruders. »Verspannungen«, sagt die Hebamme. Der große Bruder betrachtet das neue Wesen neugierig und wird diesen Winzling bald als seinen Spielkameraden und seinen Bewunderer zu schätzen wissen.

Der erste Sommer, den dieser kleine Junge erlebt, wird zu

den heißesten Sommern Deutschlands[1] überhaupt gehören. Aufgrund von wochenlangen Temperaturen zwischen dreißig und vierzig Grad reißen Autobahndecken auf, verschieben sich Bahngleise, sinken bedrohlich die Flusspegel, steht das Vieh auf verdorrten Feldern, lodern Waldbrände, ziehen Zoopinguine um in Kühlkammern. Das kleine, fußläufig erreichbare Schwimmbad wird in diesen heißen Wochen für die Mama und die beiden Söhne zu einer Oase der Erfrischung. Der Säugling liegt beschützt vor der Hitze im Kinderwagen unter dem großen Blätterdach eines Baumes, einmal schlafend, einmal staunend über die wogende grüne Pracht über ihm, während sein großer Bruder im Kinderbecken planscht. Im kommenden Jahr werden beide zusammen dort spielen und planschen.

Die Wohnung wird zu klein. Sie möchte in eine größere Wohnung umziehen. Was für eine Familie mit zwei kleinen Kindern in gesicherten finanziellen Verhältnissen einen konsequenten und vernünftigen Entwicklungsschritt darstellt, wird für diese Familie zur Bewährungsprobe. Die Probe wird nicht bestanden. Das erste Mal seit dem Zusammenleben von der Mama und dem Papa, sagt der Papa auf eine Familienfrage »Nein«. Sie sind am Scheideweg ihres Schicksals angekommen. Das »Nein« des Papas ist nicht nur ein »Nein« zu einer größeren Wohnung, sondern auch ein »Nein« zum Familienleben, ein »Nein« zu einem in die Zukunft gerichteten Leben mit Frau und Kindern. Dieses »Nein« offenbart die monate-, ja jahrelange Enttäuschung, die Trauer und den Zorn über die Ehetäuschung, die auf beiden Seiten vorhanden ist. Nun ist diese Täuschung aufgedeckt. Hat der Papa nicht recht mit diesem »Nein«? In der Mama erzeugt dieses »Nein« ein Gefühl des Ausgeliefertseins und der Unterdrückung, welches sie aus ihrem Elternhaus gar zu gut kennt. Sie hätten miteinander

---

[1] Hitzesommer 1976

reden sollen. Doch beiden fehlen die Worte, um ihre Gedanken und Gefühle auszutauschen. Beide haben nicht gelernt, Gefühle zu benennen. Ohnmächtig schauen sie sich an. Das Schicksal ist besiegelt.

Obwohl sich die Mama und der Papa endgültig auseinandergelebt und entfremdet haben, bleiben sie zunächst weiterhin mit den zwei Buben in der kleinen Wohnung wohnen. Die Brüder fühlen sich in der Wohnung nicht beengt. Sie leben glücklich miteinander wie in einer Symbiose. Und sie haben die tollsten Spielideen, welche sie voller Freude und mit viel Energie umsetzen. Wenn der Papa abends nach Hause kommt, scheint er das ruhige Familienleben dennoch zu genießen. Das Unter-den-Teppich-Gekehrte bleibt stumm. Der Mama fehlt zunehmend die Luft zum Atmen. Wo ist der Ausweg, bevor sie erstickt?

Die Horrornachrichten über den sogenannten *Deutschen Herbst*[2], die seit Monaten die Fernsehnachrichten dominieren, da die *Rote Armee Fraktion* nicht nur zahlreiche terroristische Anschläge verübt, sondern auch vor der Ermordung von Führungskräften aus Politik und Wirtschaft nicht zurückschreckt, verfolgt die Mama mit Interesse und Entsetzen und sie hat das Gefühl, dies sei das einzig Aufregende in ihrem Leben.

Das Rettende ist weit und breit nicht zu sehen. Die Mama braucht aber dringend eine rettende Hand. Diese Hand ist nicht da. So versinkt die Mama noch tiefer in Traurigkeit, in eine Traurigkeit, die sie schon zeitlebens latent begleitet und die mit dieser Ehe noch verstärkt wurde. Geht es dem Papa nicht ebenso? Ist die Mama in diesem Zustand eigentlich in der Lage, die beiden kleinen Jungen zu versorgen? Das brave, pflegeleichte Baby bleibt brav und pflegeleicht. Doch das traurige Gesicht seiner Mama sieht es jetzt immer öfter vor sich.

---

2 *Deutscher Herbst*. Höhepunkt der Terrorwelle durch die *Rote Armee Fraktion (RAF)* im September / Oktober 1977.

Es wird für ihn zur Normalität. Aber der große Bruder ist da! Der neugierige, aufgeweckte und fröhlich die Welt erkundende große Bruder. Er spielt mit Bauklötzen, schaut in Bilderbücher und entdeckt das Malen mit vielen bunten Stiften. Der kleine Bruder sieht ihm staunend zu. Die beiden Buben werden immer mehr zu einem Team, sie schließen ein Bündnis, welches für sie unbewusst und unsichtbar ist, sie aber umfängt wie einen schützenden Raum, wie einen Rettungsring, in den sie gemeinsam hineinpassen und wo der Große dem Kleinen die Richtung anzeigt, dieser gerne und willig folgt, denn dieser Rettungsring, der beide umschließt, und wo der große Bruder das Steuer führt, gibt Sicherheit und Vertrauen. Man kann nicht untergehen im tiefen und dunklen Wasser. Ein *Ich* gibt es nicht, es gibt nur das *Wir*.

Und es gibt noch eine liebe Kinderfrau, die stundenweise die beiden Buben hütet, wenn die Mama und der Papa zur Arbeit müssen. Vielleicht ist sie das Rettende, welches täglich zuverlässig anwesend ist, um im Falle eines großen Sturmes schnell den schützenden Regenschirm über die beiden zu halten.

2 Blendung

Keine Freude, keine Sinnhaftigkeit, nur Traurigkeit, Ängste vorm Eingesperrtsein, stets ein Gefühl, als ob ihr, der Mama, gleich *die Decke auf den Kopf* falle. Banale Alltagsgespräche, ritualisierte sonntägliche Nachmittagsspaziergänge, abendliche Fernsehstunden, keine Liebe, keine Zärtlichkeit, keine Intimität. Der Papa verharrt zusehends in Pedanterie und Perfektionismus. Lebenslust und Überschwang – »Lass uns doch mal was Verrücktes machen!« – verachtet er als Unvernunft. Das Schweigen über das Wesentliche führt bei der Mama zu Dauerkopfschmerz und Depression. Denken die Mama und der Papa eigentlich auch an die jungen Seelen ihrer beiden Buben, ob sich dort allmählich Hilflosigkeit und Verlassenheitsgefühle breit machen?

Das Leben bleibt nicht stehen. Es dreht sich weiter, auch wenn man selbst passiv bleibt. Während einer beruflichen Sitzung lernt die Mama *ihn* kennen. Es wäre besser nicht so gekommen. Er steht im Kollegenkreis stets im Mittelpunkt, er inszeniert sich sehr geschickt und genießt die Anerkennung. Die weiblichen Mitglieder sind betört von seinem Charme. Er macht Komplimente. Die Mama kommt sich wie Aschenputtel vor. Zunächst stößt sie sein prahlerisches Auftreten ab. Doch dieser erste Eindruck währt nur kurz. Wäre dieser Eindruck doch geblieben. Aber die Mama ist bald geblendet von seiner Selbstsicherheit und seinem unkonventionellen Verhalten, seinen ironischen Sprüchen und seinem kraftvollen Zupacken. Er bemerkt und genießt die heimliche Beobachtung und Bewunderung dieser sehr zurückhaltenden jungen Frau. Nach einem halben Jahr schnappt die Falle von Täuschung und Verführung zu. Sein scheinbar von jeglichen Zwängen freies Verhalten, seine Antikonformität, sein Elan, sein Charisma sowie die Aufmerksamkeit und Bewunderung, die ihm durch andere zuteilwird – dies alles weckt in der Mama verschüttete Sehnsüchte nach Freiheit, nach Liebe, nach Lebensfreude. Das Verführerische, das Trügerische, die Blendung kann und will sie nicht erkennen.

Sie möchte sofort ihr liebloses Leben verlassen. Der Papa, ihr Noch-Ehemann, schweigt. Der Auszug aus der kleinen Familienwohnung erscheint der Mama nun konsequent und unausweichlich. Die Ächtung durch Oma und Opa sind für sie kaum zu ertragen. Der Papa beharrt darauf, die beiden Buben bei sich zu behalten. Die Kinderfrau bleibt treu. Die erhoffte Loyalität und das Vertrauen in eine gemeinsame Zukunft mit ihrem Geliebten scheinen sich nur im Kopf von der Mama abzuspielen, nicht aber in der Gedankenwelt ihres vermeintlichen Retters. Er fühlt sich überfordert, zieht sich in sein altes Leben zurück und schweigt. Die Mama pendelt monatelang zwischen zwei Wohnungen und zwei Leben als Geliebte und als Mutter von zwei kleinen Buben, die sie über alles liebt und trotz dieser familiären Katastrophe gut versorgen möchte. Spießrutenlaufen. Suizidversuch. Und die beiden Buben? Der Schutzengel ist die Kinderfrau. Ein zusätzlicher Schutzengel für den kleinen Jungen ist sein großer Bruder. Sie sind sich gegenseitig Stütze und Schutz. Können das kleine Jungen schon? Das Familiendrama wird noch zwei Jahre andauern.

3 Ein Neubeginn?

Der große Bruder geht nun in den Kindergarten und ist vom ersten Tag an begeistert von dieser neuen Welt und dem Angebot, das ihn täglich dort erwartet. Jeden Mittag kommt er voller Ideen in seinem Kopf nach Hause, die er am Nachmittag mit dem kleinen Bruder in vielfältiger Weise umsetzt. Die Vormittage, die der kleine Bruder nun alleine bei der Kinderfrau verbringt, wollen für ihn kein Ende nehmen. Sehnsüchtig erwartet er um zwölf Uhr mittags die Rückkehr des Bruders. Endlich hat auch er das Alter von drei Jahren erreicht und seinem Besuch des Kindergartens steht nichts mehr im Wege.

»Geschwister werden auf unterschiedliche Gruppen verteilt«, erläutert die Kindergartenleiterin der Mama. Alle Begründungen und Versicherungen der Mama nützen nichts, der kleine Bruder wird in die Nachbargruppe überwiesen. Die Mama ahnt, was in der Seele ihres kleinen Jungen vor sich gehen könnte und sie ist nicht – oder doch? – überrascht, als die Erzieherin ihr eines Tages nachdenklich mitteilt: »Der Kleine spielt nicht. Er sitzt nur stumm im Eck.« »Bitte, geben Sie ihn doch in die andere Gruppe zu seinem Bruder.« Aber die Satzung des Kindergartens erlaubt keine Ausnahme. Die Mama kann sich nicht durchsetzen.

Endlich sind die Würfel gefallen. Die Mama und ihr neuer Freund ziehen zusammen. Die beiden Buben kommen mit. Die Mama ist überglücklich. Sie ziehen um in ein anderes Bundesland, nach Rheinland-Pfalz. Dort haben sie ein Haus mit einem großen Grundstück gekauft.

Der Umzugstag ist für die Buben und die Mama ein aufregender Tag. Die Buben bekommen einen neuen Papa, die Mama atmet Freiheit. Der Abschied der Buben vom alten Papa ist kurz. »Ich hole euch am Wochenende ab«, sagt der alte Papa mit beherrschter Miene. »Ja,« sagt der große Junge, der am meisten auf das kommende Leben gespannt ist, denn dort am neuen Wohnort wird er in die erste Klasse eingeschult werden. Der kleine Junge bleibt still. Er liebt doch seinen Papa, seinen alten Papa. Der neue Papa ist ihm fremd und wirkt auf ihn nicht vertrauensvoll. Der Abschied von der Kinderfrau ist besonders schmerzlich. »Wir kommen dich immer wieder besuchen«, und beide lassen sich von ihr ganz fest drücken.

Der alte Papa bleibt alleine in der kleinen Wohnung zurück. Er wird sehr krank werden, psychisch krank. Er wird Klinikaufenthalte durchlaufen. Er wird nie wieder heiraten. Er wird zu einem Einzelgänger werden, Stimmen hören und irgendwann vergessen, dass er einmal zwei süße Kinder hatte.

Das hübsche Haus mit dem großen Grundstück – direkt am Waldrand gelegen – ist ein Paradies für die Kinder. Herrliche Natur und viel Platz zum Wohnen und Spielen. Vier Heizöltanks, die im Keller stehen, tauschen die frischgebackenen Hausbesitzer gegen den Einbau einer Stromheizung aus, denn ein Ende des steigenden Ölpreises ist nicht in Sicht.[3] Wissenschaftler warnen zudem vor einem zunehmend düsteren Zukunftsbild als Folge einer fortschreitenden menschengemachten Umweltzerstörung und der Endlichkeit fossiler Brennstoffe[4]. Der neue Papa, mit viel männlicher Körperkraft ausgestattet, ist voller Energie und Tatendrang. Handwerklich ist er sehr geschickt, was die Mama fasziniert. Auch sie könnte mit einem Male Bäume ausreißen, ist voller Lebensmut und Zukunftsfreude. Die Buben beäugen den neuen Papa zunächst kritisch. Doch der große Junge hat sich mit seinen sechs Jahren schnell

---

3 Ölpreiskrise. 1. Krise 1973. 2. Krise 1979 / 1980. Erhöhungen der Rohölpreise führen in den Industrieländern zu schweren Rezessionen.
4 *Club of Rome*. Gegründet 1968. Zusammenschluss von Expertinnen und Experten, die sich für eine nachhaltige Zukunft der Menschheit einsetzen. Bericht *Die Grenzen des Wachstums* erzielt weltweit Beachtung. 1972.

an dessen ironische Sprüche gewöhnt und findet sein Verhalten spannend. Der kleine Junge mit vier Jahren hält sich an seinem Bruder fest, sucht und findet bei ihm Sicherheit.

1981

4 Klopfen

Der große Junge wird in der neuen Schule zum begeisterten Schüler. Der kleine Junge geht in den neuen Kindergarten. Die Mama hat den ersten Aggressionsausbruch des neuen Partners erlebt. Eine Banalität im Straßenverkehr provozierte seine ungezügelten Impulse, was sie schockierte und den ersten großen Streit zwischen ihnen auslöste. Schon wieder stellen sich Zweifel bezüglich der richtigen Partnerwahl ein. Doch der neue Mann ist ein tüchtiger Freizeithandwerker. »Die Arbeit am Haus ist gut gegen Aggressionen«, hofft die Mama.

Sie wohnen nun auf dem Land. Für die Buben ein himmlischer Tummelplatz. Der neue Papa integriert sich problemlos in das Dorfleben und gewinnt wie immer schnell viele Sympathien. »Ein toller Mann!«, sagen die Leute. Die Mama und der neue Papa müssen morgens nun sehr früh das Haus verlassen, um von dem neuen Wohnort zu ihrer Arbeitsstelle zu kommen, noch bevor die Kinder aus dem Haus müssen. In dem kleinen, beschaulichen Dorf gibt es wenig Autoverkehr, so muss sich die Mama um ihren großen Jungen nicht sorgen. Er geht problemlos alleine und pünktlich morgens um halb acht zur Haltestelle im Ortszentrum, von wo ihn der Schulbus in den Nachbarort zur Grundschule bringt. Der Kindergarten, der sich in der Nähe des Hauses, nur um die Ecke herum, befindet, beginnt jedoch erst um halb neun. Der kleine Junge ist alleine zuhause, wenn sein Bruder das Haus verlassen hat. Es gibt keine Kinderfrau mehr, die sich liebevoll um die Buben kümmert, wenn die Mama nicht da ist.

Die Mama sagt betont zuversichtlich zu ihrem kleinen Sohn: »Du schaffst das schon. Ich lege dir eine Märchenschallplatte auf den Plattenspieler. Wenn sie abgelaufen ist, dann ziehst du dein Mäntelchen an, hängst den Hausschlüssel um den Hals und gehst langsam zum Kindergarten. Es ist nicht weit. Dort musst du vielleicht nur noch ganz kurz auf dem Mäuerchen warten, bis die Tante kommt. Ja?« Der kleine Sohn ist schon immer sehr folgsam, sehr ordentlich und sehr aufmerksam. Wenn sich der Schallplattenspieler nach zwanzig Minuten abschaltet, nimmt er sein Kindergartentäschchen mit dem Vesper, hängt sich den Hausschlüssel am Band um den Hals, zieht sein Mäntelchen an und lässt die Haustür sorgfältig und gewissenhaft ins Schloss fallen. Langsam setzt er sich in Richtung Kindergarten in Bewegung. Die Nachbarn beobachten den kleinen Kerl und schütteln anfänglich den Kopf. Im Kindergarten spielt er dann wieder alleine für sich. Sein Bruder ist ja schon ein Schulkind geworden. Die Tante im Kindergarten ist sehr lieb zu ihm. Mittags wartet er drinnen im Kindergarten auf seinen großen Bruder, der ihn dann dort auf seinem Heimweg nach der Schule abholt und ihn mit nach Hause nimmt. Oft ist auch die Mama, die nun in Teilzeit arbeitet, schon da und kocht etwas Leckeres. Dann riecht es so gut in dem neuen Haus. Der Nachmittag wird toll! Zum Spielen gibt es viel Platz im Haus und erst recht im Garten. Wunderbar! Aber immer öfter stellt die Mama fest, wenn sie mittags nach der Arbeit nach Hause kommt und die Kinderschallplatte vom Plattenteller nimmt, dass der Lautstärkeregler am Plattenspieler bis zum Anschlag aufgedreht ist. Warum so laut?

Es gibt nun zwei Kinderzimmer. Aber die beiden Buben wollen zusammen in einem Zimmer schlafen. Schön. Kein Problem. Der kleine Junge hat ein Zu-Bett-geh-Ritual: Abends müssen alle Kuscheltiere mit in sein Bett. Es sind viele. Die Mama meint, es seien zu viele. Er will sie aber im Bett behalten. Also gut. Noch eine Gute-Nacht-Geschichte vorlesen, danach für jedes Kind ein großes Bussi. Was die Mama nicht sieht: Der kleine Junge muss jeden Abend vor dem Einschlafen an das

Bettgestell aus Holz klopfen. Er dreht sich zur Seite, streckt die kleine Hand aus, bildet eine Faust und klopft mit den Knöchelchen seiner Hand an das Holz. Zehnmal. Und nochmal zehnmal. Es ist schwer aufzuhören. Hört es sein großer Bruder im Bett gegenüber? Er sagt nie etwas dazu. Stört ihn das Klopfen vielleicht gar nicht, da Kinder auffällige Verhaltensweisen noch nicht als auffällig wahrnehmen, sondern als gegeben akzeptieren? Die Mama erfährt nie davon. Sie ahnt es nicht einmal. Der neue Papa betritt nur selten das Kinderzimmer. »Na, ihr zwei? Wie geht's?«, sagt er dann mit seiner tiefen Stimme. Die Antwort wartet er aber nie ab.

Viele, viele Jahre später, der kleine Junge wird ein erwachsener Mann geworden sein, wird er der Mama von dem Klopfritual mit folgender Begründung erzählen: »Einmal, als ihr, du und der neue Papa, abends ausgegangen wart, schauten wir noch einen Film im Fernsehen an. Wir dachten, es sei ein Kinderfilm. Aber es war ein gruseliger Film. Jemand schlug einem anderen den Kopf ab. Wir schalteten sofort den Fernseher aus und gingen ins Bett. Danach fing die Sache mit dem Klopfen an. Ich war ja noch ein Kindergartenkind.« »Warum hast du mir nie davon erzählt?«, fragt die Mama betroffen. »So etwas erzählt man seiner Mutter nicht. Höchstens dem Bruder.«

Die Mama wird viel über das Erzählte ihres Sohnes nachdenken. Kann solch ein einmaliger Filmeindruck in einem kleinen Jungen diese beklemmende und zwanghafte Verhaltensweise hervorrufen? Oder wirkt so eine Gruselszene wie der Tropfen, der ein Fass zum Überlaufen bringt? Das Leben eines kleinen Jungen füllt ja erst ein kleines Fass, welches schnell zum Überlaufen gebracht werden kann. Die Trennung von dem geliebten Papa, die viel zu oft traurige Mama – sind dies die Zutaten, die das kleine Fass, das die Seele des kleinen Jungen beherbergt, viel zu schnell füllte? Es werden viele Jahre vergehen, als die

Mama in einem psychiatrischen Lehrbuch[5] lesen wird, dass dieses zwanghafte Klopfen eine Form von Selbststimulierung und Beruhigung darstellen kann, um ein traumatisches Geschehen zu verarbeiten, welches eigentlich offener Wut zur Verarbeitung bedurft hätte.

---

5   Vgl. N. Heinrichs, A. Lohaus. Klinische Entwicklungspsychologie kompakt. Psychische Störungen im Kindes- und Jugendalter. 2020. Beltz.

5 Bücher lesen, malen, spielen, Schach

Die Mama und der neue Papa haben viel zu tun. Die zwei Buben ebenfalls. In dem großen Haus gibt es vielfältige Möglichkeiten der Beschäftigung. Vor allen Dingen müssen immer genügend Malpapier und Buntstifte vorhanden sein. Bald schon gleichen die Kinderzimmerwände dem Wald, der das Grundstück des Hauses begrenzt. Waldbäume und Wildblumen, leuchtend auf Papier gemalt, die dann an den Wänden mit Klebestreifen oder Reißnägeln befestigt werden, verwandeln das Zimmer in eine Naturlandschaft, wie nur Kinderaugen sie sehen und abbilden können. Der kleine Bruder steht seinem großen Bruder, was Kreativität und Malkönnen anbetrifft, in nichts nach. Sein künstlerisches Talent wird ihm in späteren Jahren zu einer seiner Überlebensressourcen werden.

1982

Sehnsüchtig erwartet der kleine Junge den Schuleintritt. Endlich ist es soweit. Nun kann er morgens zusammen mit seinem Bruder aus dem Haus gehen und dieselbe Schule besuchen. In der Hofpause spielt er nur mit ihm und dessen Freunden. Die Hausaufgaben erledigen sie gleich nach dem Zuhausekommen zusammen, mit Begeisterung und sorgfältig. Meistens ist die Mama dann auch schon von der Arbeit zurück. Sie kocht, während sich die Kinder am großen Esstisch im Wohnzimmer den Schulaufgaben widmen. Beide sind sehr gute Schüler und werden von den Lehrkräften gelobt. Kinderbücher gehören für die Buben zum wichtigsten Bestandteil ihres Entdecker- und Neugierdranges. Wissensbücher, Tierbildbände, Techniklexika, Flaggen-aus-aller-Welt-Bücher, Bildbände zu den alten Griechen und Römern, die Geschichte der Ritter, ach, es gibt so viel Spannendes zu entdecken. Ihre Bücherwelt stellt für beide einen unermesslichen Schatz dar, den es zu erkunden gilt, immer und immer wieder. Was es doch außerhalb ihrer eigenen Welt an faszinierenden und bestaunenswerten Dingen gibt! Und sie erfinden Geschichten, niedergeschrieben auf großen Papierbögen in kindlicher Schrift, mit vielen Bildern bunt illustriert, wie sie kein Erwachsener nachahmen könnte, und auch die Seitenzahlen werden nicht vergessen. Das Anfertigen der *Ernie und Bert-Bücher*, in denen sie die zwei Handpuppen aus der *Muppet Show*[6] vielfältige Abenteuer erleben lassen und die Dialoge zwischen den beiden in lustigen Sprechblasen verewigen, bereitet den Buben einen riesigen Spaß und sie benötigen dafür viele Stapel Endloscomputerpapier, da die *Ernie und Bert-Geschichten* immer weiter und weiter geschrieben werden. Viele, viele Jahre wird die Mama die bis ins letzte Detail ausgestalteten Bildergeschichten auf den Papierbögen aufheben. Es sind kleine Kunstwerke, die an glückliche Stunden erinnern.

---

6 *Muppet Show*. Britisch-amerikanische Puppenspielserie, die ab 1971 in die Fernsehserie für Vorschulkinder *Sesamstraße* integriert wird.

Zu den glücklichen Stunden zählen auch die Stunden, in denen die Mama und der neue Papa mit den Buben gemeinsam am großen Wohnzimmertisch sitzen und Würfelspiele, Brettspiele und Familienspiele spielen. Alle spielen gleichermaßen gern. Einzig das Erlernen der Spielregeln erfordert geduldiges Warten. Aber dann geht es los! Die Spielfreude beflügelt die Fantasie in den kleinen Köpfen und im Kinderzimmer entwerfen die beiden eigene Spielkreationen, die dann selbstverständlich auch mit der Mama und dem neuen Papa gespielt werden.

1983 Frankreich (Atlantik)

In der Schule wird eine Schach-Arbeitsgemeinschaft angeboten. Ab der dritten Klasse. Der große Bruder ist begeistert. Seit sie in das neue Haus eingezogen sind, steht ein großes, aus Holz gefertigtes Schachbrett auf dem kleinen Tisch beim Wohnzimmersofa, auf dem ebenfalls aus Holz gefertigte Schachfiguren in Reihe und Glied stehen. Der neue Papa hat das Schachspiel mitgebracht und die Mama hat es dort aufgestellt, denn es sieht schön und edel aus. Auf dem quadratischen Brett mit seinen vierundsechzig Feldern, die abwechselnd in schwarz und weiß angeordnet sind, stehen sich die sechzehn weißen und sechzehn schwarzen Figuren, jeweils doppelreihig aufgestellt, gegenüber. Das Schachspiel steht seither einfach nur da. Wenn die Mama Staub wischt, schiebt sie alle Figuren an die Seite des Brettes und stellt nach dem Abwischen jede einzelne Figur wieder an ihren vorgesehenen Platz. Den richtigen Platz für jede Figur kennt sie, auch wenn sie das Schachspiel nicht beherrscht. Dem neuen Papa fehlt ein Schachpartner, so dass mit den Figuren bisher nicht gespielt wurde. Die beiden Buben schoben die hübschen Holzfiguren gerne so manches Mal auf dem glatten Brett mit dem Würfelmuster hin und her. Aber die Regeln blieben ihnen bisher verschlossen.

Doch nun besucht der große Bruder die Schach-AG in der Schule. Es müssen Schachbücher her. *Schach für Kinder. Schach macht Spaß. Schachlehrbuch für Anfänger.* Es gibt eine Menge an solchen Büchern. Und es geht ums *Bauernopfer*, um den *Bauernkrieg*, um *Weiß beginnt – Schwarz gewinnt*, um Eröffnungen, um König und Dame, um Läufer, Springer und Turm, um *schachmatt*. Nachmittags, nach den Hausaufgaben, dreht sich alles nur noch um die kleinen Figuren. Der kleine Junge ist begeistert. Und er begreift schnell, wie die Figuren zu führen sind. Er ist ein gleichberechtigter Partner für seinen großen Bruder. Es scheint, als ob die kleinen Figuren nur auf ihn gewartet hätten, als sie bisher so still auf dem Brett ausharrten. Nun ist es so weit. Und sogar der Schachlehrer macht eine Ausnahme. Der kleine Bruder, obwohl erst in der ersten Klasse, darf zu den Großen in die Schach-AG kommen! Der Schachlehrer erkennt das Talent. Zum Bruder in die Schach-AG! Was für eine Freude! Er hört von Boris Spasski, von Bobby Fischer, von Anatoli Karpow. Alle sind Schachweltmeister.

»Ich werde auch einmal ein Schachweltmeister!«, sagt der kleine Junge ganz oft und strahlt über seine roten Wangen hinweg. Die Mama zweifelt nicht daran. Bald schenken Oma und Opa den Buben einen Schachcomputer. Einen der ersten auf dem Markt. Es dauert nicht lange, da haben die zwei Brüder ihn besiegt. Der neue Papa staunt.

6 Gewalt

Nein, prahlerisch tritt er nicht auf, der neue Papa, aber es gelingt ihm schnell, sich bei seinen Mitmenschen wohlwollende Aufmerksamkeit zu verschaffen. In Gesellschaft weiß er sich gut zu benehmen. Unterläuft ihm ein »Ausrutscher«, interpretiert er ihn als witzig und absichtlich herbeigeführt. Die Lacher der Anwesenden sind ihm sicher. Im Mittelpunkt zu stehen ist sein Lebenselixier. Er ist ein Charmeur, redegewandt und mit seinen unkonventionellen Sprüchen scheint er aus dem bürgerlichen Rahmen zu fallen. Seine technische Intelligenz paart sich mit seinem handwerklichen Können zu einer interessanten Mischung, was ihm wohl bewusst ist. Die Bewunderung und der Applaus seiner *Anhänger* sind ihm stets sicher, was er lässig abwehrt. Einfach »ein toller Mann«.

In den eigenen vier Wänden, die Mama durchschaut es immer öfter, legt er jedoch eine imaginäre Maske ab. Von dem mit viel Beifall versehenen Schauspieler auf der Bühne der Öffentlichkeit ist hinter den Kulissen nichts mehr übrig. Warum auch? Je mehr das Interesse an ihm im neuen Bekanntenkreis zunimmt, umso geringer wird sein Interesse an seiner neuen Partnerin, seiner neuen Familie. So wird aufgrund dieser Täuschung und Enttäuschung der Beifall, den Mama ihm zu Beginn ihres Kennenlernens spendete, in gleichem Maße geringer, wie er in der Außenwelt am neuen Wohnort wächst. Das Janusköpfige an ihm nimmt die Mama immer öfter bewusst wahr und sie beobachtet ihn zunehmend kritisch, was er bemerkt und was ihn zunächst irritiert, was dann jedoch immer öfter in aggressive Handlungen mündet. Er wirft Tassen und Teller mit Wut auf den Boden oder an die Wand und tritt zornig Türen ein. Physische Gewaltanwendungen ihr gegenüber folgen bald. Sie bleiben den Buben zunächst verborgen, doch die Spannungen zwischen der Mama und dem neuen Papa dringen unausweichlich auch in ihre kleinen Kinderseelen ein. Dieses Gefühl kennen sie doch? Tagelanges Schweigen zwischen der Mama und dem neuen Papa, Türenknallen, Einschließen der Mama im Badezimmer, ein *verschwundener* neuer Papa bis nach Mitternacht – es gibt vieles, wobei sich die beiden Buben nicht wohl fühlen. Doch sie haben ja sich. Sie bilden ein vertrauensvolles Gespann. Sie können sich unausgesprochen aufeinander verlassen. Sie bilden eine unauflösbare Einheit. *Wir*, dies ist ihre gemeinsame Identität. Ein *Ich* gibt es so gut wie nicht. Beide empfinden zudem das neue Leben mit viel Wohnraum, großem Garten, einem lustigen Hund, vielen Schulkameraden und Freunden als angenehm und spannend. Sehr gute Leistungen und ihr ruhiges und wohlerzogenes Verhalten machen sie beliebt bei den Lehrkräften der Schule. Auch dass der neue Papa manchmal richtig witzig ist, gefällt ihnen. Der kleine Junge beginnt ihn zu akzeptieren und gibt seine Skepsis etwas auf. Im Zweifelsfall gibt es ja seinen großen Bruder, der ihm wieder Sicherheit und Vertrauen gibt.

Die Spannungen zwischen der Mama und dem neuen Papa häufen sich. Eines Nachts hören die beiden Buben großen Lärm aus dem Elternschlafzimmer. Sie sind deswegen aufgewacht. Sie laufen im Schlafanzug zur Schlafzimmertür, klopfen an und öffnen einen winzigen Spaltbreit die Tür.

»Bei euch ist so ein großer Lärm! Wir können nicht schlafen.« Der neue Papa springt mit bösem Gesicht aus dem Bett, zwängt sich an ihnen vorbei und verschwindet im Badezimmer. Die Mama weint und sagt, sie sollen schnell wieder ins Bett gehen.

Immer öfter denkt die Mama an eine Trennung. Nein, ihre zwei lieben Buben sollen so nicht aufwachsen. Nicht mit einem gewalttätigen Mann, nicht mit wöchentlichen Streitereien und einer angespannten Atmosphäre. Zu ihrem Trost weiß die Mama oder hofft sie, dass den Buben ihre umfangreichen Spielaktivitäten und ihre Begeisterung für den Lernstoff der Schule wichtiger sind als die Auseinandersetzungen im neuen Zuhause. Dass sich die unausgesprochenen Ängste des kleinen Jungen in mehreren Wiederholungen des abendlichen Klopfrituals ausdrücken müssen, das ahnen weder die Mama noch der neue Papa. Vielleicht ahnt es der große Bruder. Aber er ist sich wohl gewiss, dass er für seinen kleinen Bruder schon gut sorgen kann. Schließlich klopft dieser ja schon immer. Nach dem Lichtausschalten reden, flüstern sie oft noch ein wenig. »Hast du auch ein Geheimnis?« »Ja, ich habe auch ein Geheimnis.« Welches sagen sie einander nicht. Denn es ist ja schließlich ein Geheimnis.

Zum Verhaltensrepertoire des neuen Papas gehören auch lächerlich machen, beschämen, einschüchtern. Der kleine Junge ist neben der Mama ein bevorzugtes Objekt. Ein liebevoll und schön gedeckter Tisch bietet sich für solche Demütigungen täglich in idealerweise an.

»Was soll diese Zange in der Nudelschlüssel? So nimmt man Nudeln aus der Schüssel auf den Teller.« Und er greift provozierend mit der bloßen Hand in die Schüssel und holt mit Schwung eine Ladung Nudeln heraus und befördert sie auf seinen Teller. Die Mama schaut entsetzt, die Buben sehen die Mama an. »Pass auf, Schocki, gleich bekleckerst du dich! Pass auf, gleich! Vorsicht, schaut genau hin!« Und schon hat der kleine Junge Soße auf seinen Pullover getropft. Er ist betroffen und nimmt sofort die Serviette zum Abwischen. Er, der doch so ordentlich und aufmerksam ist, er hat sich bekleckert. »Siehst du, ich habe es doch gesagt, Schocki, dass du dich gleich bekleckerst.« Die kleine Seele weiß noch nicht, wie sie einmal versagen wird, wenn sie dringend als Schutzschild gegen die Dämonen der Welt gebraucht werden wird.

Doch noch hat der kleine Junge das Komödiantische, welches ihm wohl in die Wiege gelegt wurde, nicht verlernt. Besonderen Spaß findet er am Nachsprechen von Politikernamen, wie er sie oft im Radiosender oder im Fernsehprogramm hört. *Außenminister Hans-Dietrich Genscher* gefällt ihm aktuell besonders gut, denn dieser Name fällt in diesen Wochen in den Medien[7] sehr häufig. Die Mama und den neuen Papa bringt der kleine Junge damit oft zum Lachen.

Doch die Mama weiß, dass sie dieses von Gewalt geprägte Leben so nicht mehr weiterführen kann. Eine gemeinsame Aussprache über die Partnerprobleme zwischen ihr und ihm ist nicht möglich. Jeder Versuch ihrerseits stellt für ihn eine Provokation dar und ihre Rettungsversuche münden in aggressiven, oft tätlichen Auseinandersetzungen. Sie sind nicht miteinander verheiratet. Sie kann ihn einfach vor die Tür setzen.

---

[7] 1982. Auf die Spannungen in der sozial-liberalen Koalition folgt das Misstrauensvotum gegen Bundeskanzler Helmut Schmidt (SPD), welches von Außenminister Hans-Dietrich Genscher (FDP) unterstützt wird. Nach dem Regierungswechsel wird der Christdemokrat Helmut Kohl zum Kanzler gewählt.

7 Der Unfall

Bis vor Kurzem genoss man noch wohlig warme Sommertage. Doch seit gestern regnet es und es ist kühl geworden. Jetzt, Anfang September, scheint der Herbst Einzug zu halten. Ohne warmen Anorak können die Kinder morgens nicht mehr das Haus verlassen. Heute Nachmittag wollen die Mama und die beiden Buben, so wie gestern am späten Nachmittag, als die Wolken sich etwas verzogen hatten und die Sonne vor dem nahenden Abend noch ein paar wärmende Strahlen schickte, mit den Fahrrädern hinauf zum Waldrand fahren, um die reifen, tiefschwarzen Brombeeren zu pflücken, die dort jetzt zu Unmengen an den Sträuchern wachsen. Der kleine Junge freut sich sehr auf diese gemeinsame Unternehmung. Denn seit sein Bruder im August in das Gymnasium der nächstgrößeren Stadt aufgenommen wurde, muss er nun wieder alleine in die Grundschule gehen. Wie schön war es, mit dem Bruder gemeinsam das Haus zu verlassen und denselben Schulweg zu haben, zuerst zu Fuß zum Busplatz in der Dorfmitte und dann mit dem Schulbus zur Grundschule im Nachbarort. Die Busfahrt gemeinsam mit den anderen Grundschulkindern ist immer ein Erlebnis und bereitet den kleinen Fahrgästen stets jede Menge Spaß. Im Bus geht es lebhaft, aber diszipliniert zu. Den Busfahrer kennen alle Kinder und sie duzen ihn.

Der kleine Junge ist nun acht Jahre alt und geht in die dritte Klasse, was bedeutet, dass er noch zwei Jahre alleine ohne seinen Bruder in die Grundschule gehen muss, bis auch er endlich in das Gymnasium aufgenommen werden wird. Daran gibt es auch keinen Zweifel, denn er ist ein ebenso guter, ja sehr guter Schüler, so wie es sein großer Bruder, der Zehnjährige, ist. Dieser ist überaus begeistert gewesen, endlich in das Gymnasium zu kommen, denn dort, dessen war er sich sicher, würde sein Wissensdurst ganz bestimmt gestillt werden und alle seine Fragen, die ihm im Kopf täglich herumschwirren, würde er beantwortet bekommen. Im Abschlusszeugnis der vierten Klasse hatte ihn sein Klassenlehrer als ausgezeichneten, überaus wissbegierigen und überdurchschnittlich begabten Schüler beschrieben. Die Mama freute sich über das gute Zeugnis, dennoch betrachtet sie ihre beiden Buben als ganz »normale« Kinder, die keines Sonderstatus' und keiner übertriebenen Lobeshymnen bedürfen.

Nachmittags berichtet der große Bruder nun immer voller Begeisterung seinem kleinen Bruder, was er in der Schule alles gehört und gelernt hat. Er ist der einzige Schüler aus seiner ehemaligen vierten Grundschulklasse, der ab diesem Schuljahr das Gymnasium besucht. Er fährt nun nicht mehr mit einem speziell für die Grundschulkinder eingesetzten Schulbus, sondern mit einem Linienbus der Deutschen Bundesbahn zum Gymnasium, in dem auch ältere Schülerinnen und Schüler sowie Erwachsene mitfahren. Dieser Linienbus fährt jedoch schon zwanzig Minuten früher als der Schulbus, der zur Grundschule fährt, an der Bushaltestelle ab. So gewöhnt es sich der kleine Junge schnell an, etwas früher, als es für ihn nötig ist, gemeinsam mit seinem Bruder zur Bushaltestelle zu gehen. Nach der Abfahrt des Linienbusses muss er dann allerdings noch eine Weile auf seinen Grundschulbus warten. Das ist nicht schlimm. Warten hat er doch gelernt. Die Mama lässt ihn gewähren. Sie hat nun sogar fast eine Viertelstunde Zeit für sich allein, bevor sie aus dem Haus muss. Zum Glück konnte sie den so frühen Beginn ihrer Arbeitszeit um eine Stunde später verlegen.

»Meine Buben werden groß«, denkt die Mama so manches Mal. Welches Glück hat sie doch. Sie sind so liebe, ordentliche und fleißige Kinder. Wenn sie nur ein harmonisches Familienleben hätten. Eine Trennung von dem neuen Papa wird jedoch unausweichlich sein. Aus einer gestörten Paarbeziehung gehen meist auch gestörte Kinder hervor, das weiß sie und dies darf ihren Buben nicht passieren.

Für den kleinen Bruder endet die Schule heute schon um zwölf Uhr. Die Mama ist auch schon zuhause. Als der kleine Junge an der Haustür klingelt, obwohl er einen Hausschlüssel in der Schultasche mit sich trägt, er es aber schön findet zu klingeln und wenn die Mama dann die Tür öffnet, riecht es lecker aus der Küche, denn die Mama hat schon angefangen, das Mittagessen vorzubereiten. Der kleine Junge setzt sich an den Esstisch und beginnt mit seinen Hausaufgaben. Sie machen ihm immer Spaß. Aber am meisten freut er sich darauf, wenn sein Bruder in einer Stunde von der Schule heimkommen wird und wenn sie am Nachmittag zum Brombeerpflücken an den Waldrand radeln werden. Das wird toll!

Aus dem Radio ertönen leise die Mittagsnachrichten. »Außenminister Hans-Dietrich Genscher, hörst du, Mama?«, sagt er fröhlich. »Ja, Schatz«, antwortet die Mama. »Du hast gut aufgepasst!« Sie wird sich heute Abend in der Tagesschau genau anhören, was denn da in Prag in der Bonner Botschaft[8] los ist. Immer mehr Menschen wollen ja aus der *DDR* ausreisen. Die Mama kann deren Freiheitsdrang sehr gut nachvollziehen.

Kurz nach zwei Uhr mittags klingelt das Telefon. Es steht im Wohnzimmer und die Mama kommt aus der Küche. Sie nimmt den Hörer ab. Sie verhält sich anders als sonst, wenn ein Anruf kommt. Der kleine Junge nimmt es wahr und schaut zu ihr hin.

»Ich muss schnell zum Busplatz«, sagt sie mit einer anderen, einer fremdklingenden Stimme. »Ich bin gleich wieder da.« Sie schaltet den Herd aus, schlüpft in ihre Halbschuhe, die sie zum Fahrradfahren trägt, und nimmt den Autoschlüssel. Sie könnte

---

8   1984. DDR-Bürger, die das Land verlassen wollen, suchen Zuflucht in der Bonner Botschaft in Prag.

mit dem Fahrrad fahren, aber irgendetwas eilt, eilt so sehr, dass sie intuitiv zum Autoschlüssel greift. Eine Jacke braucht sie nicht, auch wenn es draußen kühl ist. Sie ist ja gleich wieder zurück. Was für ein Anruf war das eben? Einen Namen nannte die Anruferin nicht. Es war doch eine weibliche Anruferin? Sie sagte nur: »Kommen Sie schnell zum Busplatz.«

Der kleine Junge möchte an seinen Hausaufgaben weiterschreiben. Aber irgendwie geht es nicht mehr. Er spürt eine Unruhe in sich. Fast so wie abends im Bett, bevor er mit dem Klopfen beginnen muss. Er steht auf, geht um den Esstisch herum, schaut nach dem Hund, der im Garten liegt, aber es fehlt ihm der Antrieb, mit ihm zu spielen. Er geht in die Küche und schaut dort vom Fenster hinaus auf die Straße. Nichts los. Er geht die Treppe hinauf ins Kinderzimmer. Aber er fühlt sich irgendwie nicht gut. Hoffentlich kommt die Mama gleich. Der neue Papa kommt erst heute Abend nach Hause.

Er versucht, mit den *Matchbox*-Autos zu spielen, als es unten an der Haustür klingelt. Er springt schnell die Treppe zum Wohnzimmer hinunter und zur Haustür. Er öffnet.

»Dein Bruder ist tot.« Drei Freunde seines Bruders, die auch seine sind, stehen vor der Tür. »Ihr lügt.« Schnell klappt er die Eingangstür wieder zu. Die Welt verwandelt sich in einen Nebel. Er weiß nicht mehr, wo er ist und was er macht. Vergeht die Zeit oder vergeht sie nicht? Die Mama steht auf einmal neben ihm. Sie sagt: »Er ist im Himmel. Im Paradies.« Sie nimmt ihren kleinen Jungen in den Arm, umschlingt ihn, drückt ihn fest an sich. Aber der kleine Junge versteht nicht, was sie sagt. Er wird sein ganzes Leben nie verstehen, was sie an diesem Mittag gesagt hat, was an diesem Mittag geschehen ist.

Die Mama weint nicht. Sie geht ans Telefon. Sie ruft den neuen Papa an, dass er nach Hause kommen soll. Sie ruft den alten Papa an. Sie ruft Oma und Opa an. Die Hausärztin ist mit der Mama zurückgekommen und hat am Esstisch, der halb gedeckt ist, Platz genommen, so wie es die Mama sie gebeten hat. Die Schulhefte vom kleinen Bruder liegen sorgfältig geschlossen an der Seite des Tisches, aus der Küche duftet es nach leckerem Essen. Der Hund hat sich ins Wohnzimmer gezwängt und benimmt sich als einziger aufgeregt und verrückt. Niemand schickt ihn vor die Tür.

Der kleine Junge versteht nicht wirklich, was die Erwachsenen sagen, wie es zu dem Unfall kam. Auch die Dorfkinder berichten ihm über das Geschehen in den kommenden Tagen in allen Variationen. Sein sonst so pfiffiger Verstand kann es nicht begreifen und schon gar nicht die kleine Kinderseele. Der Bruder, der große, starke Bruder, der alles kann und alles weiß, der immer so aufmerksam und hellwach ist, er soll vom Fahrer des Linienbusses überfahren worden sein? Sofort tot? Der kleine Busplatz weist keine Absperrung aus zwischen der Fahrbahn des Busses und der Ein- und Ausstiegsstelle für die Fahrgäste. Alle tummeln sich auf demselben Platz, Grundschulbus oder Linienbus, Kinder oder Erwachsene. Wenn der Grundschulbus morgens vor Schulbeginn abfährt oder mittags nach Schulende wieder zurückkehrt, übernehmen stets einige Mütter die Busaufsicht. Doch die Abfahrten und die Ankünfte des Linienbusses überwacht niemand. Der große Bruder, so werden es später Zeugen berichten, ließ nach Ankunft des Linienbusses auf dem Busplatz alle die eiligen, die zum vorderen Ausstieg strebenden Fahrgäste – Jugendliche und Erwachsene – sich an ihm vorbeiquetschen und zuerst aussteigen. Er selbst verließ den Bus als Letzter. Der Busfahrer war in Eile. Er hatte sich verspätet und musste doch seinen Zeitplan einhalten. Der Außenspiegel, als der Fahrer startete, Gas gab und nach rechts das Lenkrad einschlug, erfasste den *toten Winkel*, in dem sich das Kind nach dem Aussteigen befand, nicht. So war dem Busfahrer beim Blick in den Außenspiegel die Sicht auf den zuletzt ausgestiegenen Fahrgast nicht möglich, den an Körperlänge noch kleinen Fahrgast, der soeben die letzte Stufe des vorderen Busausstiegs verlassen hatte. Hatte der Junge seinen Schulranzen, den er im Bus nicht auf dem Rücken trug, nach dem Aussteigen kurz auf dem Boden abgestellt? War er gerade dabei, ihn auf den Rücken zu nehmen? Wäre ein kleiner Schritt weg vom Bus schicksalentscheidend und lebensrettend gewesen? Oder war in des Busfahrers Eile nicht einmal Raum für diesen kleinen Schritt? Niemand wird diese Fragen jemals beantworten. Und doch sind die letzten Sekunden im Leben eines Menschen für die ihn Liebenden von so hoher Wichtigkeit. Die letzten Sekunden des geliebten Menschen verstehen, aufsaugen, miteinander sein, alles wissen müssen, keine Sekunde des verlöschenden Lebens im Dunkeln versinken lassen! Vielleicht gab es ja einen Schicksalsfaden, den man hätte rettend ergreifen können! Fünfzehn Zentimeter zwischen Köpfchen und Vorderreifen, fünfzehn Zentimeter zwischen Sicherheitszone und Todeszone, eine Handlänge als Schicksalsmaß. Warum gab es keine rettende Hand, die in der Schicksalssekunde beherzt zugriff? Unwissen, Nichtwissen ist unerträglich. Die Suche nach dem Warum und die Suche nach einer Antwort können lebenslang andauern. Erlösend für denjenigen, der die Ungewissheit akzeptieren kann.

Weiß ein Busfahrer eigentlich, dass ein *toter Winkel* einen Menschen töten kann? Als der rechte Vorderreifen des Busses über etwas hinwegholperte, hielt der Busfahrer nochmals an. Den Schrei hatte er nicht gehört.

Die Mama war schnell am Busplatz. Menschen. Viele Menschen. Heraus aus dem Auto. »Warum ist der Platz so riesig? Niemals war er so riesig!« Die Mama sieht ihr Kind dort auf dem Busplatz hinter dem Linienbus liegen. Der Mensch besitzt ein eingebautes Notfallsystem. Es kann helfen, Katastrophen einigermaßen heil zu überstehen. Wie von einer Schutzengelhand geführt, stülpt sich eine weiche Nebelwolke über dich, die den Schrecken leise und vorsichtig in ihren Dunst einsaugt und so abmildert. Vorerst bist du geschützt. Doch die Katastrophe wird in kleinen Erinnerungsstücken im Laufe eines Lebens aus der immer durchsichtiger werdenden Nebelhaube wieder hervorkriechen. Sinnloser Tod. Es hätte jemand, der erfahren und furchtlos ist, die Mama – beschützt unter der Nebelhaube – bitten können, ob ihr lieber Bub durch seinen Tod der Retter anderer Kinder sein möge. Aber es ist niemand stark. Alle sind schwach. Kann man es ihnen verdenken? So gesunde Organe in einem Kind, so viele kranke Kinder in der Welt. Im Tode Leben schenken. So vielen Kindern Leben schenken. Beschützt und abgeschirmt unter der Nebelhaube kann die Mama so nicht denken.

Alle sind sie schwach, der Arzt, die Ärztin, der traumatisierte Busfahrer sowieso, die Zeugen, die vielen Dorfleute als Zuschauer, ja, auch die Mama selbst. Jemand nimmt sie am Arm, als sie gerade zu ihrem Jungen stürzen will, um ihn ein letztes Mal in den Arm zu nehmen, ihn zu küssen, ihn zu streicheln, mit ihm zu reden, sich von ihm zu verabschieden. Jemand nimmt sie am Arm, bevor sie ihn umarmen kann und führt sie weg, weg von ihrem Jungen, weg von seiner letzten Wärme, weg von seinem das Leben ausgehauchtem Körper, seinem geschundenen Körper, weg von seiner Seele, von seiner unschuldigen Kinderseele, die wohl schon hinauf in den Himmel geflogen war. Warum hat sie nicht geschrien? Laut geschrien? Warum fehlte ihr die Stimme?

Irgendwann, Monate später wird sie in der Zeitung lesen, als Zikomo, das Bonobo-Baby von Mama Mayembi, im Zoo plötzlich verstorben ist, die Mama daraufhin ihr totes Baby aufnimmt und es tagelang mit sich herumträgt und dass das tagelange Herumtragen des toten Kindes bei Menschenaffen ein üblicher Prozess des Abschiednehmens sei. »Bei Menschen doch auch«, denkt die Mama.

Die Gerichtsverhandlung am Amtsgericht der zuständigen Kreisstadt, die nach einem Jahr stattfindet, muss ertragen werden. Aber sie ist ein Fremdkörper, ein Eindringling, vor dem man am liebsten die Tür verschlossen hält. Bleib draußen, wir wollen dich nicht! Du störst unsere Ruhe, unsere Trauer, unsere Privatheit, wir wollen nicht reden, wir wollen nichts erzählen, geh' bitte weg! Das Verfahren gegen den Busfahrer wegen fahrlässiger Tötung wird eingestellt mit der Begründung, dass »eine exakte Grenzziehung zwischen Unglück und Verschulden kaum noch möglich ist« und mit der Auflage, eine Zahlung von 2500 DM[9] an die Staatskasse zu leisten. Auf die besondere Sorgfaltspflicht von Busfahrern, die auch Kinder und Jugendliche transportieren, wird im Schlussbericht des Amtsgerichts hingewiesen sowie auf die Sicherheitsmängel aufgrund fehlender zusätzlicher Spiegel an Bussen. Die Mama erhält von der Deutschen Bundesbahn eine Abfindung von 5000 DM. Sie erkläre sich hiermit »wegen aller Ansprüche aus dem tödlichen Unfall ihres Sohnes (…) auch für die Zukunft vorbehaltlos für abgefunden«. Es wird über zwanzig Jahre dauern, bis vorschriftsmäßig sechs Spiegel an Bussen angebracht werden müssen.

Gibt es in einem achtjährigen Jungen auch ein Notfallprogramm? Es muss eines geben! Sein Notfallprogramm heißt zunächst *verstummen*. Bis auf Weiteres. Und zugleich wird alles Geschehene, Gehörte, Erklärte, Gemutmaßte, Verwirrende, Verstörende in den tiefsten Winkel seiner Seele rutschen, um dort verschüttet zu bleiben, bis der Tag des Ausbruchs gekommen sein wird. Er wird kommen.

Als an diesem Nachmittag ein Polizist an der Haustür klingelt und den Schulranzen, den zerdrückten, in dem sich auch alle Hefte, Bücher und der Malkasten zerdrückt befinden,

---

9 Deutsche Mark (DM). Offizielle Währung in der Bundesrepublik Deutschland. 1948 bis 1998 (Buchgeld) bzw. 2001 (Bargeld).

schweigend bringt, nimmt die Mama den Ranzen mit einem »Danke« entgegen. Sie funktioniert. Der Polizist ist nicht fähig, etwas zu sagen. Als dann am nächsten Tag der Leichenbestatter klingelt und mitteilt, dass man den Jungen im Sarg anschauen könne, da packt die Mama eine große Furcht.

»Kommen Sie doch mit seinem Bruder. Kommen Sie. Nehmen Sie Abschied«, sagt er freundlich und ruhig. Doch jetzt ist auf einmal alles anders. Panik, Angst, Furcht überfallen sie. Sie kann nicht. Sie kann nicht in den Sarg schauen. In den Sarg, in dem ihr Kind liegt. Sarg! Welches entsetzliche Wort? Sie hätte diesen schrecklichen Gang tun können, mit dem kleinen Bruder an ihrer beschützenden Hand, dessen ist sie sich viele Wochen später sicher, wenn sie ihr Kind auf dem Busplatz liegend hätte umarmen dürfen. Dessen ist sie sich ihr ganzes weiteres Leben so sehr sicher. Jetzt kann sie es nicht. Schon gar nicht mit dem kleinen Bruder an der Hand. Zusammenbruch? Ohnmacht? Der neue Papa geht alleine zum noch offenen Sarg. Das versöhnt sie etwas mit seinen Gewalttaten.

Der kleine Junge wird seinen Bruder nie mehr wiedersehen. An diesem letzten Morgen, als sie gemeinsam zum Busplatz laufen, redend, gestikulierend, lachend, rennend, der Große seinen Arm um die Schulter des Kleinen legend, dieser seinen Arm um dessen Hüfte, ist es das letzte Mal, dass die beiden einen gemeinsamen Weg gehen. Untrennbar. Dachten beide, unbewusst. Dass ein Mensch plötzlich verschwindet, mit einem Male einfach nicht mehr da ist, kann man nicht verstehen, schon gar nicht, wenn man ein Kind ist. Wo ist mein Beschützer, mein Held, mein Spielkamerad, mein *Immer-Da*, mein *Wir-bleiben-immer-Zusammen*, meine Zuflucht und meine Sicherheit? Kein *Auf-Wiedersehen*, kein Abschiednehmen, kein *Bis-Bald*. Plötzlich weg, plötzlich gegangen, plötzlich verschwunden. Wo ist mein Bruder? Warum lässt er mich alleine? Warum kommt er nicht wieder zurück zu mir? Wir könnten uns dann auch unser

Geheimnis erzählen. Wir wollten doch Brombeeren pflücken gehen. Und das Puzzle fertigspielen. Er wollte mir heute doch von dem Mikroskop in der Schule erzählen. Er kann mich doch nicht einfach so alleine lassen. Morgen ist er bestimmt wieder da. Bestimmt. Er hat mich noch nie angelogen. Noch nie.

Viele Jahre später wird die Mama in einem der unzähligen Bücher, die sie bis dahin über das Leben, über den Tod, über die Psyche des Kindes, über die Psyche des Erwachsenen, über Schicksalsschläge und deren Bewältigung und vieles mehr gelesen haben wird, diese Aussage am bemerkenswertesten finden: »Eine Todesnachricht darf nicht überbracht werden, wenn die Person, für die sie bestimmt ist, alleine ist. Sie braucht eine Stütze, da sie die Nachricht alleine nicht ertragen kann.«[10]

---

[10] Vgl. T. Auchter. Traucr. 2019. Psychosozial-Verlag.

8 Das Leben geht weiter

Die Lehrerin der dritten Klasse hat einen Blumenkranz auf einen Stuhl gelegt, der nun inmitten des Klassenzimmers steht. Die Kinder stehen darum herum. Sie singen ein paar Lieder. Welche Lieder singen sie? Der kleine Junge wird sich später nicht daran erinnern. An den Blumenkranz aber schon.

In der Sakristei der kleinen Dorfkirche hat der Pfarrer das Foto des Bruders an der Wand aufgehängt. Er war ein eifriger und freudiger Ministrant gewesen. Seit der kleine Junge ein Drittklässler ist, darf er auch ein Ministrant sein. Wie schön war es, mit dem Bruder zusammen diesen Dienst auszuüben. Nun hängt sein Bild da an der Wand, wo sich vor dem Gottesdienst immer alle Ministranten versammeln, um vom Pfarrer die wichtigen Instruktionen für den bevorstehenden Gottesdienst zu bekommen und wo sie sich das Messdienergewand überziehen. Der kleine Junge mag das Bild nicht angucken.

Die Mama hat Bücher gekauft. *Wenn Kinder trauern. Das Kinderbuch vom Kirchenjahr. Geschichten für die Kinderseele. Gebete für Kinder. Die Brüder Löwenherz. Caius, der Lausbub aus dem alten Rom. Die Kinderbibel.* Die Mama wird noch viele Bücher kaufen in den nächsten Jahren. Obwohl der kleine Junge selbst ein sehr begeisterter Leser ist und er und sein Bruder oft um die Wette lasen, liest ihm seine Mama nun ganz viel vor, nicht nur am Abend, sondern auch an den Nachmittagen. Manche Texte versteht er nicht richtig, aber es tut gut, dicht bei der Mama zu sitzen, ihre Wärme zu spüren und ihre liebe Stimme zu hören.

Alleine im Kinderzimmer spielen, in dem bis vor Kurzem immer zwei Kinder spielten, das geht nicht. Die Mama sagt, der kleine Junge wird umziehen in das andere Kinderzimmer, welches bisher ungenutzt geblieben war. Der kleine Junge wünscht sich ein *Atari 11*. Solch eine Videospielkonsole besitzen in seiner Klasse schon einige Buben. Der kleine Junge und sein Bruder interessierten sich nicht sehr für elektronische Spielsachen. Mit Ausnahme ihres Schachcomputers. Der faszinierte sie. Sie dachten sich lieber eigene Spiele aus, die sie dann begeistert ausarbeiteten. Oder das Geschichten-Erfinden, Geschichten, die dann in Bildern aufgemalt wurden. Das war spannend! So wie die *Ernie und Bert-Geschichten*. Doch ohne den Bruder gelingt das nicht mehr. Die letzte *Ernie und Bert-Geschichte* wird immer unvollendet bleiben. Die Mama zweifelt, ob sie ein *Atari* kaufen soll. Elektronischen Spielsachen steht sie sehr skeptisch gegenüber.

»Sie verderben die Kreativität«, meint sie. Aber der kleine Junge bekommt seinen Wunsch erfüllt. Als er dann wie besessen, ohne nach links und rechts zu schauen, eine Stunde und länger vor diesem Apparat sitzt, macht sich die Mama doch Sorgen. Wie spielt denn ein Kind alleine? Wie geht das denn? Es kann doch nicht nur vor solch einem Apparat sitzen? Das ist doch schrecklich! Welche Spiele gibt es denn für Kinder, die alleine aufwachsen? Es bricht ihr fast das Herz, den kleinen Jungen so alleine zu sehen, alleine ohne seinen Bruder. Da fehlt doch etwas. Das geht doch nicht. Das darf doch nicht sein. So oft sie kann, spielt sie mit ihm. Ist das eigentlich richtig? Viele Jahre später wird sie darüber grübeln, ob sie zu viel mit ihm gespielt hat, ihm somit die Lernerfahrung verwehrt hat, sich selbst zu beschäftigen, ihn vielleicht sogar hilflos gemacht zu haben für einen Umgang mit den Schrecknissen des Lebens. Wie macht sie es als Mutter richtig? Sie hat doch kein Vorbild. Nur ihre Intuition. Als sie ein Kind war, hat man sie mit ihren kindlichen und als Jugendliche mit ihren jugendlichen Sorgen und Nöten allein gelassen. Die berufstätigen Eltern hatten

---

11 Atari Video Computer System mit Joystick und Videokassetten. Ab 1977 bis ca. 1993.

keine Zeit für sie. Sie wollten es nach dem Krieg doch wieder »zu etwas bringen«. Und Empathie war ein Fremdwort. Verweichlichung der Kinder musste unbedingt verhindert werden. Sie war ein Schlüsselkind und trug von morgens bis abends einen Schlüssel um den Hals. Dieser Schlüssel gab Vertrauen. Nicht die Mutter, die abends müde von der Arbeit heimkam. Dieses Vertrauen und diese Empathie will sie nun aber unbedingt ihrem kleinen Buben geben. Tut sie des Guten zu viel? Jedenfalls ist das Leben nun ein anderes geworden. Es ist schwer geworden. Alle Leichtigkeit ist dahin. Die Leichtigkeit beruhte einzig auf dem glücklichen Zusammenleben der Brüder. Die Auseinandersetzungen und Gewaltausbrüche in ihrer Partnerschaft rücken nun noch stärker in den Mittelpunkt. Sie wollte sich doch trennen. Aber sie kann doch für den kleinen Jungen nun nicht noch eine weitere einschneidende Veränderung in seinem jungen Leben produzieren? Oder doch? Jetzt erst recht?

Die Kinder vom Dorf holen den kleinen Jungen täglich zum Spielen ab. Wie schön. Er scheint dann wie die anderen ein fröhliches Kind zu sein. Seine Schularbeiten und Hausaufgaben erledigt er noch gewissenhafter als zuvor. Aber er springt danach nicht mehr fröhlich auf und ruft: »Fertig! Alles fertig!« Sondern er ordnet still seine Schulmaterialien und geht dann ins Kinderzimmer zum *Atari-Spielen*. *Ich*-Sätze sagt er nicht. Dies fällt auch der Mama auf.

Die Angst des Jungen am Abend wird stärker. Die Mama ahnt nichts davon. Wie gut, dass sie vor dem Einschlafen immer mit ihm betet. Er betet oft auch alleine für sich. »Lieber Gott, mache, dass mein Bruder wieder zurückkommt.« Doch die Angst verschwindet nicht. Er muss noch häufiger und länger an das Bettgestell klopfen. Und zusätzlich muss er auch das Lämpchen auf seinem Nachttisch immer wieder an- und ausknipsen. Und weil dies alles die Angst nicht besiegt und so das Einschlafen gestört ist, muss er irgendwann noch zwölf

Vaterunser beten, so wie er es im Religionsunterricht gelernt hat. Und nochmal zwölf Vaterunser. Jeden Abend.

9 Die Beerdigung

Die Beerdigung findet drei Tage nach dem Unglückstag statt. Die Mama ist immer noch von der weichen Nebelwolke umhüllt. Das Notfallprogramm funktioniert noch. Das Notfallprogramm ihres kleinen Sohnes kennt sie nicht. Er redet nicht. Sie beobachtet ihn sorgenvoll. Es fehlen ihr auch die Worte, um ihn richtig anzusprechen. Sie hat nicht gelernt, wie man mit einem Kind umgeht, das seinen Bruder verloren hat. Sie setzt sich mit ihm auf den Teppich oder an den Esstisch und spielt mit ihm. Aber ist dieses Spiel echt? Er und sie wissen es. Es ist ein gekünsteltes Spiel. Mit dem Bruder war es echt, spannend und lustig.

Und heute findet die Beerdigung statt. »Die Beerdigung von meinem Jungen.« Die Mama kann es fast nicht glauben. Vielleicht ist alles doch nur ein schlimmer Traum. Sie muss sich ganz schwarz anziehen. Auch ihr kleiner Sohn muss etwas Dunkles tragen. Die Kirchenglocken läuten. »Sie läuten heute nur für uns, nur für uns, Todesglocken nur für uns«, denkt die Mama.

Die Wege zwischen den Gräbern auf dem kleinen Friedhof des Dorfes sind gefüllt mit Menschen. In die Friedhofskapelle gelangt man zum Glück über einen Seiteneingang. Die Mama und der neue Papa haben den kleinen Jungen zwischen sich genommen und beide halten eine seiner kleinen Hände. Der alte Papa geht zusammen mit den übrigen Familienmitgliedern hinter ihnen. Der alte, der richtige Papa. Wer stützt den richtigen Papa? Besitzt er auch ein Notfallprogramm? Dass er kein Effektives besitzt, wird sich in den folgenden Jahren immer mehr bewahrheiten.

Die kleine Friedhofskapelle ist bis auf die drei vorderen Reihen voll besetzt. Die vorderen Reihen sind für die Hauptpersonen reserviert. Für die Hauptpersonen! Doch das Unfassliche befindet sich ganz vorne, mittig in der Halle: der Sarg. Darin liegt unter vielen bunten Blumenkränzen eingeschlossen der große Sohn. Wie kann er denn darin liegen? Das kann doch gar nicht sein? Er ist doch im Himmel oben. Ganz da oben. Was ist denn in diesem Sarg drinnen? Sarg, was für ein schreckliches Wort. Die Mama weiß nicht, was den kleinen Sohn in seinem Köpfchen und in seinem Herzchen bewegt.

»Ich darf ihn nicht loslassen, seine Hand ganz festhalten, ganz fest«, denkt sie. Sie setzen sich in die erste Reihe. Sind sie schon jemals in ihrem Leben irgendwo und irgendwann in der ersten Reihe gesessen? Eine Frau setzt sich an das bereitgestellte Harmonium und spielt ein Kirchenlied. Oder ist es ein Kinderlied? Das Notfallprogramm, das Notfallprogramm, nicht ausschalten! Die Musik ist egal. Der Pfarrer tritt mit den Ministranten vor die Trauergemeinde. Es ist schrecklich, schrecklich. Wann ist es endlich vorbei? Auf einmal sagt der Pfarrer: »Als das Haus in Flammen stand, sagte der Herr: ›Spring, Junge, spring! Ich fange dich auf.‹ Und der Junge sprang.«

Der kleine Bruder weint. Er weint und schluchzt. Er weint lauter. Es ist das erste Mal seit dem Unglückstag, dass er weint. Jetzt weint er ganz laut. Der Onkel, der in der Reihe hinter ihm sitzt, beugt sich nach vorne und spricht ein kurzes Wort mit dem neuen Papa. Dann flüstert dieser dem kleinen Jungen etwas ins Ohr. Der kleine Junge ergreift die Hand des Onkels, die dieser ihm hinreicht, steigt aus der Bank und geht mit dem Onkel aus der Friedhofskapelle heraus, hindurch durch die vielen Menschen, die auf den Wegen zwischen den Gräbern stehen, hinaus zum Friedhofstor, die Dorfstraße hinunter, hin zu der kleinen Eisdiele, die im September noch geöffnet hat, sie setzen sich dort hinein und der Onkel bestellt ein großes Eis für den kleinen Jungen.

Mit einem Male ist sie da, die Schutzengelhand, die die weiche Nebelhaube über den kleinen Jungen stülpt. Ganz leise und vorsichtig hüllt sie ihn ein. Endlich geschützt. Warum kommt sie erst jetzt? Warum? Warum nicht schon an der Haustür, als die Freunde die Todesnachricht überbrachten? Der kleine Junge wird für viele, viele Jahre die Erinnerung an die Ereignisse dieses Tages und der kommenden Tage, Wochen und Monate verlieren. Nur der Onkel weiß, wie es nach dem Eisdielenbesuch weitergeht. Doch die lebensbedrohlichen Gefühle, die Vertrauen, Zuversicht und Sicherheit zerschmettert haben, werden im Herzen, in der Seele des kleinen Jungen bleiben. Sie lassen sich nicht auslöschen. Sie vergraben sich wie all die vielen anderen fremden Gefühle, die den kleinen Jungen in den vergangenen Tagen schon überfluteten, im hintersten Winkel seiner kleinen Seele. Doch sie sind da. Lebensbedrohliche Gefühle bleiben lebensbedrohlich. Auch ein Notfallprogramm wirkt nicht dauerhaft. Man sollte die lebensbedrohlichen Gefühle irgendwann zur Rede stellen! Aber weil Panik und Angst die Gegenspieler von Reden und Aussprechen sind, verhindern sie das Gespräch, welches die bedrohlichen Gefühle aus dem dunklen Verlies hervorlocken könnte, die nach ihrem Auftauchen und nach dem Ansehen und Befühlen ihres tödlichen Stachels auf einmal gar nicht mehr so bedrohlich sein würden, denn ihr tödlicher Stachel wird während der vielen Jahre des Verborgenseins längst verdorrt und abgefallen sein.

Die Mama wird ihrem Sohn, wenn er ein erwachsener Mann geworden ist, von diesen Ereignissen erzählen. Doch die Gefühle von Trauer, Unsicherheit, Verlassensein, die ihn seit seinen jungen Lebensjahren begleiten, wird er immer noch nicht verloren haben. Er meint, der tödliche Stachel sei noch da. Er hat große Angst. Er weiß nicht, dass der tödliche Stachel längst verdorrt und abgefallen ist und kein Gift mehr enthält. Erst wenn der Bruder wiederkommt, kann er geheilt werden. Erst wenn er ihn fragen kann, warum er ihn so lange allein gelassen hat. Wenn der Bruder dann trotzdem schnell wieder weggehen muss, dann, ja dann, dann werden sie sich umarmen, »Tschüss« und »Auf Wiedersehen« sagen, sich ein Abschiedsgeschenk zustecken, »Verlier' es nicht« sagen, »Weißt du noch« und »Nächstes Mal schlage ich dich beim Schach« zurufen, sich zuwinken, bis am weiten Horizont nur noch ein heller Lichtstrahl zu sehen ist. Aber jetzt ist das Alleinsein nicht mehr so schlimm, ich habe ja sein Abschiedsgeschenk, er hat gesagt »Bis bald«, ja »Bis bald«, jetzt ist es nicht mehr so schlimm, das Geschenk in der Hosentasche fühlt sich warm an, es wird immer warm bleiben, wir vergessen uns nie. Doch der Abschied vom Bruder hat auch nach zehn, nach zwanzig und nach dreißig Jahren immer noch nicht stattgefunden.

10 Tiger im Käfig

Der Tiger sieht furchterregend aus, auch wenn er sich nur als Abbildung auf dem Malblockblatt befindet. Orangefarben das Fell, schwarz die Streifen, die vier Beine gedrungen, wobei Vorder- und Hinterbeine jeweils fast zu verschmelzen scheinen und die krallentragenden Pranken sich daher dem Betrachter entziehen, imposant der lange und auf dem Boden schleifende Schwanz mit einer Fellquaste am Schwanzende und noch beeindruckender der massige Schädel mit dem leicht geöffneten Maul, sodass das realistisch anmutende Gebiss mit seinen engstehenden und bedrohlich wirkenden Zähnen aus dem klobigen Ober- und Unterkiefer klar hervortritt. Die Zähne

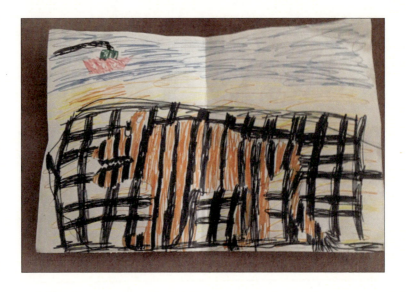

sind sehr sorgfältig ausgemalt, mit schwarzer Farbe wie die Streifen im Fell des Tieres. Das Auge ist in seiner runden Form natürlich nachempfunden, doch die in Echtheit gelbe Iris ist wie das Gebiss in tiefem Schwarz gezeichnet. Auch die aufrecht stehenden, eher kleinen Ohren hat der Maler, der eindeutig und leicht als kindlicher Maler zu erkennen ist, nicht vergessen und der Betrachter ist erstaunt, vielleicht sogar emotional betroffen, ob der Fähigkeit des Kindes, die offensichtliche Bedrohung durch dieses wilde Tier so eindrucksvoll zu Papier gebracht zu haben. Tiger sind Raubtiere und ernähren sich von großen anderen Tieren, wobei sie ihrer Beute auflauern oder sich an sie heranschleichen. Seine Stärke, Größe und Gewandtheit beeindrucken die Menschen, machen ihnen aber auch Angst. In keinem Tierbuch für Kinder fehlt der Tiger und wird fasziniert von den kleinen Betrachtern bestaunt. Auch im Zoo der Stadt stellt er für die kleinen Zuschauer die Attraktion dar.

»Doch nie, nie darf er von dort ausbrechen. Denn dann könnte er aggressiv durch die Stadt laufen und zum Menschenfresser werden. Das weiß doch jedes Kind! Er darf nicht ausbrechen. Nie darf er ausbrechen. Man bekommt sonst schreckliche Angst und Panik. Er will ausbrechen, lieber Gott, der Tiger will ausbrechen. Schnell, hilf, hilf! Schnell, einen Käfig, einen Käfig! Schau, seine Pranken, schau sein Gebiss! Lieber Gott, schnell, mach schnell. Ich bin allein. Schnell, einen Käfig!« Der Käfig ist klein. Die Gitterstäbe dick, engstehend und schwarz. In der Eile sind sie nicht exakt geraten, man erkennt die Hast und Angst, in der sie hergestellt beziehungsweise gezeichnet wurden. Doch der Tiger ist gefangen. Das ist das Wichtigste. Zum Glück! Eigentlich ist der Käfig zu klein für den massigen Tiger. Die schwarzen Gitterstäbe scheinen sich mit den schwarzen Fellstreifen des Tieres, der in Seitenansicht dargestellt ist, zu vermischen. Käfig und Tiger werden zu einer Einheit. Gut so, so kann er sich nicht bewegen und ist richtig eingesperrt. Sieht er nicht furchterregend aus, wie er so in diesem engen Gefängnis steht mit geöffnetem Maul und starr nach vorne gerichtetem Auge? Dieses Tiermonster ist auch als Gefangener noch bedrohlich. Einzig der Käfig, der es zur Unbeweglichkeit verdammt, signalisiert Sicherheit. Angst, sie darf nicht überhandnehmen. Ist der Käfig auch wirklich sicher? Es ist besser, ein doppeltes Sicherheitssystem zu schaffen. Und damit gleichzeitig diesem entsetzlichen Schreckensbild ein Erlösungsmotiv an die Seite zu stellen. Auf dem Malblockblatt gibt es noch eine kleine freie, unbemalte Fläche. Sie befindet sich über dem Käfig im oberen Drittel des Zeichenblattes. Der kleine Zeichner hat sie mit einem schmalen Sandstrand, der dem großen, großen Meer vorgelagert ist, ausgefüllt. Mit schnellen Strichen mithilfe einfacher Holzstifte, im Gegensatz zu den dicken Filzstiften, die er für den Tiger und den Käfig benutzt hat, hat er dieses Motiv eilig hingehuscht. Und unbedingt muss auch noch das kleine Dampfschiff auf den Meereswellen unbeschwert dahinschwimmen, das kleine rosa Dampfschiff mit dem grünen Schornstein für den Dampfauslass. Der Dampf ist schwarz und treibt nach Westen. Das Dampfschiffchen, zum Glück ist es rosafarben, ist in voller Fahrt, der Dampf flieht eilig dahin. Falls der Tiger ausbrechen sollte, ist das Schiffchen die letzte Rettung. Schnell auf es hinaufspringen und die Wellen des Meeres tragen dich mit dem Schiffchen fort, weit fort, fort in Sicherheit. Schnell fertig werden mit malen, schnell, ganz schnell, denn das schreckliche Bild muss weg, weg in die Schublade des Kinderschreibtisches, ganz nach hinten, weit nach hinten. »Nie mehr will ich es ansehen. Nie mehr.«

Das Kind, auch wenn es einmal erwachsen geworden sein wird, wird sich nie daran erinnern, jemals dieses Bild gemalt zu haben.

11 Allein in einem anderen Leben

Wie wild mit dem *Atari* spielen, damit man fast die Besinnung verliert und nur noch in unendlichen Welten schwebt, unglaubliche Dinge erschaffen und in gefährlichen Situationen stets der Überlebende sein, Waffen und Rüstungen in allen möglichen Ausfertigungen besitzen und immer und immer wieder der Held und der Sieger sein. Nie soll das aufhören. Bis die Mama sorgenvoll meint, es sei für heute genug.

Im Papierkorb unter dem Kinderschreibtisch des kleinen Jungen findet sie eines Tages die Hälfte eines schmalen, winzigen Zettelstreifens, auf dem in kindlicher Schrift hingeschrieben ist: »… weil ich keinen Bruder mehr habe.« Der Mama stockt der Atem. Der Anfang dieses Satzes muss gefunden werden. Sie muss wissen, was in dem Kopf ihres kleinen, nun einzigen Sohnes an Gedanken herumschwirrt. Sie muss wissen, was ihn belastet und bedrückt. Sie leert den Inhalt des Papierkorbs auf dem Fußboden aus und dreht von dem Papierabfall Schnipsel für Schnipsel, Blatt für Blatt um. Nichts. Die erste Hälfte des Zettels ist nicht da. Vielleicht befindet sie sich schon in der großen Mülltonne hinten im Garten. Sie kippt die große Papiertonne auf dem Rasen aus. Detektivisch prüft sie jedes weggeworfene Teil, egal wie verschmutzt es sein mag. Die Nadel im Heuhaufen. Sie weiß nicht, wie lange sie so gesessen ist. Es grenzt an ein Wunder, auf einmal hält sie diesen winzigen kleinen abgerissenen Zettelteil in Händen. Schnell streicht sie das kleine Blatt noch im Knien auf ihrem Rock einigermaßen glatt.

»Ich schäme mich, …«. Sie holt das Pendant aus ihrer Jackentasche und hält beide Teile aneinander. »Ich schäme mich, weil ich keinen Bruder mehr habe.« Ihr wird heiß. Tränen steigen ihr in die Augen. Zitternd steckt sie beide Zettelteile in ihre

Jackentasche. Schnell räumt sie den Müll wieder in die Tonne zurück.

Irgendwann findet die Mama in einer der Schreibtischschubladen ihres Buben eine selbst gebastelte Pappuhr. Schöne und gleichmäßig angeordnete Zahlen begrenzen den äußeren Ring der Uhr. Zwei wohlgeformte und säuberlich ausgeschnittene Zeiger, einer klein, einer groß, werden mit einer Musterbeutelklammer exakt mittig festgehalten. Die Zeiger sind eingestellt auf die Uhrzeit *14.15 Uhr* und in das Ziffernblatt ist von Kinderhand nachträglich eingeschrieben worden: *Mittwoch September*. Die Todeszeit, der Todestag und der Todesmonat des Bruders. Der wievielte Tag des Monats September dieser Mittwoch genau ist, das kann ein achtjähriger Junge nicht erinnern. Auch die notierte Todeszeit entspricht nicht der realen Todeszeit. Der Totenschein weist 13.55 Uhr als Todeszeitpunkt aus. Als die Kinder des Dorfes jedoch dem kleinen Jungen die Todesnachricht entgegenschleuderten, da zeigte die Uhr 14.15 Uhr an. *Mein Tod ist dein Tod*. Also um 14.15 Uhr. Die Zeiger der Uhr werden sehr, sehr stabil von der Musterklammer festgehalten. Auch nach vielen Jahren werden diese Zeiger unverändert auf eine Uhrzeit hinweisen, ab der die Zeit begann stillzustehen. Auch noch nach vielen Jahren, wenn aus dem kleinen Jungen schon längst ein erwachsener Mann geworden sein wird.

Fußballspielen – die Freunde holen ihn immer ab. Schachspielen – im Schachkurs begeistert er seinen Schachlehrer. Er möchte immer noch Schachweltmeister werden. Das Ministrantenamt – er füllt es zuverlässig und gewissenhaft aus. Zu jedem Gottesdienst findet er sich pünktlich vor Ort in der Sakristei ein. Wenn doch bloß das Bild von seinem Bruder nicht dort an der Wand hängen würde! Die Lehrerin lobt seine ausgezeichneten Schulleistungen. Auch seine Zeichnungen und Bilder beeindrucken sehr. Sie hängen nicht nur an den

Wänden des Klassenzimmers, sondern auch die Mama hängt sie zuhause auf. Doch der einstmals so fröhliche und lustige kleine Junge ist ruhig und still geworden. Wenigstens redet er wieder ein wenig. Auch wenn es ihm schwerfällt. Denn er kann doch nur in der *Wir-Form* sprechen. *Ich* zu sagen hat er nicht gelernt. Aber *Wir-Sagen* geht doch nicht mehr. Er hat auch nicht gelernt, mit der Mama über seine kindlichen Wünsche und Sorgen zu sprechen. Dafür hatte er doch einmal, vor langer Zeit, einen Bruder gehabt. Mit wem soll er denn jetzt reden? Schon gar nicht gibt es jemanden zum Reden, wenn die Eltern, die Mama und der neue Papa, Streit haben. Letztes Mal war die Auseinandersetzung so heftig, dass er nicht wusste, wohin er sich flüchten sollte. Ein Fluchtweg? Was ist das eigentlich, ein Fluchtweg? Solch einen Weg kennt er nicht. Er setzte sich also einfach zusammengekauert ins Wohnzimmereck, mit den Händen über dem Kopf und über den Augen. Nichts sehen und nichts hören. Aber das ist nicht so einfach. Doch das Schlimmste ist, keinen Bruder zu haben, einen, der neben einem sitzt und das gleiche Schicksal teilt. Und mit dem man dann über die doofen Eltern reden kann.

Die Mama überlegt, einen Kinderpsychologen zu Rate zu ziehen. Der neue Papa meint: »Das sind doch alles Idioten.«

12 Ein Sonnenstrahl

Über ein halbes Jahr ist vergangen, seit der Bruder verschwunden ist. Manchmal geht der kleine Junge alleine zum Dorffriedhof und gießt mithilfe einer der großen Friedhofskannen, die er nur halb mit Wasser füllt, die Blumen, die die Mama in die frische Erde des noch jungen Grabes gepflanzt hat. Auf dem von einem Steinmetz erst kürzlich aufgestellten weißen Marmorgrabstein mit der schönen eingemeißelten Rose stehen aus schwarzen Metallbuchstaben zusammengesetzt der Vor- und Nachname des Bruders, das Geburtsdatum und das Sterbedatum. Es fehlt die Aufschrift *Gesucht wird*. Nach dem Gießen stellt der Bub sich vor das Grab, faltet die Hände, senkt den Kopf und betet, so wie es alle Friedhofsbesucher machen und so wie es ein ordentlicher Ministrant auch macht.

»Lieber Gott, schicke mir bitte meinen Bruder wieder. Du kannst doch alles. Du weißt auch, wo er jetzt lebt. Bitte sage ihm, dass ich jeden Tag auf ihn warte. Ich möchte ihn gerne fragen, warum er fortgegangen ist, ohne es mir zu sagen. Lieber Gott, sage ihm, dass er ganz schnell wiederkommen muss. Ich zeige ihm dann auch mein *Atari* und was ich mit den *Playmobil-Rittern* schon alles gebaut habe. Vielen Dank, lieber Gott.« Die Mama betet nie, wenn er mit ihr zusammen das Grab besucht. Sie guckt nur. Den Namen auf dem Grabstein will sie nicht ansehen. Sie geht auch immer schnell wieder weg. Es soll sie auch niemand ansprechen, wenn sie beim Grab steht. Weil sie jeden Tag zum Friedhof geht, weiß sie genau, wann die anderen Frauen mit dem Begießen ihrer Gräber fertig sind. Erst dann macht sie sich auf den Weg. Der Gang zum Friedhof ist mit einem Male Bestandteil des täglichen Lebens geworden, so wie man in die Schule geht oder wie man mit dem Hund eine Fahrradrunde fährt oder wie man in die Küche zum Kochen geht. Ein neuer Ort, ein stiller Ort, ein schöner Ort mit lauter freundlichen Frauen hat die Lebenswelt des kleinen Jungen erweitert. So wie wenn man vom Kindergarten in die Grundschule kommt oder wenn man als Ministrant in die Sakristei der Kirche darf. Nur der neue Papa geht nie zum Friedhof.

Der Mai mit seiner Blütenpracht ist gekommen. Die Tage werden wärmer. Draußen zu spielen macht jetzt viel Spaß. Aber der kleine Junge geht dennoch schnell wieder in sein Kinderzimmer zum *Atari*-Spiel oder zum Spielen mit seinen *Playmobil-Rittern*. »Du musst länger draußen bleiben«, meint die Mama, »es ist so schönes Wetter. Du bist viel zu blass.«

Heute ist Muttertag. Auf dem Frühstückstisch befinden sich ein Kuchen in Herzform und ein duftender Fliederstrauß aus dem Garten. Der kleine Junge hat für die Mama zwei Muttertagsbilder gemalt. Das eine Bild zeigt eine Szene aus Mamas Alltagsleben.

12 Bildausschnitte

»Kling, kling« läutet es an der Tür. »Brodel, brodel« dampft es aus dem Topf auf dem Herd. »Grübel, grübel, Mama, hilf bitte« ruft der Sohn vom Schreibtischplatz. »Klingeling, klingeling« meldet sich das Telefon.

Die Mama muss über dieses Bild, in dem sie sich sehr gut wiedererkennt, lachen. »Ach, du bist ein aufmerksamer Beobachter!«

Auf dem zweiten Bild überreicht ein Junge der Mutter einen bunten Blumenstrauß. *Ein* Junge. Das Bild zeigt die Wahrheit. Dennoch, es müssten zwei Jungen sein. Die Mama freut sich sehr auch über dieses hübsche Bild ihres Sohnes, obwohl auch sie spürt, dass ein Kind auf dem Bild fehlt. Sie nimmt ihren kleinen Sohn fest in den Arm und gibt ihm einen zärtlichen Kuss.

»Vielen Dank, mein kleiner Schatz. Ich freue mich sehr über deine schönen Bilder.« Dann lehnt sie beide an die Vase mit dem Fliederstrauß und wendet sich wieder ihrem kleinen Jungen zu. Sie schaut ihn fest an und sagt: »Ich habe auch eine Überraschung für dich.« Sie macht eine kleine Pause und schaut zu dem neuen Papa, der angelehnt an der Wohnzimmertür steht.

»Du bekommst ein Geschwisterchen. Es dauert noch etwas. Aber an Weihnachten ist es da.« Der kleine Junge steht erstarrt und sprachlos da. Was hat die Mama eben gesagt? Ein Geschwisterchen? Was ist ein Geschwisterchen? Ein Kind? Eine Schwester? Was hat sie gemeint? Die Gedanken fliegen in seinem Kopf. Ihm wird warm. Ihm wird wohlig warm. So wohlig warm war es ihm den ganzen vergangenen Winter nicht. Ein Lächeln huscht über sein Gesicht. Die Mama hat es bemerkt. Sie drückt ihn fest an sich.

»Ist ein Geschwisterchen eine Schwester?«, fragt er leise. »Ein Schwesterchen oder ein Brüderchen. Das weiß man heute noch nicht.« Wieder zieht ein kleines Lächeln über das Gesicht des Jungen. »Wie lange hat er nicht mehr so ausgesehen?«, denkt die Mama. »Es soll ein Junge werden«, denkt der kleine Junge.

13 Immer noch Angst

Doch die Angst bleibt. Vor allem abends im Bett, wenn die Mama das Zimmer verlassen hat, nachdem sie aus *Gebete für Kinder* vorgelesen hat und nach dem Gute-Nacht-Bussi. Der Lehrer hat heute in der Schule wieder viele scheußliche Dinge erzählt: Von der Heuschreckenplage und von übernatürlichen Ereignissen. Aus dem Ministrantenunterricht und aus der Predigt des Pfarrers kennt der kleine Junge die biblische Geschichte von den *Zehn Plagen*, zu denen auch die Geschichte von der Heuschreckenplage gehört. Aber so, wie sie der Lehrer heute im Religionsunterricht erzählt hat, so gruselig hatte sie sich noch nie angehört. »Heuschrecken – schon im Namen dieser Tiere steckt der Horror«, meinte der Lehrer. »Es sind Monster, die alles auffressen, was im Lande wächst. Gott im Himmel hat sie geschickt als Strafe für die menschlichen Missetaten.«

Später in der Deutschstunde sprach er dann mit den Kindern wieder einmal über übernatürliche Ereignisse. Bisher hatte er von schrecklichen Fabelwesen und von Geistern, wie dem Berggeist, der in Bergwerken und in Gebirgen sein Unwesen triebe, oder dem Hausgeist, der in Häusern herumspuke, erzählt, wie es auch Verstorbene manchmal täten, wenn sie böse seien und sich wegen etwas rächen wollten. Heute erzählte er von einer Frau, die durch eine Tür schauend vorausgesehen habe, wie ihr Mann tot umfällt. Und der Mann fiel tatsächlich um und war tot. Der Lehrer schilderte diese Szene ausführlich. Der kleine Junge mochte diese Geschichte nicht anhören. Am liebsten hätte er sich die Ohren zugehalten. Aber dann hätten die anderen Kinder ihn bestimmt als Angsthasen bezeichnet. Abends im Bett werden all diese schrecklichen Geister aus den Geschichten lebendig. Das kleine Herz des Jungen pocht heftig. Das Klopfen ans Bettgestell und das Beten der zwölf Vaterunser helfen ein bisschen. Doch das Klopfen und das Beten müssen wiederholt und nochmal wiederholt werden.

Morgen wollen ihn die Buben aus dem Dorf wieder zum Fußballspielen abholen. Mit ihnen zusammen macht ihm das Fußballspielen viel Spaß. Doch seit im hiesigen Sportverein eine richtige Jugendmannschaft gegründet wurde, die nun auch Auswärtsspiele in den Nachbardörfern bestreiten muss, möchte er am liebsten nicht mehr mitspielen. Die fremden Kinder mag der kleine Junge nicht. Er findet die meisten doof. Aber weil die Buben aus seinem Dorf fast alle in der Mannschaft mitspielen, spielt er eben auch mit. Der neue Papa findet es toll, dass er Fußball spielt. Er weiß nicht, aber auch die Mama weiß es nicht, dass ihr Junge am liebsten nur zum Spaß kicken möchte. Am liebsten aber spielt er Schach. Zuhause sitzt er oft vor dem Schachbrett und spielt Partien aus den Schachbüchern oder der Schach-AG nach. Dass er in der Schulschachmannschaft mitspielt, gefällt ihm. Der Schachlehrer ist prima. Wie ein echter Papa.

Am Wochenende wollen ihn zwei Buben aus dem Dorf zum Fernsehschauen abholen. Eigentlich mag er nicht mitgehen. Letztes Mal guckten sie *Gesichter des Todes*, einen Horrorfilm. Obwohl es Nachmittag war, gruselte es ihn so sehr, dass er abends nicht einschlafen konnte. Der Mama erzählte er nichts. Am liebsten will er überhaupt nicht mehr zu den Freunden zum Fernsehgucken gehen. Aber dann hat er vielleicht keine Freunde mehr.

Heute hat er dem neuen Papa beim Holzstapeln geholfen. Im Garten an der Hauswand befindet sich eine Menge Holz zum Befeuern des Kachelofens, denn dem neuen Papa macht das Holzhacken so sehr viel Spaß. Aber im Holz sitzen große Spinnen. Er hat Angst vor ihnen. Der neue Papa weiß nichts von seiner Angst. Der Junge würde ihm auch nie davon erzählen. Der neue Papa würde ihn nämlich auslachen. Das weiß er. Neun Jahre und Angst vor Spinnen!

Der alte Papa holt ihn regelmäßig alle zwei Wochen für ein ganzes Wochenende ab. Die Wochenenden bei dem alten Papa waren immer schön, als die Brüder gemeinsam die Zeit bei ihm verbrachten. Aber jetzt ist der Junge alleine. Sein vertrauter Freund und Spielkamerad ist abhandengekommen. Die Wochenenden bei dem alten Papa stellen sich nun so dar, als ob man auf eine Reise geht und sein Lieblingskuscheltier vergessen hat. An einem fremden Ort ohne sein Lieblingskuscheltier! Da kann man die tollsten Sachen unternehmen, aber nichts macht Spaß, die Traurigkeit sitzt ganz tief in der Seele, sodass sie keine Freude zulässt. Der Kopf fühlt sich an wie ein verbeulter Fußball, das Gehen fällt schwer und auch ein Eis schmeckt nicht. In der Nacht, die der Junge auf der geräumigen Couch beim alten Papa verbringt, liegt er wach und hört die Kirchturmuhr zu jeder vollen Stunde schlagen. Ihn befällt etwas anderes als die Ängste, die in ihm zuhause jeden Abend vor dem Einschlafen hochkriechen. Es ist etwas anderes, etwas anderes. Er ist hilflos. Das Klopfen und das Vaterunser beten nützen nichts.

»Ich muss sterben«, denkt der kleine Junge. Er mag auch nicht, dass der alte Papa so komisch geworden ist. Es gibt bei ihm nur noch Gemüse zu essen. Keine Würstchen oder Schnitzel mehr. Auch keine Süßigkeiten. Diese seien Gift, meint der alte Papa. Sein Bett im Schlafzimmer hat der alte Papa umgestellt, weil er, wie er sagt, nicht auf einer Wasserader schlafen möchte. Sie mache krank. Außerdem testet er jeden Gegenstand mit seinen ausgestreckten Händen auf den Gehalt von Heilenergie oder schädlicher Energie. Vor dem Fernsehapparat hat er einen Frisierkamm in einer Halterung aufgestellt. »Zum Abhalten der Strahlung«, sagt der alte Papa. Er werde den Fernsehapparat sowieso abschaffen. Alles wirkt bei dem alten Papa auf einmal so fremd und so bedrohlich. Der kleine Junge mag am liebsten gar nicht mehr zu ihm zu Besuch. Sein Zuhause ist doch nun das schöne große Haus mit dem schönen großen

Garten und dem lustigen großen Hund. Da will er sein. Auch wenn sein Bruder ihn verlassen hat. Aber dort sind doch auch seine Freunde und Schulkameraden. Und außerdem haben die Mama und der neue Papa nach vielen Jahren des Zusammenlebens geheiratet. Die Mama hat nun einen anderen Nachnamen als er. Aber das ist nicht so schlimm. Wenn sie sich nur nicht so oft streiten würden.

14 Ein Schwesterchen

»Dein Schwesterchen«, sagt die Mama und legt dem kleinen Jungen, der mit einem Male gar kein kleiner Junge mehr ist, das winzige Wesen, lebendig, warm, schutzbedürftig, unwillkürlich Fürsorgeinstinkte hervorrufend, in seine vor der Brust aufeinandergelegten, zur Wiege geformten Unterarme, seine kindlichen Unterarme, die dennoch groß genug sind, dieses kleine zerbrechlich anmutende Kindchen geschützt und geborgen aufzunehmen. So steht der nun große Bruder da, mit seinem Schwesterchen im Arm, auf einmal mit einem Geschwisterchen, das ruhig, eher schlafend als wachend, mit einem kleinen Lächeln um den Mund, ihm seine Brust wärmt. Er steht nur da, schweigt, schaut das Kindchen an, schaut in sein liebliches Gesichtchen, und ein wohliges Gefühl steigt in ihm hoch. Dieses kleine Lebewesen wird nun immer bei ihnen sein, bei ihnen wohnen. Immer. Ein seltsames Gefühl. Ein schönes Gefühl. Als die Mama vor ein paar Tagen morgens nicht da war und der neue Papa erklärte, dass das Baby in der Nacht angekommen sei und die Mama sich mit ihm im Krankenhaus befände und dass das Baby ein Schwesterchen sei, ein Mädchen, da verdüsterte sich das Gesicht des kleinen Jungen. Er musste schnell in sein Zimmer hinaufrennen, warf seine Kappe, die er in der Hand hielt, voller Wut ins Zimmereck und dachte: »Nein, nein, es muss ein Junge sein! Ein Junge! Ein Junge!«

Aber jetzt, mit diesem warmen kleinen Bündel im Arm, jetzt fühlt er nur noch Zuneigung, ein nie gekanntes Gefühl von Verantwortung und Sorge. Er, der große Bruder, wird in Zukunft, immer wenn er aus der Schule kommt, zuerst fragen, wo denn das Schwesterchen ist, er wird der treueste und beste Spielkamerad sein, er wird derjenige sein, der seinem heranwachsenden Schwesterchen die spannendsten und geheimnisvollsten Geschichten erzählen wird, ihr jeden Wunsch erfüllen wird, wozu auch die Bilder gehören, die er malen muss, die sie sich von ihm zum Geburtstag wünscht, zum Beispiel ein Bild von ihrem Kuschelbären oder der Märchenfee aus dem Kinderfilm, und die er mit allergrößter Sorgfalt für sie zeichnet. Sie wird als kleines Mädchen immer betonen, dass sie ihren großen Bruder einmal heiraten wird und es strikt verneinen wird, wenn eine Kindergartenfreundin behauptet, dass man seinen Bruder nicht heiraten könne. Und die kleine Schwester wird zehn Jahre alt sein, wenn der große Bruder mit einem Male zu einem Fremden wird, der nicht mehr mit ihr spielt, sich in seinem Zimmer einschließt, nicht mehr ansprechbar ist und die Mama sich große Sorgen macht. Die kleine Schwester wird sich ängstigen und zur Mama sagen: »Mama, wirf ihn hinaus.«

Doch heute, an diesen Tagen im Dezember ist erst einmal ein kleines Wunder geschehen. Doch auch ein kleines, süßes Mädchen kann nicht die Welt retten. Nicht die Welt voller Ängste des nun großen Jungen und nicht die Welt seiner nach außen hin intakt wirkenden Familie, die im Innern aber immer stärker zerrüttet ist.

Und es scheint immer offensichtlicher, dass auch die große globale Welt immer mehr einer Rettung bedarf. Über die Gefahr eines Atomkrieges wird immer öfter diskutiert. Vor ein paar Tagen erhielt eine Vereinigung von Ärzten den Friedensnobelpreis[13] wegen ihrer Bemühungen zur Verhinderung eines Atomkrieges. Und es wird nur vier weitere Monate brauchen, bis in der fernen UdSSR ein defektes Kernkraftwerk die bisher größte Atomkatastrophe in friedlichen Zeiten verursachen

---

13 Internationale Ärzte für die Verhütung des Atomkrieges (IPPNW). Friedensnobelpreis 1985.

wird[14]. Die gefährliche Strahlung wird sich bis nach Europa ausbreiten, bis in den Garten der Familie hinein, wo das kleine Mädchen in seinem Kinderwagen friedlich schlafen wird. Das Gefährlichste und Bedrohlichste ist immer unsichtbar. Von der Katastrophe, die den großen Bruder einmal überrollen wird, ahnen er selbst und die übrige Familie heute noch nichts.

1986

---

14 Nuklearkatastrophe im Kernkraftwerk Tschernobyl (auf dem Territorium der Ukraine, zur UdSSR gehörend, April 1986), eingestuft in die höchste Kategorie *Katastrophaler Unfall*. (1991 staatliche Unabhängigkeit der Ukraine im Zuge der Auflösung der Sowjetunion.)

15 Die Angst besiegen und Sieger werden

Er ist nun ein großer Bruder, aber die Angst ist immer noch da. Zum wiederholten Male liest er *Die Brüder Löwenherz*. Die Mama hat ihm das Buch von Astrid Lindgren zu seinem zehnten Geburtstag geschenkt. Man muss mutig sein, um die eigene Angst zu überwinden. Man darf vor allem keine Angst vor dem Abgrund haben. Der Abgrund erscheint nur tief und dunkel, ist es aber in Wirklichkeit nicht. Man muss sich trauen zu springen. Dann erscheint das Licht. Dann ist die Angst besiegt.

Ja, so steht es in dem Buch. Hat Weinen auch etwas mit Angst zu tun? Er muss immer so viel weinen. Niemand darf es sehen, dass er so viel weinen muss. Nicht einmal die Mama. Denn wenn Weinen und Angst zusammenhängen, dann darf es erst recht niemand sehen, wenn er weint. Niemand darf wissen, dass er Angst hat. Niemand. Sonst gilt er als Angsthase. Er ist doch jetzt ein großer Junge, ein großer Bruder. Und was würde erst der neue Papa sagen, wenn er ein Angsthase wäre. »Du bist ja eine Memme. Du bist ja ein Angsthase!«, würde er sagen. Nein, das würde er nicht ertragen. Da würde er sich in den dunklen Abgrund stürzen, um zu sterben.

Dass es die Starken sind, die ihre Tränen verbergen, das kann der Junge nicht wissen.

Es wird noch einige weitere Monate dauern, bis er sich entschließt, diese Angst, die so tief in seiner Brust rumort, ihn nicht zur Ruhe kommen lässt, ihn zu erdrücken scheint, ihm die Luft zum Atmen rauben will und die Kraft zum Leben, dass die Mama ihn so manches Mal ernst anschaut und sich sorgt, weil er so blass und viel zu still geworden ist, es wird noch lange dauern, bis er aus eigener Kraft versuchen wird, diese Angst vielleicht doch zu besiegen. So wie *Die Brüder Löwenherz*.

Beim Schachspielen ist er schon längst zum Sieger aufgestiegen. Er besitzt das Talent, das Können, die Disziplin und die Leidenschaft, die es benötigt, um tatsächlich einmal Schachweltmeister werden zu können. Dies ist sein großer Wunsch. Sein Traum. Sein Wille. »Im Schachspiel darf man sich keinen Fehler erlauben«, sagt er, »sonst ist man verloren. Ja, sonst ist man verloren.«

Die Schlagzeilen und Berichte über das junge Schachtalent erscheinen zunächst in der Schachzeitung des *Schachbundes Rheinland-Pfalz* und im Amtsblatt der Verbandsgemeinde, bald aber auch in der größten Tageszeitung *Die Rheinpfalz*.

1986

November 1986.
Erfolgreicher Schachnachwuchs. *Die von den Schachfreunden XXX durchgeführten Bezirksjugendmeisterschaften verliefen für den gastgebenden Verein überaus erfolgreich. So gelang es dem jüngsten Mitglied des Vereins, XXX XXX, Bezirksjugendmeister der D-Jugend zu werden. Außerdem gewann er einen der vom Bürgermeister ausgesetzten Buchpreise für spektakuläre Partien.*

Januar 1987.
Schachfreunde XXX. *Für den zehnjährigen XXX XXX (D-Jugend), der schon drei Jahre in der XXXer Schulschachgruppe trainiert, endete das Turnier überaus erfolgreich. Nach nervösem Start steigerte er sich von Runde zu Runde. Alle Partien konnte er für sich entscheiden.*

Mai 1987.
Schon mit elf Jahren »König« auf dem Brett. *Bei den letzten Bezirksjugendmeisterschaften konnten sich drei Spieler des Schachclub XXX für die Pfalzmeisterschaften qualifizieren. Dabei brachte es ausgerechnet das jüngste Clubmitglied am weitesten. Der erst elfjährige XXX XXX stieß nach seinem Vize-Pfalzmeistertitel bis zu den Rheinland-Pfalz-Meisterschaften vor.*

November 1989.
Schachfreunde XXX. *Die Bilanz der XXXer Schachjugend kann sich sehen lassen. XXX XXX wurde vom Referenten für Ausbildungsfragen vom Pfälzischen Schachbund aufgefordert, sich für den Pfälzischen Leistungskader zu melden – eine ehrenvolle Aufforderung, die nur Jugendlichen zuteilwird, deren Talent außer Frage steht.*

Wenn die Spiele, egal ob Schachspiel oder Fußballspiel, in heimischer Umgebung stattfinden und er bekannte Gesichter um sich herum wahrnimmt, dann fühlt er sich großartig. Doch Auswärtsspiele, nein, die liebt er nicht. Er kommt sich dann fremd und verloren vor. Die Konzentration auf das Brett oder den Ball mildern diese negativen Gefühle. Die vertrauten Gegenstände geben Halt und Schutz, so wie auch seine Kuscheltiere stets eine wichtige Schutzfunktion besaßen. Nun hat er sie auf den Speicher ausquartiert. Seiner Mannschaft, sowohl im Schach als auch im Fußball, ist er ein gutes, ja sehr gutes Spiel schuldig. Dies weiß er. Und die Mama und der neue Papa sind so stolz auf ihn, wenn er wieder einen Sieg errungen hat. Doch nach der letzten Bezirksjugendmeisterschaft im Schachspiel fühlt er sich erschöpft und ausgezehrt. Er ist müde und blass. Die betriebsame, ja hektische Atmosphäre rund um die Meisterschaften und die in seinen Augen übermäßig zur Schau gestellte Arroganz und Überheblichkeit einiger Mitfavoriten lehnt er ab und zieht sich immer öfter von ihnen zurück. Macht man sich nun über ihn lustig? Über ihn, den komischen Außenseiter?

Die Mama schaut ihn sorgenvoll an. »Was ist mit dir? Du siehst richtig krank aus? Du musst dich erholen. Ist etwas passiert, was dir Sorgen macht?« Sie nimmt ihn in den Arm. Er weint nicht. Er sagt nichts. Auch wenn, seitdem die kleine Schwester sein Leben freudig ausfüllt, das *Ich* nun wie selbstverständlich in seinen Alltagswortschatz eingegangen ist, kann er nicht über seine Sorgen, schon gar nicht über seine Ängste sprechen. Und obwohl die kleine Schwester so viel Sonnenschein in sein Leben bringt, sind viele Tage grau und düster, viele Nächte angstvoll und schwarz.

Der neue Papa entscheidet, dass er mit dem Schachspielen aufhören soll. Es überfordere den Buben, meint er. Auf jeden Fall solle er nicht mehr an den Meisterschaften teilnehmen, schon gar nicht mehr im Leistungskader mitspielen. Das wöchentliche Training im heimischen Schachclub könne wohl weiterhin nicht schaden. Der Traum vom Schachweltmeister ist also ausgeträumt. Dass die Spieltage im weit entfernten Schachtrainingszentrum nun wegfallen, er nun nicht mehr von diesen »Angebern« dort geärgert wird, das lässt ihn aufatmen. Die Mama weiß nicht, ob diese Entscheidung die richtige ist. Sie weiß gar nicht mehr, was richtig ist oder falsch bei ihrem nun großen Sohn. Alles ist anders, nicht mehr stimmig, nicht mehr verstehbar. Ihr lieber Bub, was ist los mit ihm? Ist es vielleicht die beginnende Pubertät, die ihn so verändert? Oder sind es die vielen Auseinandersetzungen und Streitereien mit ihrem Mann? Verlassen kann sie ihren Mann ja nun, da sie ein gemeinsames Baby haben, nicht. Es ist doch richtig gewesen, das Baby zu bekommen, oder? Der Sohn brauchte doch ein Geschwisterchen, da er ohne Bruder so alleine war. Auch das kleine Mädchen braucht doch jetzt seinen Papa. Hatte sie nicht auch insgeheim gehofft, dass die Streitereien mit ihrem Mann und seine Gewalttätigkeiten mit der Geburt des Kindchens vielleicht aufhören würden? Aber eine gewalttätige Persönlichkeit verändert sich nicht einfach so, nur weil ein Baby ins Haus gekommen ist.

Schon wieder ist im Leben des Jungen etwas geschehen, worauf er keinen Einfluss hat, was er nicht will, was einfach geschehen ist. Abgemeldet von den Bezirksmeisterschaften, von den Landesmeisterschaften, vom Leistungskader. Kampflos geschlagen. Nicht gekämpft bis zum Sieg. Eine Blamage. Wehrlos. Jetzt ist sein noch sehr instabiles *Ich* ernsthaft gefährdet. Dass man sich mit kindlichen Auffälligkeiten bewusst auseinandersetzen muss und sie nicht einfach abwehren und ignorieren darf, haben die Mama und der neue Papa nicht bedacht.

Doch im Sohn steckt noch Kampfgeist. Wer ist das, der ihn so in die Knie zwingt? Ihm solche Angst einflößt, Jahr um Jahr? Ihn so bedroht? Ihm das Schachspielen verdirbt? Wer ist dieses Monster, dieser Unhold, diese Horrorgestalt, die jeden Abend in seinem Zimmer sein Unwesen treibt? Er ist bereit, sich auf die Suche zu machen. »Ich werde dich finden. Ich werde dir den Garaus machen. Ich werde dich töten. Na, warte nur!«

Der Keller des Hauses umfasst mehrere Räume – kalt, dunkel, unbewohnt, unheimlich. Der Keller bedeutet für ihn schon immer ein Ort des Unbehagens. Ja, er fürchtet sich jedesmal, wenn die Mama oder der neue Papa ihn hinunterschicken zum Kartoffelholen, zum Bier- oder Sprudelholen. Auch sein Skateboard steht im Keller und der Schlitten. Und da hängt auch der Schulranzen seines Bruders an einem Haken. Die Schrunden, die Druckspuren, die quer über die gesamte Ranzenfläche dauerhaft eingegraben sind, verweisen auf ein schreckliches Ereignis. Doch den Jungen treibt ein anderer Gedanke um. Heute nimmt er all seinen Mut zusammen. Er hat noch viel davon, auch wenn er um fremde Kinder einen Bogen macht, auch wenn er nicht mehr Schachweltmeister werden kann, auch wenn der neue Papa ihn manchmal auslacht und ihn »Schocki« nennt. Er holt das größte Küchenmesser aus der Besteckschublade im Küchenschrank. Die Mama sieht es nicht. Sie ist im Garten. Er hält es mit zwei Händen fest hinter dem Rücken. So schleicht er sich langsam aus der Küche, aus dem Wohnzimmer hinaus, die Kellertreppe hinunter.

»Heute töte ich dich, du Mörder! Du Mörder, der mir solche Angst macht. So viele Jahre schon Angst macht. Ich will keine Angst mehr vor dir haben. Heute töte ich dich. Wo hast du dich versteckt? Wo hast du dich die vielen Jahre hier unten in dem dunklen Keller versteckt? Nicht weglaufen vor der Angst, hat der Pfarrer im letzten Kindergottesdienst gesagt. Das haben auch die Brüder Löwenherz gewusst. Auch im Märchen besiegen die Kleinsten die schlimmsten Ungeheuer. Heute töte ich dich, du Mörder!« Das Messer nun mit seinen zwei Händen vor die Brust haltend, die scharfe Messerspitze nach vorne gerichtet, die Türklinken und die Lichtschalter mit dem Ellbogen bedienend, traut er sich von einem Kellerraum in den nächsten. Er wagt sich hinter jedes Regal, wagt hinter alle Kisten zu schauen, sogar in den Raum mit den Hausinstallationen, dessen Fenster immer verdunkelt ist, wagt er sich hinein.

»Wenn ich dich entdecke, dann steche ich zu, sofort! Dann hast du keine Chance mehr! Heute entkommst du mir nicht.« Wie lange er durch die Kellerräume geschlichen ist, weiß er nicht. Den einen oder anderen Raum durchsucht er auch zweimal. Nichts. Gar nichts. Niemand zu sehen, niemanden erwischt. Keinen Mörder, kein Monster, keinen Unhold. Er steht im Vorraum des Kellers, das Küchenmesser nun nur noch mit der rechten Hand haltend, die zum Boden weist. Seltsam. Niemand da. Er ist eher verblüfft als enttäuscht. Mit einem Male steigt in ihm ein angenehmes Gefühl auf. Erleichterung, Stolz, Freude. Es gibt keinen Mörder im Keller. Er muss sich nicht fürchten. Er muss keine Angst haben. Nie mehr muss er Angst haben. Nie mehr! Nie mehr! Nie mehr! Er springt die Kellertreppe nach oben, legt das Küchenmesser, das er vorsichtshalber nochmals genau prüft, ob auch wirklich keine Blutspuren an ihm haften, zurück in die Schublade und läuft hinaus in den Garten zu der Mama und der kleinen Schwester.

»Manchmal muss man mit dem Kopf durch die Wand«, hatte vor kurzem der Lehrer in der Schule gesagt. Ja, mit dem Kopf durch die Wand! Das will er doch schon immer! Er hat es geschafft! Die Mama weiß nichts von seiner Mörderjagd. Gar nichts weiß sie. Sie soll es auch nicht wissen. Niemandem wird er es erzählen, niemandem. Dies bleibt sein Geheimnis.

Am Abend, als die Mama und der neue Papa sich die Nachrichten in der Tagesschau ansehen, schaut auch der Junge interessiert hin, als er *seinen* Hans-Dietrich Genscher auf einem Balkon stehend erkennt, zu einer riesigen Menge Menschen sprechend, die ihm frenetisch zujubeln.[15] »Jetzt wird bestimmt

---

15 Hans-Dietrich Genscher, Bundesaußenminister, gibt die Bewilligung zur Ausreise in die Bundesrepublik für Tausende DDR-Flüchtlinge auf dem Balkon der Deutschen Botschaft in Prag bekannt. September 1989. Fall der Berliner Mauer 9.11.1989.

alles gut«, denkt der Junge. »Wenn so viele Menschen so fröhlich sind, dann bin auch ich fröhlich.«

16 Das Chaos kommt in kleinen Schritten

Die Mama weint, der neue Papa ist aggressiv, Türen knallen, die Mama schließt sich auf dem Klo ein, Geschirr fliegt an die Wand, der neue Papa tritt die Wohnzimmertür ein, die Mama schreit ihn an, die Mama flüchtet auf die Straße, der neue Papa betrinkt sich im Fußballvereinsheim und kommt erst um Mitternacht nach Hause, am nächsten Tag nur bedrückendes Schweigen im ganzen Haus, in der Nacht holt die Mama die Polizei. Aber Gewalt in der Ehe ist noch kein Straftatbestand.[16] Augenzeuge, Ohrenzeuge, Schweigender, Flüchtender, Hilfloser, Wütender – alles ist der Junge schon gewesen in den vergangenen zehn Jahren, seit die Mama und der neue Papa gemeinsam mit ihm und seinem Bruder in dieses Haus hier, in dieses wirklich schöne Haus, eingezogen sind. Alles hätte gut sein können, vor allem als der Bruder noch bei ihm war. Da konnten sie miteinander spielen, miteinander reden und über die blöde Mama und den doofen neuen Papa schimpfen, auch wenn der lustiger ist als der alte Papa, der ja immer seltsamer wird. Doch nun hat der Junge niemanden mehr zum Reden. Die kleine Schwester ist erst vier Jahre alt. Und er ist doch ihr großer Bruder, der sie beschützen soll. Bemerkt sie auch schon, dass die Eltern sich so heftig streiten? Wie kann er sie denn beschützen? Ihr Märchen vorlesen? Mit ihr das *Tier-Memory* oder das *Tempo, Kleine Schnecke*-Spiel spielen? Sie auf dem Fahrrad vorne im Fahrradstühlchen mit zu einer Spazierfahrt durch den Wald nehmen und ihr von den Zwergen, den Feen und den Kobolden erzählen, die sich im Wald verstecken? Ja, all das tut er so gerne und das Schwesterchen lauscht seinen Geschichten

---

16 Gewaltschutzgesetz (deutsches Bundesgesetz). In Kraft getreten am 1.1.2002.

und schaut ihn mit großen leuchtenden Augen an. »Ich muss sie beschützen. Ja, ich muss sie beschützen.«

In die Schule, dasselbe Gymnasium, das auch sein Bruder besucht hatte, geht er nach wie vor gerne. Seit er vor drei Jahren die Grundschulzeit beendet hat, wobei der Lehrer seine Leistungen im Abschlusszeugnis der vierten Klasse mit vielen *Sehr gut* bescheinigte und auch die Zeilen für *Bemerkungen* nutzte, um ihn als »sehr begabten, fleißigen und konzentrierten Schüler« zu loben, ist es eine Selbstverständlichkeit für ihn, die Fahrt zum Gymnasium und wieder zurück nachhause im Linienbus der Deutschen Bundesbahn zurückzulegen. Auch er besucht, wie damals sein Bruder, als Einziger seiner Klasse das Gymnasium. Der Unterrichtsstoff des Gymnasiums interessiert ihn sehr, ganz besonders die Fächer Geschichte und Latein. Auch seine sportlichen Leistungen sind hervorragend. Er sammelte ja schon in der Grundschule viele Ehrenurkunden bei den Bundesjugendspielen[17]. Und doch nimmt das Gefühl des Ausgelaugtseins, der Energielosigkeit, der Kraftlosigkeit kein Ende. Das Spielen mit den *Playmobil-Rittern* in seinem Kinderzimmer, einem Zufluchtsort, wird immer seltener. Eines Tages sind alle Burgen, Schlösser und Fachwerkhäuser mitsamt den stolzen Rittern, den prächtigen Königen und schönen Prinzessinnen sowie den fleißigen Bauern weggeräumt. Der Kinderzimmerboden ist nur noch vom Teppich bedeckt, auf dem sich bis vor Kurzem eine prächtige Ritterlandschaft befand, durch die man nur über einen schmalen Fußweg, am besten in Socken, von der Zimmertür zum Bett oder zum Schreibtisch des Sohnes gelangen konnte. Die Mama ist verblüfft. Ihr Sohn wird wohl allmählich erwachsen. Die kleine Schwester bettelt, dass er doch die Ritter und die Prinzessin wieder aufstellen möge.

---

17 Verpflichtende Sportveranstaltung an deutschen Schulen nach dem Wettkampfmodell.

Er baut ihr in ihrem Zimmer das Schloss mit der Prinzessin, der Kutsche und den Pferden wieder auf.

Viele Monate sind vergangen. Zum Fußballspielen mit der heimischen Mannschaft geht er am Wochenende noch gewissenhaft. Obwohl ihn seine Kurzsichtigkeit stört und er ohne Kontaktlinsen nicht spielfähig ist. Das Schachspielen fesselt ihn nach wie vor. Viele Stunden verbringt er vor seinem Schachbrett, spielt Partien nach, studiert Eröffnungen, probiert Stellungen aus. Die Mama meint, dass er wie eh und je ein Schachgenie sei. Einmal konnte sie einer Blindschachpartie beiwohnen. Ohne Schachfiguren und ohne Schachbrett Schach spielen! Der Spieler muss den Namen seiner imaginären Figur und das gedachte Feld, auf das er sie setzt, nennen und muss sich gleichzeitig merken, mit welcher Figur der gegnerische Spieler auf welches Feld des unsichtbaren Schachbrettes gezogen ist. Donnerwetter! Das kann doch nur ein Schachgenie leisten!

Irgendwann beginnt er, mit einigen gleichaltrigen Jungen aus dem Dorf freitag- und samstagabends mit dem Zug in die nächste Großstadt in eine Diskothek zu fahren. Immer öfter vernachlässigt er die Treffen im Schachclub. Der Schachlehrer, der all die vielen Jahre wie eine vertraute Vaterfigur an seiner Seite stand, stets ein zuverlässiger Ansprechpartner bei kleinen und größeren Problemen war, ist fassungslos. Sein Favorit, sein größtes Talent, er hat ihn aufgebaut, geführt, getröstet in Niederlagen, gefeiert in Siegen, sein Zögling mit hervorragenden Schachkenntnissen, der den Namen des kleinen Schachclubs weit über die Landesgrenzen hinaus ehrenvoll bekannt gemacht hat, dieser Junge versagt, bricht ein, bricht alles ab, was so lange so erfolgreich Bestand hatte. Nein, es kann nicht sein! Der Schachlehrer will mit dem Jungen reden. Doch der Junge kommt nicht mehr. Er ist voller Schuldgefühle. Ein Gespräch wird nie stattfinden. Der Schachclub versinkt in der Bedeutungslosigkeit. Bald darauf wird er geschlossen.

Inzwischen ist der Junge siebzehn Jahre alt. Mit den Freunden aus dem Dorf, von denen mittlerweile einer auch schon achtzehn Jahre alt geworden ist, den Führerschein besitzt und ab und zu das Auto seines Vaters nehmen darf, fährt er nach wie vor freitag- und samstagabends in die *Katakomben*. Der weit über die Stadt hinaus bekannte Discoclub öffnet regelmäßig von Donnerstag bis Samstag ab 21 Uhr. Rock und Metal sind die bevorzugten Musikstilrichtungen. Das Programm bietet alles, was die Jungen hören wollen. Von der DJ-Kanzel wird Skatepunk, Hardcore und Alternative Rock gespielt. Mit *Gods of Metal* bekommen die Fünf das, was ihr *Metallerherz* begehrt. Am besten kommt man schwarz gekleidet. Die Jungen sind regelmäßig schon um 21 Uhr anwesend, denn bis 22 Uhr gibt es die *Happy Hour* und alle Getränke werden zum halben Preis angeboten. Doch vor vier Uhr morgens fahren sie nie nach Hause. Das ist abgemacht. Die hohen Getränkepreise bewahren vor dem Alkoholgenuss. Sie trinken Cola. Die Abende in der Disco sind laut, wild, heiß und explosiv. Genau das Richtige für Jungen in diesem Alter. So denkt auch die Mama. Sie denkt aber auch daran, wie ihr Junge so eifrig und versunken am Klavier im Wohnzimmer sitzt und aus Beethovens Klaviersonate *Pathétique* das *Allegro di molto e con brio* schon so intensiv und gekonnt spielt oder Chopins *Warschauer Mazurka* oder Mozarts *Türkischen Marsch* aus der *Sonate in A*. Er liebt klassische Musik genauso sehr wie *Heavy Metal*. Und er begeistert sich für die Songs der US-amerikanischen Rockband *Nirvana*, deren Sänger und Songschreiber Kurt Cobain mit seiner faszinierenden Stimme und seinem spektakulären Lebenswandel wie eine Identifikationsfigur auf den jungen Mann wirkt. *I hate myself und I want to die* – diesen Song muss er immer wieder anhören.

Die Mama findet es gut, dass ihr Junge mit Freunden in einen Discoclub geht. Sie ist sich sicher, dass es ihrem Buben bestimmt guttut, dort ausgelassen zu feiern. Er hat sich doch ziemlich verändert in den letzten Monaten. Einerseits ist er ein sehr gut aussehender großer und schlanker junger Mann geworden, dem bestimmt die Mädchen nachschauen. Andererseits jedoch zieht er sich auch oft, zu oft, wie die Mama findet, in sein Zimmer zurück. Er ist noch schweigsamer als früher geworden und erzählt sehr wenig darüber, was er so den ganzen Tag über macht. Wenn die Mama ihn fragt: »Und, wie war es in der Schule?«, bekommt sie meistens die gleiche stereotype Antwort: »Nichts Besonderes.« Der neue Papa holt ihn fast gar nicht mehr als Arbeitshelfer für Tätigkeiten am Haus, im Garten oder im Wald. Früher wollte der Junge ihm gerne helfen, doch dem neuen Papa war seine Mitarbeit oft nicht recht. »Du hast zwei linke Hände. Ich mache es allein schneller.« Als sein Fahrrad einmal einen Platten hatte und er den neuen Papa bat, ihm die Reparatur zu erklären, schickte dieser ihn fort mit den Worten: »Lass', ich mache es selbst.«

Die Mama wird viele Jahre später in einem Psychologiebuch über *Erlernte Hilflosigkeit*[18] lesen, dass deren Wurzeln in der frühkindlichen Entwicklung zu finden seien vor allem aufgrund des Verlusts von Kontrolle und Selbstwirksamkeit durch zu häufiges falsches Erziehungsverhalten oder auch durch unvorhergesehene Schicksalsschläge, was lebenslang bestehenbleibende Macht-, Hilf- und Hoffnungslosigkeit in dem jungen Menschen erzeugen könne. Die frühe Erfahrung mit unkontrollierbaren Ereignissen könne somit auch für die Anfälligkeit für Depressionen verantwortlich sein. »Alles, was ich tue, ist sinnlos.« Hat ihr Junge damals schon so gedacht?

Zuerst sieht er sie nur von hinten. Sie ist zierlich, schlank, schwarz gekleidet, die langen blonden Haare fallen weit über den schwarzen Pullover herab. Sie wippt mit ihren Schultern

---

18 Seligman, Martin. Helplessness. US-amerikanische Originalausgabe. 1975. Erlernte Hilflosigkeit. Deutsche Erstauflage. 1979.

im Gleichklang mit der Musik. Sie dreht sich um. Ihr liebliches Gesicht mit den schwarz geschminkten Augen lässt ihn seine Kameraden vergessen. Er darf sie nicht aus den Augen verlieren. Er muss immer wieder zu ihr hinschauen.

»Hoffentlich geht sie nicht zu früh aus der Disco weg. Wie kann ich sie nur ansprechen?« Sie ist jeden Freitagabend in den *Katakomben*. Wahrscheinlich mit einer Freundin. Einen Jungen sieht er nie bei ihr. Die ganze Woche über kreisen seine Gedanken um dieses Mädchen und wie er sie nur ansprechen könnte. Macht er sich lächerlich? Gibt sie ihm einen Korb? Hat sie vielleicht doch einen festen Freund? Jeden Freitagabend dasselbe: feuchte Hände, zittrige Knie, Kloß im Hals, seinen Freunden gegenüber sich nichts anmerken lassen. Es dauert fast ein ganzes Jahr, er ist nun achtzehn Jahre alt, als er all seinen Mut zusammennimmt und sie anspricht. Sie heißt Maren[19], ist auch achtzehn Jahre alt und wohnt hier in der Großstadt. Ihm ist es schwindlig, sein Kopf glüht, seine Hände sind eiskalt, sein Herz pocht. Nichts anmerken lassen, ja nichts anmerken lassen!

»Sehen wir uns nächsten Freitag wieder?« »Ja, tschüss, bis nächsten Freitag.« Es ist mehr, als er erhofft hat. Er muss jetzt ein Bier trinken. Egal, wie teuer es auch ist. Er muss. Er schüttet das volle Glas in einem Zug in sich hinein. »Maren, heißt sie. Maren.«

Am nächsten Freitag ist sie wieder in der Disco. Die Freunde frotzeln. »Vergiss nicht, um vier Uhr ist Heimfahrt. Nicht im falschen Bett landen. Sonst musst du zu Fuß nach Hause gehen.« Er tut großartig. ›Tolles Weib!‹ Er quetscht sich durch die Tanzenden. Gleich ist er bei ihr. Sie schaut schon zu ihm hin.

»Hoffentlich liegen meine Haare glatt. Die blöden Kontaktlinsen brennen wieder einmal. Egal. Mensch, hoffentlich sehe

---

19 Name geändert

ich gut aus. Sie ist einfach toll! Mann, so toll!« Er steht vor ihr. Glücklich und nervös. Er spürt die Blicke der Jungs in seinem Rücken. Er dreht sich nach ihnen um und macht die Siegerpose: Er streckt den rechten Arm nach oben, ballt die Faust und richtet seinen Blick hin zu den Freunden. So sieht Erfolg aus! So wie bei Michael Schumacher nach seinem WM-Titel[20]. Als er sich wieder zu Maren hinwendet, schaut er in ihr verdüstertes Gesicht.

»Ah, so einer bist du!« Sie dreht sich um, drängt sich durch die Tanzenden und verschwindet. Er wird sie nie wiedersehen. An diesem Abend hört das Pochen in seinem Kopf nicht mehr auf. Es schwillt an zu einem Dröhnen. Das Klingeln in seinen Ohren hört ebenfalls nicht mehr auf. Wie er mit den Jungs nach Hause gekommen ist, weiß er nicht mehr. Wieder fehlt die Erinnerung. Wieder geht die Welt in einem Nebel unter. Das Notfallprogramm! Bewahrt es ihn vor dem Tod, dem Tod wegen gebrochenem Herzen? Wieder bricht in ihm etwas auseinander, er fühlt etwas Undefinierbares, etwas, was bedrohlich ist, was gefährlich ist, so ein ähnliches Gefühl wie bei dem Überbringen der Todesnachricht von seinem Bruder. Der Nebel, der Nebel! Die Gedanken sind weg, alle sind weg, weg, weg!

Schreiben, aufschreiben! Ja, alles aufschreiben! Auf Papier. Papier ist geduldig. Leserlich schreiben, nicht krakelig. Die Nachwelt muss es lesen können. Die Nachwelt muss erfahren von dem schlimmen Leben, der Unerträglichkeit dieses Daseins. Alle müssen es wissen. Alle. Alle, die so komisch schauen, so seltsam lachen, so anzügliche Bemerkungen machen. Sie müssen einmal wissen, dass sie sich geirrt haben. Sie müssen wissen, dass sie verrückt sind. So falsche Einschätzungen machen nur Verrückte, Irre. Alles aufschreiben. Seitenlang, noch eine Seite und noch eine. Bis in den Morgen hinein. Der Kopf

---

20 Michael Schumacher. Erster WM-Titel in der Formel 1. 1994.

ist leer. Es macht nichts. Alles steht auf den Papieren, auf unzähligen Papieren. Der Kopf ist leer wie ein Fußball, aus dem die Luft herausgelassen wurde. Man kann ihn wieder aufpumpen. Ihn mit Gedanken aufpumpen. Bis er platzt.

Der Junge weiß nicht, dass er intuitiv alles wieder richtig gemacht hat. Aufschreiben, ja das Aufschreiben schafft Freiraum im überfüllten Kopf. Aber der Kopf ist doch leer! Ist es die Seele, die überfüllt ist? Egal. Das Aufschreiben lässt ruhig werden und einigermaßen gut schlafen. Aber so denkt er nicht. So kann er noch nicht denken. Nicht zu viel denken! Das macht irre. Musik! Ja, Musik! Welch ein Trost, welche Zuflucht! *Winterreise!*[21]

Fremd bin ich eingezogen, fremd zieh' ich wieder aus!

»Ja, das ist es! Genauso! Fremd bin ich. Mir selbst ein Fremder. Für alle anderen ein Fremder! Lasst mich alle in Ruhe!« Schmerz, Hoffnungslosigkeit und Verzweiflung überfallen den jungen Mann. Wie kann er diese Einsamkeit nur aushalten? Es geht doch nicht.

Die kalten Winde bliesen mir grad ins Angesicht. Der Hut flog mir vom Kopfe, ich wendete mich nicht.

Er hört *Winterreise* immer und immer wieder an. Sie wird jahre-, ja jahrzehntelang sein musikalischer Tröster und Begleiter sein. Genauso wie der Hard Rock von *Heavy Metal*.[22]

---

21 *Winterreise*. Gedichtzyklus von Wilhelm Müller. Geb. 1794, gest. 1827. 1. Zitat aus Lied *Gute Nacht*. 2. Zitat aus Lied *Der Lindenbaum*. Vertont als Liederzyklus *Winterreise* von Franz Schubert. 1827.
22 Heavy Metal. Musikalische Stilrichtung. Ursprung im Hardrock, Bluesrock, Psychedelic Rock. 1970er / 1980er Jahre.

17 Die Fahrprüfung

Nach seinem achtzehnten Geburtstag darf sich der Junge zur Fahrschule anmelden. Die Mama sieht es nicht mehr gerne, dass er zusammen mit den anderen Jungs aus dem Dorf in einem Auto fährt. Sind diese Freunde, mit denen er am Wochenende in die Diskothek geht, wirklich wahre Freunde? Betrunken kam er doch noch nie nach Hause. Wenn er sich mit seinen Klassenkameraden, die nicht zu der Dorfgruppe gehören, trifft, um gemeinsam mit ihnen Online-PC-Spiele zu spielen, *Ballerspiele*, wie sie dies nennen, hat sie ein sichereres Gefühl. Hier spielen intelligente Jungen intelligente Spiele miteinander, denkt sie sich. Außerdem engagiert sich ihr Junge nach wie vor in der Kirche als Ministrant, mittlerweile als Oberministrant. Da muss man sich doch keine Sorgen machen! Aber dass sich ihr Junge vom Familienleben immer mehr zurückzieht und die meiste Zeit, wenn er zuhause ist, alleine in seinem Zimmer verbringt, das macht der Mama Sorgen. Vernachlässigt er ein Jahr vor dem Abitur nicht auch das Lernen? Sie spricht ihn auf das bevorstehende Abitur an. Er reagiert aggressiv.

»Was ist los mit dir? Warum bist du so komisch?«, fragt sie etwas bange. »Ach, lass mich in Ruhe!« Er dreht sich um und verschwindet in seinem Zimmer. Er dreht sogar den Schlüssel um. Die kleine Schwester kommt und klopft an seine Tür. »Mach auf, mach auf. Ich will mit dir spielen!« »Jetzt nicht«, kommt eine brummende Antwort aus dem Zimmer. Die Mama nimmt sie bei der Hand. »Komm, wir gehen in die Küche und kochen etwas Feines, ja?« Doch ihre Stimme klingt nicht fröhlich.

Die Fahreignung für ein Auto besteht er nicht. Wütend knallt er beim Nachhausekommen die Eingangstür und dann seine Zimmertür zu. Eine Erklärung fürs Durchfallen gibt er der Mama nicht. Viele, viele Jahre später, als er schon lange ein erwachsener Mann ist, wird er der Mama von seinen Mutmaßungen für das Nichtbestehen der Fahreignung – damals – erzählen.

»Der Fahrlehrer konnte mich nicht leiden. Er wollte mich absichtlich durchfallen lassen. Er griff mir vor einer Kurve ins Lenkrad. Er meinte, ich habe ja geradeaus fahren wollen. Dies stimmte nicht. Ich bin doch nicht doof und fahre in einer Kurve geradeaus! Der Fahrprüfer, der hinten auf der Rückbank saß, glaubte es natürlich. So war ich durch die Fahrprüfung gefallen.«

Ihr Sohn, ihr Junge, wurde vom Fahrlehrer also nicht gemocht. Ihr Sohn, der doch mit solch einem fröhlichen und liebenswerten Naturell ausgestattet wurde, der höflich, hilfsbereit und ordentlich ist, diese Eigenschaften auch noch nach dem Tode seines Bruders behält, obwohl, das ist richtig, die Fröhlichkeit verschwand und einer Ernsthaftigkeit Platz machte, ihr Sohn also sollte von jemandem nicht gemocht worden sein? Sogar so sehr, dass man ihn durch eine Prüfung fallen ließ? Nach diesen vielen Jahren wird sich die Mama diese Gedanken machen. Ja, er hatte sich damals verändert. Ja, er wurde still, zu still, jedenfalls ihr gegenüber. Ja, er schloss sich immer öfter in seinem Zimmer ein. Ja, sie hatte Sorge, dass er die Schule vernachlässigte. Ja, er reagierte sogar auch manchmal gereizt, gar richtig aggressiv. Herrschte damals schon in seinem Inneren solch ein Gefühlsdurcheinander, solch ein emotionales Chaos, das ihn seinen Halt verlieren ließ, worauf Unsicherheit und Fremdheitsgefühle ihn bedrohten? Das Durcheinander in der Seele kann sich derart nach außen wenden, dass man von der Umwelt als »schwieriger« Mensch wahrgenommen wird. Die Umwelt mag aber keine »schwierigen Menschen«. Sie stören das angenehme Leben, von dem man selbst träumt.

Im Laufe der kommenden Jahre wird er noch öfter erfahren müssen, wie ihm Steine, mächtige Steine in den Weg gelegt werden, die sein Leben in andere Bahnen lenken werden, als er es selbst gemocht und verdient hätte. Wie stark können einzelne Menschen doch vom Urteil und vom Vorurteil anderer abhängig sein! Wie stark können falsche Etikettierungen lebenslang prägen! Vor allem junge Menschen lebenslang prägen!

Diese rationalen Gedanken macht sich die Mama heute noch nicht, auch wenn sie unbewusst spürt, dass ihr Sohn Liebe, Verständnis, aber auch Hilfe braucht. Doch die Mama hat auch immer öfter das Gefühl, ihren Jungen mit ihren Worten nicht mehr zu erreichen. Was ist los mit ihm? Die Pubertätszeit müsste doch schon längst hinter ihm liegen? Er ist doch fast ein erwachsener Mann? Warum redet er nicht mit ihr? Warum verschließt er sich so? Warum ist er so unzugänglich? Was sind seine Probleme? Er hat doch kein Suchtproblem? Auch kein Mädchenproblem? Wie kann sie nur Zugang zu ihm finden? Den neuen Papa interessieren diese Fragen nicht.

Beim zweiten Anlauf besteht der Junge die Fahrprüfung. Welch ein Glück! Ja, er bekommt ein Auto, ein gebrauchtes. So ist er auch nicht mehr auf das Busfahren für den Gymnasiumbesuch angewiesen. Vielleicht stärkt ein eigenes Auto auch sein Selbstbewusstsein. Ja, er freut sich. Er freut sich tatsächlich! Er ist doch o.k.! Er ist bestimmt o.k.! Bestimmt!

18 Das Abitur

Doch er ist nicht o.k. Er lernt nicht für die Abiturprüfungen. Der Mama fällt dies immer öfter auf. Manchmal sitzt er nur schweigend da.

»Musst du nicht für das Abitur lernen? Die Prüfungen fangen doch bald an. Du kannst doch nicht nur so dasitzen.« Die Mama meint es gut mit ihrer Ansprache. Sie erschrickt, als er nach diesen Worten aggressiv aufspringt und so wütend ist, wie sie ihn noch nie erlebt hat, so wütend, als ob er sie angreifen wolle. »Lass mich in Ruhe! Du hast mir nichts zu sagen!« Und mit schnellen Schritten stürmt er aus dem Haus. Die Eingangstür knallt hinter ihm ins Schloss.

Die Abiturprüfungen schafft er gerade so mit Ach und Krach. Durchschnittsnote Drei. Im Fach Deutsch versagt er auf ganzer Linie. Doch in seinen Leistungsfächern Latein, Geschichte und Biologie kann er eine akzeptable Qualifikation erreichen, im Fach Sport schafft er sogar die höchste Punktzahl. Immerhin besitzt er nun das *Zeugnis der Allgemeinen Hochschulreife* und das *Große Latinum*. Der Junge schweigt. Man merkt ihm seine Unzufriedenheit an. Schon wieder ein Versager? »Eigentlich eine Superleistung«, denkt die Mama, »wenn man bedenkt, dass er fast ein halbes Jahr lang nichts, rein gar nichts mehr gelernt hat.« Dennoch überfällt sie eine Traurigkeit. Ihr Junge, ihr so intelligenter Junge. Eine Drei im Abitur.

1995

19 Die Bundeswehr

Der Bundeswehrarzt, der die Musterung der wehrpflichtigen jungen Männer durchführt, bescheinigt dem Jungen den Tauglichkeitsgrad 2, in Kurzform T2 genannt. Der Junge ist somit »verwendungsfähig mit Einschränkung für bestimmte Tätigkeiten«. »Wegen der Brille«, erklärt er zuhause der Mama und dem neuen Papa.

Der Grundwehrdienst bei der Bundeswehr beginnt vier Monate nach dem Abitur. Er dauert nur noch zehn Monate anstatt wie bisher zwölf. Der Junge hat auch interessiert die Diskussion um das Zitat *Soldaten sind Mörder*[23] verfolgt. Ein einzelner Soldat, so entschied das Bundesverfassungsgericht, darf nicht als Mörder bezeichnet werden[24]. Einen Soldaten in dieser Weise zu beleidigen, kann sogar strafrechtlich verfolgt werden. Dieses Urteil beruhigt den jungen Mann, denn er freut sich auf seinen Dienst bei der Bundeswehr. Der Junge wird ihn in der Kaserne der Kreisstadt beim Luftwaffenausbildungsregiment 3 ableisten. Pilot kann er allerdings wegen des T2-Grades nicht werden. Das weiß er. Er ist ja so gespannt auf die neue Aufgabe. Die Freude ist ihm deutlich anzumerken.

»Es wird vielleicht doch alles wieder gut«, hofft die Mama. Endlich ist ihr Junge wieder von etwas begeistert. Sogar der neue Papa zeigt großes Interesse an der neuen Aufgabe seines »Schocki«. Er wird nun zehn Monate lang im Dienst der Bundeswehr stehen. Voller Tatendrang und Freude will er sich engagieren. 800-Meter-Lauf, Hindernislauf, Biwak im Freien, Dienst an der Waffe, Unterricht, Sauberkeit pflegen, Mann-

---

23 Spruch Kurt Tucholskys. Deutscher Schriftsteller. Geb. 1890, gest. 1935. Erschienen in der Zeitschrift *Die Weltbühne*. 1931.
24 Beschluss des Bundesverfassungsgerichts vom August 1994 und vom Oktober 1995.

schaftsgeist leben. Ach, alles gefällt ihm, nur nicht so sehr die Schießübungen mit Pistole, Gewehr und Maschinengewehr. Er zeigt sich von seiner besten Seite, von seiner allerbesten Seite. Alle haben ihn gern, die Kameraden und die Vorgesetzten. Denn man kann so viel über ihn lachen. Er sei so witzig, sagt man. Ein Buch könne man über ihn schreiben, über all das, was er so erzählt, die verrücktesten Geschichten, zum Totlachen. Einmal sperrt ihn ein Kamerad im Nachschublager ein. Wie lange? Er weiß es nicht mehr. Der Spieß lässt ihn irgendwann frei. Alle Kameraden lachen. Schlimm? Nein. Bei einer Weinprobe sind alle Rekruten betrunken. Er, der große Junge, geht auf einen Kameraden los und will ihn verprügeln. Der hat doch so blöd gelacht! »Im Notfall muss man auf den Feind losgehen!«

> Liebe Eltern und Angehörige unserer Soldaten!
>
> Am 01. Dezember 1995 um 11.00 Uhr findet in der General-Hans-Graf-Sponeck-Kaserne das Feierliche Gelöbnis unserer Soldaten statt.
>
> Ich darf Sie zu diesem besonderen Anlaß herzlich einladen und bin sicher, die Rekruten wären Ihnen dankbar, wenn Sie durch Ihr Erscheinen zu einem würdigen Rahmen beitragen würden. Im Anschluß an das Gelöbnis können Sie mit den Soldaten am gemeinsamen Mittagessen teilnehmen (gegen Bezahlung).
>
> Bitte bringen Sie diese Einladung mit, sie ist gleichzeitig Einlaßberechtigung an der Wache.
>
> Mit freundlichen Grüßen
> für das Stammpersonal der 12. Kompanie

Nach dem Grundwehrdienst findet das *Feierliche Gelöbnis* statt, wobei sich die jungen Männer zu ihren Pflichten als Soldaten bekennen.

> »Ich gelobe, der Bundesrepublik Deutschland treu zu dienen und das Recht und die Freiheit des deutschen Volkes tapfer zu verteidigen.«

Das Gelöbnis findet öffentlich auf dem Kasernengelände statt. Die Mama und der neue Papa sowie auch Oma und Opa sind anwesend. Alle sind sehr stolz. Vor allem der große Junge.

Nun beginnt die Grundausbildung. Dem Jungen fällt irgendwann auf, dass er der Einzige ist, der nicht zu den Tätigkeiten herangezogen wird, wie sie seine Kameraden verrichten. Die Kameraden müssen zum Beispiel Arbeiten am Computer erledigen. Er nicht. Die Kameraden müssen Wache stehen. Er nicht. Die Kameraden müssen mit der Waffe ins Gelände. Er nicht. So sitzt er alleine im Büro herum und lernt Französischvokabeln auswendig oder er spielt mit sich selbst das Sammelkartenspiel *Magic*. Irgendwie stört ihn diese Sonderrolle nicht. Bei der Entlassungsfeier erhalten alle Kameraden ein Lob für ihre ausgezeichnete Arbeit. Er bekommt als einziger keines.

»Ich habe ja nichts gearbeitet. Man hat mir aber auch keine gegeben.« Er ist froh, dass während der gesamten Ausbildungszeit bei der Bundeswehr niemand etwas von seinen Ängsten bemerkte. Denn sie sind immer noch da, die Ängste. Manchmal sind sie ganz furchtbar schlimm, die Ängste. Er hat auch oft das Gefühl, dass seine Gedankenwelt irgendwie in Unordnung geraten ist. Aber wie fühlt sich denn Ordnung an? Die Nebelwolke, ja, sie hüllt ihn immer wieder ein. Ist sie ein Schutzschild oder eine Behinderung?

20 I said I loved you but I lied

Eigentlich findet der Junge es schade, dass die Bundeswehrzeit zu Ende ist. Er hat sich an der *Technischen Universität* in Kaiserslautern immatrikuliert für den Studiengang Wirtschaftsingenieurwesen. Was der Klassenbeste, der gleichzeitig sein Freund ist und Mitspieler bei den *Ballerspielen*, studieren wird, kann für ihn doch auch richtig sein? Was lernt man da eigentlich als Student des Wirtschaftsingenieurwesens? Egal, er freut sich auf das Studium. Die Mama hat für ihn in Kaiserslautern eine kleine Wohnung angemietet. Auf eigenen Beinen stehen, selbstständig sein, das ist doch so wichtig! Besser Miete bezahlen als abhängig von *Hotel Mama* bleiben, meint die Mama. Doch jetzt wird zuerst einmal Urlaub gemacht, mit zwei Freunden aus dem Dorf. Der eine nimmt seine Freundin mit. Es geht ab nach Barcelona. Mit einem Reisebusunternehmen. Für zwei Wochen.

Der Bus ist voll besetzt. Die Sitze sind bequem. Auf den beiden Plätzen hinter dem Jungen und seinem Freund, der neben ihm sitzt, richten sich der andere Freund und seine Freundin für die lange Fahrt möglichst bequem ein. Nachmittags um siebzehn Uhr beginnt die Reise. Sie werden die ganze Nacht hindurch fahren und so gegen zehn Uhr vormittags am nächsten Tag in Barcelona ankommen. Carolin[25], die Freundin, hat der Junge schon einige Male gesehen. Sie war auch einmal in den *Katakomben* dabei. Nun sitzt sie im Bus direkt hinter ihm. Manchmal dreht er sich zu ihr um. Die drei Freunde machen Witze und dumme Sprüche. Das Mädchen verhält sich eher ruhig.

»Sie sieht gut aus«, denkt der Junge. Irgendwie hat er sie ganz

---

25 Name geändert

anders in Erinnerung. Die Fahrt nach Barcelona scheint kein Ende zu nehmen trotz zweier Halts an Rastanlagen. Irgendwann nimmt der Geräuschpegel im Bus ab und die Fahrgäste schlafen. Am nächsten Morgen wird zum Frühstück noch eine letzte Raststätte angefahren, bevor der Busfahrer die Reisenden anscheinend fröhlich gelaunt auf die restlichen einhundert Kilometer einstimmt. Die Vier erwarten schweigend und müde nach unendlichen Stunden Fahrzeit die Ankunft in Barcelona. Kurz nach zehn Uhr vormittags kommen sie endlich am Hotel an. Ein Hochhaus, aber in Strandnähe.

»Wie gut, dass die Mama das Hotel nicht sieht«, denkt der Junge. »Die reinste Billigbude.« Der Freund mit seiner Carolin bewohnen ein Zimmer zusammen, der Junge mit dem anderen Freund ein Zimmer daneben. Essen, schlafen, schwimmen – diese Aktivitäten hatten sie für die erste Woche geplant. Daraus wird nichts. Für die zweite Woche planten sie die Besichtigung der *Kathedrale der Heiligen Eulalia*, des Stadtmuseums sowie den Besuch der Flaniermeile *La Rambla*, an deren Ende die Statue von Christoph Kolumbus steht, der mit ausgestrecktem Arm hinaus auf das Mittelmeer zeigen soll. Daraus wird auch nichts. Sie verlassen kaum die Zimmer, gehen kein einziges Mal an den Strand, dösen herum und sind ohne Urlaubsstimmung. Die Tage gehen diffus und nebulös an ihnen vorüber. Der Junge fühlt eine Lethargie und Verunsicherung. Seine Ängste können nicht schuld an diesem Gefühl sein. Da würde er sich schon längst verkriechen. Die ungenutzten und sinnlos verschwendeten Tage stören ihn im Grunde auch nicht. Dennoch fühlt er sich irritiert. Diese Carolin. Sie setzt sich immer öfter zu ihm, erzählt von sich und fragt, was er denn so mache. Ja, sie sieht gut aus mit ihren hübschen braunen Augen und den ebenfalls braunen langen Haaren. Und sie hat eine tolle Bikinifigur. Nächstes Jahr wird sie das Abitur ablegen, erzählt sie. Und sie liebt klassische Musik. Ja, Mozart, die *Sinfonie Nr.*

40 g-Moll. Nein, ein Instrument kann sie nicht spielen. Schade. Sie hätte auch gerne Klavierspielen gelernt, so wie er. Kochen, das kann sie gut.

Nach zwei Wochen Spanienurlaub ist die Beziehung zwischen dem Freund und Carolin am Ende. Carolin hat sich in den Jungen verliebt. Was nun? Der Junge möchte doch nicht seinem Freund die Freundin ausspannen. Dennoch hat es zwischen ihnen beiden gefunkt. Auf der Rückfahrt bleibt die Sitzordnung im Reisebus dieselbe, aber die Stimmung der Vier befindet sich auf dem Tiefpunkt. Freundschaften sind zerbrechlich. Dies mussten alle Vier schmerzlich erfahren. Sie wollten es nicht und doch ist es geschehen. Schweigen hat sich zwischen ihnen breitgemacht. Die Rückfahrt erscheint ihnen noch unendlich länger als die Hinfahrt. Bei einem letzten Halt an einer Raststätte auf deutschem Boden kauft einer der Freunde die *Bild*-Zeitung. *Charles und Diana: Scheidung!* [26] steht als dicke Schlagzeile auf der Vorderseite. Carolin nimmt ihm die Zeitung aus der Hand.

»Was! Die zwei lassen sich scheiden!« Die Jungs interessieren die Probleme des britischen Thronfolgerpaars Prinz Charles und Prinzessin Diana nicht. Nach kurzer Rast setzt sich der Bus mit den Urlaubern für die letzten Kilometer bis nach Hause in Bewegung. Carolin umarmt den Jungen bei der Trennung inniglich.

»Komm morgen, bitte! Meine Eltern sind noch im Urlaub. Wir können zusammen kochen.« »Ja, ich komme.« Er sehnt den nächsten Tag herbei. Ja, sie liebt ihn, sie liebt ihn wirklich. »Dieses Mal muss ich alles richtig machen. Nicht so wie in den *Katakomben* mit Maren«, nimmt er sich fest vor.

Es wird ein wunderbarer und glücklicher Abend. Er ist schon frühzeitig am Nachmittag mit seinem gebrauchten Opel zu ihr

---

26 Scheidung August 1996 von Prinz Charles, Thronfolger des Vereinigten Königreiches, und Prinzessin Diana. Verheiratet seit 1981.

in den Nachbarort gefahren. Gepflegte Wohngegend, Einfamilienhäuser mit hübsch angelegten Vorgärten. Sie kochen gemeinsam, sie küssen sich, sie versprechen sich dauerhafte Liebe, sie schlafen miteinander. Sie erleben den Himmel auf Erden. Alle seine Ängste sind wie weggeblasen. Endlich ist das Glück da, das er sich so wünscht. Sie umschmiegt ihn, will ihn nicht mehr gehen lassen und will ihn morgen sofort wiedersehen. Spät in der Nacht fährt er zurück nach Hause. Die Mama und der neue Papa sind mit der kleinen Schwester ebenfalls noch im Urlaub. In einer Woche werden sie zurückkommen. Gut so, dann fragt die Mama auch nicht, wo er denn gewesen ist. Dass sie nicht aus Neugier fragt, sondern aus Sorge um ihn, das weiß er genau. Aber sie soll ihn in Ruhe lassen.

Er schaltet das Autoradio ein. Dieses Lied! Ausgerechnet dieses Lied! In allen Charts liegt es auf den vorderen Plätzen. Er dreht am Lautstärkeregler. Noch etwas lauter. Noch ein bisschen.

I said I loved you but I lied.

Michael Bolton[27]. So ein toller Sänger. Was ist auf einmal los mit dem Jungen? Warum wird er so unruhig? Er beginnt zu schwitzen, dreht das Autofenster, das halb geöffnet ist, ganz herunter. Er fühlt sich irgendwie auf einmal nicht gut.

Ich sagte, ich liebe dich, aber ich log.

Meine Güte, wenn er sie angelogen hat? Wenn er sie vielleicht gar nicht liebt? Liebt er sie oder liebt er sie nicht? Seine Gedanken verwirren sich. Es fühlt sich bedrohlich an. Er weiß nicht mehr, was richtig und was falsch ist. Hat er sie angelogen?

---

[27] Michael Bolton. Geb. 1953 Connecticut. US-amerikanischer Popsänger. Gold Single *I said I loved you but I lied*. 1993.

Liebt er sie gar nicht? Kann er morgen überhaupt noch zu ihr? Ihr in die Augen schauen? Sie liebt ihn und er lügt sie an? Oh Gott, was ist los mit ihm? Er will sie doch nicht verlieren. Sie ist ihm doch schon so vertraut. Sie haben doch so viele Gespräche miteinander geführt. Sie haben sich doch so gut verstanden. Er darf sie nicht verlieren. Nicht verlieren, nicht verlieren. Nicht schon wieder jemanden verlieren.

I said I loved you but I lied.

Das Lied soll endlich zu Ende sein! Aufhören! Aber er kann das Radio nicht ausschalten. Wie zwanghaft muss er den Song anhören. Wie eine Vergewaltigung, gegen die er sich nicht wehren kann, die ihm seine Hilflosigkeit vorführt, so kommt ihm diese grausige Szenerie vor. Warum muss ausgerechnet gerade jetzt dieser Song im Radio gespielt werden? Wer steckt dahinter? Wer will ihn ruinieren? Blitze in seinem Kopf, Blitze in seinen Augen, Blitze in seiner Seele. Er weiß nicht mehr, wo er ist und was er macht. Das Notfallprogramm, das Notfallprogramm! Das Haus steht wieder einmal in Flammen. Spring doch, spring doch! Niemand ruft es ihm zu. Niemand fängt ihn auf. Wo ist die Schutzengelhand, die die weiche Nebelhaube über ihn stülpt? Der Tiger im Käfig! Der furchterregende Tiger im Käfig! Lasst ihn nicht heraus! Bitte, bitte, lasst ihn nicht heraus!

Eigentlich weiß er nicht mehr, wie er nach Hause gekommen ist. Jedenfalls steht sein Opel am nächsten Tag vor dem Haus. Ein Glück. Kein Unfall. Aber das Lied dröhnt immer noch in seinem Kopf. Er möchte seinen Kopf an die Wand schlagen. Klopfen, klopfen, ans Bettgestell klopfen, so wie damals als kleiner Junge. Aber das hilft nicht mehr. Nein, er wird nicht mit dem Kopf an die Wand schlagen. Nein. Er ist alleine zu Hause. Im Keller steht ein Kasten Bier. Bestimmt hilft das Bier gegen das Dröhnen im Kopf.

»Ich werde heute Abend wieder zu ihr hinfahren. Aber ich bin mir nicht sicher, ob ich sie liebe. Ich bin mir überhaupt wegen nichts mehr sicher. Das Studium? Ich kann doch in so einem Zustand gar nicht studieren. Wenn ich es nicht schaffe? Nichts schaffe ich. Schlechtes Abizeugnis, als Arbeitshelfer am Haus nicht zu gebrauchen, das Schachspielen versaut, Fußballspielen kotzt mich an, Kumpels witzeln über mich, für die Mama bin ich ein Sorgenkind. Was soll der ganze Scheiß! Dieses ganze Scheißleben! Immer diese Ängste! Wer ist denn hinter mir her? Irgendjemand muss doch ein Interesse daran haben, mich fertigzumachen? Vielleicht ist das mit Carolin auch wieder so ein Trick, mich zu ruinieren? Vielleicht kann ich sie deswegen nicht lieben? Nichts mehr werde ich machen. Nichts mehr. Alles sinnlos.«

Am Abend fährt er trotzdem zu ihr hin. Sie kochen zusammen. Sie essen zusammen. Sie reden. Sie kuscheln im Bett. Aber eine feindliche Stimme in seinem Kopf lässt ihn nicht zur Ruhe kommen.

»Du liebst sie nicht. Du kannst sie nicht lieben. Du darfst sie nicht lieben. Du lügst. Du bist ein Lügner. Du bist ein Versager. Dein Leben ist ruiniert. Du bist nicht geeignet zur Liebe. Häng dich auf! Stürz dich von der Brücke!«

Die zerstörerische Beziehung dauert etwa ein Jahr. Sie fleht, sie schreit, sie schickt ihm Briefchen. Er rast mit hundert Sachen mit seinem Opel durch ihr Dorf. Er wartet stundenlang im Vorgarten ihres Elternhauses, bis ihr Vater ihm mit der Polizei droht. Er betrinkt sich. Sie raucht zu viel. Er verbietet ihr das Rauchen. Sie lässt es sich nicht verbieten.

»Wenn du mich wirklich liebst, akzeptierst du, dass ich rauche.« Sie streiten, sie schreien, sie schlagen sich, sie umarmen sich, sie toben, sie kratzen sich, sie fluchen, sie keuchen und sie küssen sich. Sie wird ihn in einer der letzten Auseinandersetzungen anklagen, sie geschlagen und gewürgt zu haben.

Er weiß nichts zu entgegnen. Hat er sie geschlagen? Hat er sie gewürgt? Hat er dies *im Suff* getan? Er weiß es nicht. Er kann sich nicht mehr erinnern. Es ist vorbei. Sie hätte die Frau fürs Leben werden können. Das Lied, dieses Lied hat alles ruiniert! Nun ist sie weg. Kein *Immer-Da* mehr. Kein *Wir-bleiben-immer-Zusammen* mehr. Keine Zuflucht mehr. Keine Sicherheit mehr. Fort, weggegangen, verschwunden. Sie kommt nie mehr wieder zurück. Angst und Panik ergreifen von ihm Besitz. Sie führten doch so viele Gespräche miteinander. Der Bruder und er – damals – führten doch auch so viele Gespräche. Doch auch da war er plötzlich allein. Niemand warnte ihn, dass man nicht immer zusammen sein kann. Plötzlich allein. Das Vertrauen und die Sicherheit sind weg. Ohne Ankündigung. Jetzt ist auch sie, Carolin, weg. Sie! Seine Liebe! So wie der Bruder plötzlich weg war. Lass den Tiger nicht aus dem Käfig. Um Gottes Willen, lass den Tiger nicht aus dem Käfig! »Ich bin selbst schuld an allem. Ich hörte dieses Lied! Dieses Lied! *I said I loved you but I lied.* Wie soll ich mir denn da noch selbst trauen! Nein, ich kann mir nicht mehr selbst trauen. Es gibt keinen Halt mehr. Nichts mehr, woran ich mich festhalten kann. Nichts mehr, dem ich trauen kann. Alles kaputt!«

21 Studentenleben

Das Studiensemester hat längst begonnen. Er findet sich nur ab und zu in der Universität ein. Was sind denn *Imaginäre Zahlen*? Er liegt in seiner kleinen Wohnung im Bett, die Rollläden herabgelassen. Er betrinkt sich zu oft. Am Wochenende kommt er nach Hause. Die kleine Schwester freut sich riesig. »Komm, spiel mit mir!« Er spielt mit ihr. *Memory, Schwarzer Peter, Sagaland.* Die Mama fragt nach Fortschritten in seinem Studium. Skeptisch fragt sie. Er registriert es.

»Ach, lass mich in Ruhe.« »Das ist ein anderer Junge«, denkt die Mama. »Was ist los? Da stimmt etwas nicht.« Er schließt sich in seinem Zimmer ein. Einmal findet sie ihn auf dem Balkon zusammengekauert in einer Ecke sitzen. Oh, mein Gott! Oh, mein Gott! Den neuen Papa interessiert die Angelegenheit nicht. Sie übertreibe.

Der Junge fühlt, dass er sich und sein Leben nicht mehr richtig im Griff hat. Vernunft, Verstand, Gefühl – welch befremdliche Begriffe. Zweifel über seinen Verstand, Zweifel über seine Gefühle, Zweifel über die Wahrheit.

Da sind sie wieder, die lebensbedrohlichen Gefühle. Sie werden wieder nicht zur Rede gestellt. Panik und Angst siegen wieder in diesem Gefühlskampf. Als Verbündete haben sich schon längst Misstrauen, Unsicherheit, Verlassensein, Selbstzweifel und Hilflosigkeit dazugesellt.

»Noch nicht einmal die Mama kann ich, der erwachsene Mann, vor dem prügelnden neuen Papa beschützen. Solch eine Schande! Ich bin ein Versager. Auf ganzer Linie ein Versager!«

Etwas Rettendes ist weit und breit nicht zu sehen. Wo bleibt das vertrauensvolle und offene Familiengespräch am Esstisch? Wo bleibt das kameradschaftliche Gespräch zwischen Freunden? Wo bleibt das ausführliche Arzt-Patienten-Gespräch, als der Hautausschlag im Gesicht immer auffälliger wird? Warum erklärt ihm niemand, dass die Angst, die schrecklich lähmende Angst vor dem Verlassenwerden, vor dem Alleinsein, ihn in einen Käfig eingesperrt hat, aus dem er nicht alleine herauskommen kann? Warum erklärt ihm niemand, dass seine Gedanken und Gefühle nicht die Realität widerspiegeln? Dass seine verzerrte Wahrnehmung ihm eine falsche Realität vorgaukelt? Warum sagt ihm das niemand? Warum sagt ihm niemand, dass er kein Lügner ist? Warum glaubt er diesem schrecklichen Monster, welches sich seit Kindertagen in den letzten Winkel seiner Seele verkrochen hat und nur darauf lauert, aufzutauchen und Unheil und Verwüstung in ihm anzurichten?

Er war doch diesem Monster schon dicht auf den Fersen, damals, als er mit dem Küchenmesser den Keller durchsuchte. Dieser Mut! Aber es reichte nicht. Die Angst sitzt zu tief. Sich erneut diesem mächtigen Gegner stellen? Ja, dem Bösen ins Antlitz schauen! Ja, wie der kleine David sich dem großen Goliath entgegenstellte. Warum schafft er es nicht? Er irrt, wenn er meint, ein schlechter Mensch zu sein. Warum sagt ihm das niemand?

»Ich bin ein Lügner. Einer, der nichts kann, nichts ist und nichts hat. Der neue Papa sagt es doch immer. Und die Mama, die sich immer nur Sorgen um mich macht. Immer dieses traurige Gesicht von der Mama. Das hält ja kein Mensch aus! Ja, ich bin unfähig zu allem. Man muss sich wirklich um mich Sorgen machen.«

Wo ist der Schutzengel, der sich zu ihm in den Käfig setzt, zu ihm und seiner Angst in den Käfig setzt. Der Schutzengel, der ihm erklärt, dass seine Gedanken und Gefühle normal für einen jungen Mann mit Liebeskummer sind, er keine Angst haben muss, dass er ganz langsam die Tür des Käfigs selbst öffnen kann, der Tiger ganz zahm wird und sich streicheln lässt.

Aber diesen Schutzengel gibt es nicht.

Bier trinken, im Bett liegen, nicht zur Universität gehen. Eine Weile kann der Junge verbergen, in welchen Abgrund er droht abzurutschen. Die Mama insistiert und will wissen, welche Fortschritte sein Studium macht. Die Fragerei regt ihn auf. Manchmal kommt er nicht einmal am Wochenende nach Hause.

Das Weihnachtsfest steht vor der Tür. »Endlich werden wir alle wieder einmal so richtig beieinander sein«, hofft die Mama. Aber so eine richtige Vorfreude mag in ihr nicht aufkommen. Ja, ihr Kummer ist groß. Und ihre Wut. Warum belügt er sie? Warum faulenzt er so? Warum studiert er nicht ernsthaft? Er bekommt doch alles, was er will und braucht? Und doch – am liebsten möchte sie ihren großen Jungen ganz fest in den Arm nehmen und ihm sagen, dass sie ihn doch so liebt und alles für ihn gut sein soll. Aber dies ist eine illusionäre Vorstellung, weit von der Realität entfernt. Am Heiligen Abend wird er kommen. Aber er kommt nicht. Er kommt weder zur Mittagszeit noch zur heimeligen Kaffeestunde mit dem selbstgebackenen Weihnachtsgebäck, das er doch so liebt und wobei die kleine Schwester so emsig beim Backen mithalf und extra für ihn einen besonders schönen Engel gebacken hat. Ein Telefon besitzt er in seiner Studentenwohnung nicht. So kann man ihn überhaupt nicht erreichen. Er will aber auch nicht erreicht werden. Das Weihnachtsessen, gebratene Gans mit Rotkraut und Semmelknödeln, ist doch eines seiner Lieblingsessen! Er weiß doch, dass bei ihnen am Heiligen Abend um achtzehn Uhr mit diesem Traditionsessen das Weihnachtsfest eingeläutet wird! Warum kommt er nicht? Warum? Die Mama ist unruhig. Sie hat keinen Appetit, will sich aber vor der kleinen Tochter nichts von ihren trüben Gedanken anmerken lassen.

»Der Sohn hat heute wohl Besseres zu tun«, meint der neue Papa lakonisch. Die Mama hofft inständig, dass sich jeden Moment der Hausschlüssel im Schloss drehen möge oder dass die

Türklingel ertöne. Nichts. Alles bleibt stumm. Die Christmette beginnt um zweiundzwanzig Uhr. Als langjährigem Oberministrant hat ihm doch das Feiern der Christmette immer viel bedeutet! Die Mama kann sich nicht auf den Gottesdienst konzentrieren. Sie muss sich ständig umdrehen und zum Kirchenportal schauen, durch das er doch – wenn auch verspätet – jeden Moment eintreten muss. Dann wird sie lächeln, zu ihm hinschauen und ihn anstrahlen. Es gibt noch genug vom Weihnachtsessen für ihn – auch nach dem Gottesdienst. Aber er kommt nicht. Die Nervosität in ihr wird immer größer. Zuhause beratschlagen der neue Papa und sie, dass sie sofort morgen früh zu ihm in seine Studentenwohnung fahren werden. Wenn doch etwas Schlimmes geschehen ist? Bitte, nicht! Alles ist schon so schlimm genug.

Die Mama und der neue Papa wissen nicht, dass der Junge schon seit drei Tagen im Bett in seiner kleinen Wohnung liegt. Er hat drei Tage nichts mehr gegessen und nichts mehr getrunken. Der Rollladen ist heruntergelassen. Seit drei Tagen liegt er im Dunkeln. Die Welt hat ihn vergessen. *Ich bin der Welt abhanden gekommen*[28] heißt es in einem Lied, das er vor kurzem angehört hat. Er wollte von der Brücke in den Rhein springen, aber zuletzt fehlte ihm doch der Mut. Wenn er lange genug im Bett gelegen haben wird, dann wird er auch sterben. Wenn man nicht mehr leben will, muss man sich einfach ins Bett legen und nicht mehr aufstehen. Das hat er in einem Buch gelesen. Er hat die Orientierung für die Zeit verloren. Ist es Morgen oder Abend? Egal. Auf einmal hört er im Unterbewusstsein ein Klopfen. Das Klopfen wird immer lauter. Noch lauter. Er hört Stimmen. Stimmen? Ruft man nach ihm? Nach ihm ruft man nicht! Keiner ruft nach ihm. Doch, er hört seinen Namen!

---

28 Friedrich Rückert. Deutscher Dichter, geb. 1788, gest. 1866. Gedicht: *Ich bin der Welt abhanden gekommen*. Vertonung Gustav Mahler. Österreichischer Komponist. 1901 / 1902.

Das ist der neue Papa! Der neue Papa! Das Rettende! Raus aus dem Bett! Nicht hinfallen! Alles ist dunkel! Nicht hinfallen! Den Schlüssel, der innen in der Tür steckt, herumdrehen. Die Finger sind kalt und kraftlos. Aber es klappt. Er öffnet die Tür. Die Mama und der neue Papa! Schutzengel! Schutzengel! Er weint, fällt zuerst dem neuen Papa und dann der Mama um den Hals!

»Na, noch am Leben, alter Halunke!«, sagt der neue Papa diesmal ganz ohne Ironie und Sarkasmus. »Komm nach Hause, komm nach Hause!« Die Mama drückt ihn überglücklich. »Komm, es gibt gutes Weihnachtsessen und viele Plätzchen. Komm!« Ein Wunder ist geschehen. Ein Wunder. »Was, es ist Weihnachten?« »Ja, es ist Weihnachten. Komm, wir feiern jetzt endlich das Weihnachtsfest.«

In den nächsten Tagen traut sich der Junge zu bekennen, dass er das Lernen, die Vorlesungen, die Seminare nicht schafft. Die Mama hat ja schon geahnt, dass mit ihrem Sohn vieles nicht stimmt, dass er kein Studentenleben führt, so wie seine ehemaligen Klassenkameraden es nun vormachen.

»Warum hast du mich angelogen? Warum redest du nicht mit mir? Aber das Wichtigste ist, dass du jetzt da bist. Nun musst du ich erholen. Alles andere wird sich regeln lassen. Alles wird gut werden. Bestimmt!«

22 Malen

Die Mama kündigt die Studentenwohnung, die sie für nichts und wieder nichts bezahlt hat. Der Junge zieht wieder zuhause in sein ehemaliges Kinderzimmer. Für das nächste Semester schreibt er sich an der Universität in Mannheim ein für den Studiengang in Volkswirtschaftslehre. Er müsste wissen, dass er wieder das falsche Studienfach wählt. Er müsste es wissen, wenn er klare Gedanken über sich, über sein Leben, über seine Zukunft fassen könnte. Aber dies kann er nicht. Er ist für sich selbst eine fremde Person geworden. Umso mehr drängt es ihn zu malen. Malen, ja, malen! Ich muss malen! Die Mama gibt ihm Geld, damit er sich eine professionelle Atelierstaffelei kaufen kann. Das Malen wird ihn retten, ihn befreien, ihn stärken und selbstbewusst machen. So hofft die Mama. Bis zum Beginn des Semesters dauert es noch fast ein halbes Jahr. So kann er sich mit dem beschäftigen, was seine Seele hoffentlich heilt.

»Willst du nicht lieber Kunstgeschichte studieren?« »Nein, auf gar keinen Fall.« Und er widmet sich wieder dem Klavierspiel. Und wie! Virtuos, kraftvoll, dramatisch. Das ganze Haus bebt, wenn er am Klavier sitzt. Und er spielt mit der kleinen Schwester und erzählt ihr Geschichten. Und er führt den Hund aus, ja! Er tollt und tobt mit ihm.

»Wie ein ganz normaler Junge«, denkt die Mama. Eine Weile geht es gut, mit dem Jungen und mit dem Familienleben. Der Sohn malt wunderschöne Bilder – mit Ölfarbe auf Keilrahmen.

Für das Malen in der Natur klemmt er seine alte Kinderstaffelei aufs Fahrrad und fährt in den Wald, an den Bach, auf die Wiese. Sein Zimmer füllt sich mit kleinen Kunstwerken.

Doch das unheimliche Monster ist nicht verschwunden. Es lauert weiterhin im Verborgenen und wartet auf eine gute Gelegenheit, um sein zerstörerisches Werk fortzuführen.

»Schocki, kommen! Helfen!«, tönt es aus dem Garten hinauf in das Zimmer des Jungen. Der neue Papa ruft. Der Junge will den Aufruf überhören. Er kann dem neuen Papa nie etwas recht machen. Doch es ruft lauter aus dem Garten. Widerwillig geht er die Treppe hinunter in den Garten. Die große Tonne ist zu schwer, um sie alleine nach hinten in den Garten zu befördern.

»Los, fass' an!« Der Junge weiß nicht recht, wo er die Tonne packen soll. Es gibt keinen Griff. Sie ist zu glatt, zu schwer. Er schafft es, sie ein wenig hochzuheben, aber seine Finger rutschen an dem glatten Material ab. »Mensch, du bist doch wirklich zu allem zu blöd!«, schreit cholerisch der neue Papa, als die Tonne polternd zu Boden kracht. Es ist das erste Mal, dass der Junge den neuen Papa anschreit. Laut, fast verzweifelt laut, schreit er, brüllt: »Weißt du, was du bist! Weißt du, was du bist!« und rennt ins Haus, flieht, flieht hinauf in sein Zimmer und knallt die Tür zu. Die Mama hat alles aus der Küche mit angehört, aber nichts wörtlich verstanden. Sie ahnt Schlimmes. Sie geht nicht in den Garten zu ihrem Mann. Sie geht nicht hinauf zu ihrem Sohn. Wie soll es nur weitergehen? Was soll sie nur machen?

Ihr Junge malt nicht mehr. Er spielt auch kein Klavier mehr. Er beginnt im Garten eine Hütte zu bauen.

»Er weiß doch gar nicht, wie man eine Hütte oder einen Schuppen baut. Er kann es doch nicht«, denkt die Mama. Der neue Papa lässt ihn gewähren. »Er spinnt eben.« Die Hütte wird höher und schiefer. Zweigeschossig. Nachbarn fragen neugierig, aber auch belustigt, was dies denn einmal werden soll. Der Junge ist den ganzen Tag mit Ernst bei der Sache. Die Mama jedoch findet diese Bauerei allmählich peinlich. »Was soll es werden«, fragt sie ihren Sohn. »Mein Atelier.«

Das Studiensemester an der Universität in Mannheim beginnt. Die Mama mietet für ihn ein Studentenappartement. Doch die meiste Zeit schließt der Sohn sich in seinem Kinderzimmer ein oder er verbarrikadiert sich im wahrsten Sinne des Wortes im Keller und trinkt aus dem Bierkasten ein Bier nach dem anderen.

»Warum fährst du nicht zur Uni?«, fragt ihn die Mama streng. »Ich bezahle nicht schon wieder für nichts und wieder nichts das teure Zimmer und die Studiengebühren.« »Lass mich in Ruhe!« »Du redest nicht so mit mir!« »Lass mich in Ruhe!« »Du bist krank! Du musst zu einem Arzt!« »*Du* bist krank! Nicht ich!« Mama weiß nicht mehr, wie sie mit ihrem Sohn in einen freundlichen und hilfreichen Kontakt treten soll. Der neue Papa meint: »Deine Erziehung.« Die kleine Schwester ist verstört. Dies ist nicht mehr ihr lieber Bruder. »Wirf ihn hinaus, Mama!«

23 Sinnlose Rettungsversuche

Der Junge fährt mit seinem Opel in einen Straßengraben. Der Junge bleibt heil, der Wagen ist Schrott. Zur Universität nach Mannheim kommt er nun nicht mehr. Egal, er hat sowieso nicht studiert. Die Matrizen, die er addieren oder multiplizieren soll, versteht er schon gar nicht. Sowieso ist ihm alles schon gleichgültig. Er macht die Nacht zum Tage. Die Mama ist wütend.

»Du schläfst gefälligst in der Nacht. Ich kann so nicht schlafen, wenn du nachts in der Küche herumrumorst. Morgens ist die ganze Küche dann verdreckt! Iss mit uns, wenn es am Tag Essen gibt. Ich bin wegen dir jeden Morgen hundemüde und soll dann zur Arbeit gehen. So geht das nicht.« Sie insistiert, dass er einen Arzt aufsuchen soll. Einen Psychiater. Wenigstens zum Hausarzt. Er weigert sich. Die Mama kontaktiert den Hausarzt selbst.

»Wir können ihnen nicht helfen. Ihr Sohn muss selbst vorbeikommen.« Mehrere Male fragt sie bei dem Hausarzt an. Vielleicht gibt es doch eine Möglichkeit, wie ihr Sohn in eine Behandlung gebracht werden könne. »Nein, es tut mir wirklich leid.« Wochen vergehen. Die Mama telefoniert mit mehreren psychiatrischen Praxen in der Umgebung und wird überall abgewiesen.

»Wir können ihnen nicht helfen.« Ein Arzt erklärt ihr, dass man den Sohn nur behandeln könne, wenn er sie als seine Mutter bedrohe und angreife oder die Wohnung verwüste. Dann könne sie die Polizei rufen. Ein anderer Arzt stellt telefonisch kurz und bestimmt eine Diagnose: *Schizophrenie*. Und legt den Hörer auf. Von dieser Erkrankung hat sie schon gehört. *Schizophrenie*. Es muss eine schreckliche Krankheit sein. Die Menschen, die daran leiden, sind verrückt. Aber was bedeutet dies genau? Ihr Sohn ist doch nicht verrückt! Er springt doch nicht in Unterhosen in den Dorfbrunnen oder rennt schreiend durch die Straßen. So verhalten sich doch schizophrene Menschen. Oder nicht? Die Mama kauft sich Fachliteratur über diese Krankheit.

Eines Tages, es erscheint ihr wie ein Wunder, erklärt ihr Junge sich bereit, mit ihr eine psychiatrische Praxis aufzusuchen. Sie schöpft Hoffnung. Beide sitzen fast fünf Stunden in einem überfüllten Wartezimmer. Mehrmals packt den Sohn eine latente Wut.

»Ich halte das nicht aus. Ich gehe jetzt.« »Du bleibst da. Endlich sind wir hier. Du kannst jetzt nicht weggehen.« Er bleibt. Endlich werden sie aufgerufen. Die Mama schildert dem Arzt, welche Auffälligkeiten sich bei ihrem Sohn in den letzten Monaten zeigen. Der Sohn soll selbst berichten. Aber was soll er denn berichten? Für ihn ist doch alles normal. Mit dem Studium klappt es nicht. Na und? Die Hütte im Garten? Die ist bald fertig. Mutter regt sich in letzter Zeit oft auf. Dem neuen Vater ist doch alles egal. Stimmen? Nein, die hört er nicht. Was für eine blöde Frage. Ob er sich verfolgt fühlt? Ja, von der Mama und ihren Forderungen. Welche Ziele er für sein Leben hat? Er wollte mal Schachweltmeister werden. Jetzt nicht mehr. Malen wie van Gogh. Das schafft er vielleicht. Wenn sein Atelier im Garten fertig ist.

Der Arzt stellt die Diagnose:

Verdacht auf neurasthenisch depressives Vorstadium eines Morbus Bleuler[29].

Und er verschreibt Medikamente. In vier Wochen soll der Sohn wiederkommen. Zuhause will er aber die Medikamente nicht

---

29 *Morbus Bleuler.* Benannt nach Psychiater Eugen Bleuler. Geb. 1857, gest. 1939. Psychopathologische Erforschung der Schizophrenie. Einführung des Begriffs *Schizophrenie.* 1911.

nehmen. Die Mama redet auf ihn. Er will nicht. Die Mama will sie ihm in den Mund stopfen. Er liegt auf seinem Bett und presst den Mund fest zusammen. Die Mama setzt sich auf seine Brust.

»Mach den Mund auf! Los, mach den Mund auf!« Er öffnet die Lippen einen kleinen Spalt. Sie schiebt ihm eine der Tabletten in den Mund. Geschafft! Morgen früh wieder. Und morgen Abend.

Nach ungefähr zwei Wochen scheint der Sohn sich zu verändern. Er schläft nachts und malt tagsüber wieder. Er spielt mit der kleinen Schwester und fragt die Mama, ob er etwas helfen kann.

»Ich könnte vielleicht Geschichte studieren. Ich glaube, das passt besser zu mir.« Die Mama hofft wieder auf ein Wunder! Jetzt wird wohl doch noch alles gut. Sie meint, er könne die Tabletten nun auch eigenständig nehmen. Er schaffe dies jetzt. Nach einer Woche beginnt der Sohn, sich wieder in seinem Zimmer einzuschließen. Er macht die Nacht erneut zum Tage. Die Mama schaut in seinem Zimmer in der Schreibtischschublade nach, wo er die Medikamentenschachtel aufbewahrt. Mit Entsetzen stellt sie fest, dass er mindestens seit fünf oder sechs Tagen keine Tablette mehr genommen hat. Was jetzt? Am nächsten Morgen wacht sie schon vor dem Weckerklingeln auf.

»Das war doch eben das Geräusch meines Autos?« Sie stürzt zum Fenster und schaut hinaus in die Garageneinfahrt. Sie sieht gerade noch ihren Pkw davonfahren.

Nach einer Woche steht ihr Sohn wieder vor der Tür. Ohne Auto, ohne Geld, mit schmutzigen Hosen und unfrisierten Haaren. Der neue Papa meint: »Der verlorene Sohn ist wieder da.« »Setz dich«, sagt die Mama. »Was ist los? Wo bist du gewesen? Was machen wir jetzt mit dir? Wo ist das Auto?« Ihr Sohn sitzt da wie ein Häufchen Elend. Er weint. Er schluchzt. Er kann nicht mehr.

Die kommenden Wochen werden für die Familie zu einer emotionalen Achterbahnfahrt. Der Sohn nimmt die verschriebenen Medikamente unregelmäßig. Die Mama darf sie ihm nicht mehr einflößen. Irgendwann verweigert er die Einnahme endgültig. Einen weiteren Arztbesuch lehnt er entschieden ab. Die Hütte im Garten baut er fertig, doch zu einem Einzug in das »abenteuerliche Gebäude«, wie die Mama es nennt, kommt es nicht. Er trinkt zu viel Bier, macht die Nacht zum Tage und den Tag zur Nacht, bis die Mama ihm zum wiederholten Male androht, wenn er nicht zum Arzt gehe, würde sie ihn hinauswerfen. Nach weiteren Wochen gibt der Hausarzt den Ratschlag, doch einmal das Gesundheitsamt zu kontaktieren. Bestimmt käme dann ein Gutachter, um sich den Sohn genauer anzuschauen. Diesen Strohhalm ergreift die Mama sofort. Dass es sich hierbei um die Anfrage zur Einrichtung einer gesetzlichen Betreuung für den Sohn handelt, ist der Mama zunächst nicht klar. Noch nie hatte sie mit Angelegenheiten dieser Art zu tun. Und tatsächlich, ein Arzt vom Gesundheitsamt wird ihren Jungen besuchen und ein Gespräch mit ihm führen. Welche Hoffnung! Die Mama informiert ihren Sohn, dass ein Arzt ihn besuchen wird. Der Sohn ist fassungslos. Dies ist ein Vertrauensbruch! Was fällt der Mutter ein! Kein Wort will er mit diesem Typen sprechen. Der Arzt kommt. Er steht im Wohnzimmer. Die Mama ist freundlich. Sie ruft ihren Jungen herunter. Er kommt nicht. Die Mama begleitet den Arzt hinauf zu des Sohnes Zimmer. Abgeschlossen. Der Arzt klopft an. Zweimal, dreimal. Der Sohn öffnet. Die Mama geht schnell hinunter in die Küche. Ihr Herz klopft. Hoffentlich wird es ein gutes Gespräch! Es dauert ungefähr fünfzehn Minuten. Der Arzt kommt herunter ins Wohnzimmer.

»Werfen Sie ihn hinaus! Ihr Sohn ist nicht krank!« Der Mama stockt der Atem. Das kann nicht sein. Nein, das kann nicht wahr sein! »Auf Wiedersehen.« Weg ist dieser Mensch, weg.

Dass die Mama diesen Vertrauensbruch ihm gegenüber begangen hat, einen fremden Menschen auf ihn zu hetzen, wird der Sohn ihr nun nie mehr verzeihen! Und er will der Mama beweisen, dass er sein Leben alleine in die Hand nehmen kann. Der Beschluss des Amtsgerichtes folgt bald darauf.

> *»Von der Anordnung einer Betreuung wird abgesehen.«*

Die Mama fühlt sich schuldig. So etwas wollte sie nicht. Sie wollte Hilfe für ihren Sohn. Nun ist das Schlimmste eingetreten: der endgültige Vertrauensbruch.

Weg, nur weg! Der Junge hat nur noch das Wegkommen im Sinn. Bei der Bundeswehr war es doch schön. Er bewirbt sich für eine Offizierslaufbahn und wird in die Luftwaffenkaserne *Wahn* bei Köln zu einem Vorstellungsgespräch eingeladen. Das Prüfverfahren im Assessment-Center ist auf drei Tage angelegt.

»Die Manschettenknöpfe an deinem Hemd sind noch offen«, sagt sie ihm beim Weggehen zum Bahnhof. »Ach, Blödsinn! Da guckt eh kein Mensch hin.« Am selben Abend ist er wieder zuhause. »Sie nehmen mich nicht. Ich konnte die Frage, wann die Bundeswehr gegründet wurde, nicht beantworten.« Und er verschwindet in seinem Zimmer. Er liest eine Anzeige in der Zeitung:

> *Las Palmas, Gran Canaria. Hotelangestellte weiblich – männlich gesucht.*

Da will er hin. Da kann man großes Geld machen. Den Flug kann er von etwas Gespartem selbst bezahlen. Einen Koffer besitzt er nicht. Seine Habseligkeiten packt er in einen Karton, den er mit Klebeband zuklebt und unter den Arm klemmt.

»Ich komme als reicher Mann wieder zurück.« Nach drei Tagen steht er wieder vor der Tür, mit einem zerdrückten Pappkarton. Leiharbeiter, o.k., als Leiharbeiter in einer Produktionsfirma könne er doch auch arbeiten. Eine Weile geht es dort einigermaßen gut. Der Chef erlaubt ihm sogar, mit dem firmeneigenen Van die anderen Leiharbeiter abzuholen. Doch als der Kilometerzähler eines Tages eintausend Kilometer zu viel anzeigt, wird der Junge entlassen.

»Du bist mit dem Wagen irgendwoanders hingefahren!«, schimpft die Mama. »Tausend Kilometer! Bist du denn verrückt?« Aber der Junge kann sich nicht erinnern. Ist er wirklich irgendwo ziellos mit dem Van herumgefahren? Weshalb kann er sich nicht mehr erinnern? Die Mama vertraut ihm nicht. Und er ihr sowieso schon lange nicht mehr.

Er immatrikuliert sich in Karlsruhe für einen Magisterstudiengang mit den Fächern Geschichte, Literaturwissenschaft und Soziologie. Die Mama übernimmt wieder die Kosten für die Studentenwohnung. Und er bekommt einen gebrauchten Opel Kadett. Vielleicht ist noch nicht alles verloren! Vielleicht schafft er dieses Mal den Durchbruch in ein ordentliches Leben! Doch der Hautausschlag wird schlimmer, die Pusteln immer größer.

Der Hautarzt meint: »Das geht wieder so, wie es gekommen ist.« Im Vorlesungssaal und in den Seminarräumen zu sitzen ist jedoch unmöglich geworden, nicht aushaltbar. Nicht mehr unter Leute gehen, niemanden sehen wollen, lasst mich alle in Ruhe, beschissenes Leben! Ich will nicht mehr!

Auch Mamas Gedanken drehen sich im Kreis. Was soll sie noch machen? Erschöpft, erschöpft. Sie muss doch arbeiten gehen. Da ist auch noch die kleine Tochter. Und dieser ewige Streit mit ihrem schrecklichen Mann. Was soll sie bloß mit ihrem Sohn machen? Warum hilft ihr niemand? Sie kann nicht mehr. Die Nachbarn wundern sich. Die Großeltern sagen: »Deine Erziehung.« Ihren Mann interessiert dies alles nicht.

Wieder bezahlt die Mama die Studentenwohnung bis zum Ende der Kündigungsfrist von drei Monaten, obwohl ihr Sohn sich schon lange erneut zuhause im Kinderzimmer einschließt. Nein, so kann es nicht weitergehen. Der Arzt vom Gesundheitsamt meinte: »Werfen Sie ihn hinaus.« Das war nicht richtig. Eine totale Fehldiagnose! Denn ihr Sohn ist nicht gesund. Er kann nicht gesund sein. Aber was ist los mit ihm? Eine Krankheitseinsicht hat er nicht. Sie wird ihm wiederum ein Ultimatum stellen: Entweder eine Therapie machen oder einen Job annehmen oder Rauswurf. Ja, sie wird ihn nun endgültig hinauswerfen. Wenn er ganz unten *im Sumpf* angekommen sein wird, dann wird er zur Einsicht kommen, dass er einen Arzt benötigt. Einen Klinikarzt, keinen vom Gesundheitsamt. Solange sie ihn antreibt, wird er nur Gegenwehr zeigen. Er ist mittlerweile mit vierundzwanzig Jahren alt genug, um Verantwortung für sich zu übernehmen. Sie gibt ihm zwei Wochen Zeit für eine Entscheidung. Wiederum steht das Weihnachtsfest vor der Tür.

24 Die Welt aus den Fugen

Die Welt scheint aus den Fugen geraten zu sein. Nicht nur die Klimakrise macht sich immer deutlicher bemerkbar. Das Jahr beginnt mit einem Januar, der den Menschen Temperaturen von zwanzig Grad beschert und sie sich in Straßencafés setzen und die Sonne genießen. Und es endet mit einem milden und grünen Dezember. Als Jahrhundertereignisse gehen das Pfingsthochwasser im Mai, aber auch die totale Sonnenfinsternis im August[30] in die Jahreschronik ein. Regionale Starkniederschläge beunruhigen das gesamte Jahr über die Menschen. Zu Dezemberbeginn zieht ein verwüstendes Orkantief über den Norden Deutschlands hinweg. Was ist bloß los mit unserer Welt? Diesen Gedanken haben viele Menschen. Auch die Mama und der neue Papa. Doch dass ihre innere kleine Welt, ihre persönliche Familienwelt auch in Aufruhr ist, das, findet die Mama, ist schlimmer, beängstigender, bedrohlicher. Die Spannungen und Auseinandersetzungen mit ihrem Mann, seine cholerischen Ausbrüche und die nicht mehr zu leugnenden Verhaltensauffälligkeiten ihres Sohnes, die sein Leben immer mehr zerstören, wüten wie dauernd wiederkehrende Unwetter in ihrem familiären Mikrokosmos, Unwetter, vor denen man nicht fliehen kann, keinen Schutz findet und ab und zu auch einen Orkan, einen Tornado oder eine Flutwelle überstehen muss. Die Tochter vor diesen zerstörerischen Familienverhältnissen zu schützen, ist kaum möglich. Und ihre eigene persönliche physische und psychische Befindlichkeit? Die Mama braucht eigentlich auch einen Retter. Aber da ist niemand. Nur neugierig schauende Nachbarn, die ihr feindselig gegenüberstehenden eigenen Eltern.

---

30 Totale Sonnenfinsternis über Mitteleuropa. August 1999.

Die Jahrtausendwende[31] steht bevor. Noch ein Ausnahmeereignis. Die Menschen reden von Apokalypse und Weltuntergang. Die Mama hat das Gefühl, in ihrem eigenen Haus gerade den Weltuntergang zu erleben. Das Weihnachtsfest steht bevor. Der Mama wird es heiß und kalt, wenn sie daran denkt. Nicht nur wegen der vielen Vorbereitungen, sondern auch wegen der eiskalten und dann wieder überhitzten Familienatmosphäre. Im Chaos verändern sich die Einstellungen und Prioritäten. Wenn alles wie verrückt erscheint und auch tatsächlich so ist, wie *ver-rückt*, gerade so als ob das ganze Haus verrückt geworden sei, als ob alles kreuz und quer, übereinander, schief und krumm herumstünde, dann ist ein normales und geregeltes Leben kaum mehr möglich. Sich dem Verrückten anpassen, verrückte Sachen machen, raus aus dem Trott der sogenannten Normalität. Ein letzter Rettungsversuch. Vielleicht gelingt es ja? Ein Jahrtausendwechsel steht bevor! Das ist doch auch kein alltägliches und normales Ereignis. Die Menschen scheinen in Anbetracht dieses bevorstehenden Ereignisses doch auch irgendwie verrückt geworden zu sein. Verschwörungstheorien und Katastrophenszenarien kursieren allerorten. Banken und Versicherungen errichten Rechenzentren in unterirdischen Bunkern, Befürchtungen zu Börseneinbrüchen und einem Computerchaos werden geäußert, für den Zivilschutz sollen Luftschutzkeller aus Zeiten des Zweiten Weltkrieges geöffnet werden, die Feuerwehren sind gewappnet für einen Totalausfall der Energiezufuhr und der Kommunikationstechnik, Faltblätter informieren die Bevölkerung über Notfallmaßnahmen, zum Beispiel den Holzkohlengrill bereitzuhalten, Teelichter zu besorgen und das Auto vollzutanken. Diese Katastrophenaussichten aus den Medien beunruhigen die Mama nicht. Sie

---

31 Jahrtausendwende. Wechsel einer Zeitrechnung zu einem neuen Jahrtausend. Das dritte Jahrtausend beginnt allerdings rechnerisch richtig am 1. Januar 2001. Die christliche Zeitrechnung kennt kein Jahr 0.

hat im eigenen Haus genug Katastrophen zu verkraften. Weg, einfach wegfahren. Ganz woanders sein. Nicht hier in diesem Haus bleiben, wo die Luft zum Atmen, zum Durchatmen immer öfter fehlt! Weg, weg! Nach Andalusien. Wer hat eigentlich diesen Vorschlag gemacht? Egal. Zu Weihnachten und zum Jahreswechsel nach Andalusien. Bei milden Temperaturen mit fröhlichen Menschen Silvester feiern. Vielleicht gelingt es. Vielleicht bringt das neue Jahrtausend dann auch einen neuen Anfang für die Familie? Vielleicht? Am Silvestertag um Mitternacht essen die Spanier bei jedem Glockenschlag eine Weintraube. Dabei darf man sich bei jeder Traube, die man sich in den Mund stopft, etwas wünschen. Die Tochter ist begeistert. Ja, da will sie mitmachen. Gibt es an Silvester überhaupt Weintrauben? In Spanien schon. Der Sohn, will er mitfliegen? Auf gar keinen Fall.

»Ich bin froh, wenn ihr weg seid.« »Na dann, bleib zu Hause!« Die Schwester ist auch froh. Der große Bruder verdirbt sonst die ganze Stimmung. An Weihnachten fort von zu Hause! Das gab es in ihrem ganzen Leben noch nie, denkt die Mama. Aber alles ist verrückt geworden. Nichts ist mehr normal. Weg. Nur weg. Doch das Ultimatum an ihren Sohn muss sein. Denn so geht es nicht mehr weiter. Bis zu ihrer Rückkehr in zehn Tagen muss er sich entschieden haben: Therapie, Job oder Rauswurf. Genau. Sie muss doch jetzt endlich durchgreifen.

Die Andalusienreise kann keine positive Wende in der Ehe zwischen der Mama und dem neuen Papa bewirken. Sie verbringen die Tage in Anspannung. Geredet wird kaum miteinander, mit Ausnahme der Gespräche mit der Tochter. Das Silvesterfest, die sogenannte Milleniumsfeier, welches die Familie inmitten vieler begeisterter Menschen auf dem Marktplatz der kleinen spanischen Stadt direkt am Meer mitfeiert, wird dennoch zu einer fröhlichen Abwechslung. Die Temperatur an diesem Abend ist mild und die Menschen tanzen ausgelassen auf dem Platz zu der traditionellen andalusischen Musik, die an mehreren Plätzen von jungen und alten Musikern zum Besten gegeben wird. Dass die sogenannten Milleniumsfeierlichkeiten korrekterweise erst am Silverstertag des Jahres 2001 begangen werden dürfen, interessiert niemanden.

Während im milden Andalusien für die drei Familienmitglieder das Weihnachtsfest auch ohne Weihnachtsbaum und Geschenke vorübergeht und dann in ein eher heiteres Silversterspektakel mündet, ereignet sich im zweitausend Kilometer entfernten Deutschland eine Wetterkatastrophe nicht gekannten Ausmaßes. Der Orkan *Lothar*[32] fegt am zweiten Weihnachtsfeiertag mit über zweihundert Stundenkilometern über Dörfer, Städte, Wiesen und Wälder hinweg. Während draußen Bäume wie Streichhölzer im Sturm umknicken und Ziegel von den Dächern wie Blätter herumgewirbelt werden, liegt der Sohn schon seit Tagen bei herabgelassenen Rollläden auf der Wohnzimmercouch, halb im Dämmerschlaf, halb im Wachzustand, die Sturmböen draußen als in seinem Kopf tobende Stürme wahrnehmend, seit Tagen außer Salzstangen nichts gegessen, dafür Bier und Sprudel im Wechsel getrunken, die Kästen neben der Couch gelagert, um sich den mühseligen Gang in den Keller zu ersparen. Die geschlossenen Rollläden signalisieren den Nachbarn, dass die Familie im Urlaub ist. Dass sich ein menschliches Wesen im Haus befindet, das seine eigene persönliche Katastrophe erlebt, verlassen von der Welt, wünschend, dass diese Welt doch endlich krachend über ihm zusammenstürzen möge und das Poltern und Krachen außerhalb des Hauses als Vorboten des Weltuntergangs erhoffend, das bleibt den Nachbarn beim Feiern des Weihnachtsfestes und im folgenden Schreckenszenario dieser Naturkatastrophe verborgen.

---

32 *Lothar*. Orkantief über West- und Mitteleuropa. 26.12.1999. Spitzenböen zwischen 240 und 270 km/h.

Am zweiten Januar des neuen Jahres kehrt die Familie, die inzwischen über deutsche Zeitungen von der Sturmkatastrophe in der Heimat erfahren hat, nach Hause zurück, entsetzt über den Anblick, der sich ihr außerhalb des Hauses in Hofeinfahrt, Vorgarten und Garten bietet. Doch der Schaden, der sie innerhalb des Hauses erwartet, ist schrecklicher. Da liegt ein zerstörter Mensch, ihr Sohn.

25 Rauswürfe

Die Orkanschäden rund um das Haus sind in den kommenden Tagen weitestgehend beseitigt, aber die Schäden in der Seele und im Herzen sind es nicht. Wenn Reden nicht mehr hilft und auch nicht mehr möglich ist, schließt sich die letzte Tür von Hoffnung auf Rettung. Nachdem die Mama zum wiederholten Male, zum wiederholten hoffnungslosen Male den Versuch startet, mit ihrem Jungen in ein Gespräch zu kommen und er sich durch die verschlossene Kinderzimmertür mit einem »Lass mich in Ruhe« dauerhaft verweigert, setzt sie ihm nun endgültig das Ultimatum. Am nächsten Morgen ist der Sohn verschwunden. Und nicht nur er ist verschwunden, sondern auch Mamas Auto. Zum zweiten Male. Was macht sie nur falsch? Warum steht ihr niemand unterstützend zur Seite? Warum lässt sich ihr Junge nicht helfen? Warum vertraut er ihr nicht? Es sind so viele Fragen, die unbeantwortet sind und die ihr auch niemand beantworten wird. Der einzige Mensch, der an ihrer Seite stehen sollte, ist ihr größter Gegner, ihr gegenüber am feindlichsten gesinnt, gewalttätig und boshaft, ironisch und sarkastisch, demütigend und verletzend. Diese Ehe ist mitschuldig an dem Leiden ihres Sohnes. Darüber wird sich die Mama immer klarer. Ihre kleine Tochter! Ich muss sie schützen. Sie hat schon zu viel Schlimmes in dieser Familie erfahren müssen. Ich muss sie bewahren. Bewahren vor diesem schrecklichen Menschen, der Vater und Ehemann ist. Die wenigen fröhlichen und unbeschwerten Stunden, die die Familie miteinander verlebt, können diese vergiftete Atmosphäre, die nun schon so viele Jahre Woche für Woche ein harmonisches Miteinander unmöglich macht, nicht retten und wiedergutmachen. Er muss gehen. Er wird gehen. Heute setzt sie auch ihm ein Ultimatum. Nach einer schrecklichen

Katastrophe muss man aufräumen. Sie wird in ihrer Familie aufräumen. Endlich aufräumen. Der Beginn des neuen Jahrtausends kann doch auch für sie persönlich ein geeigneter Zeitpunkt für den Aufbruch in ein neues, besseres Leben sein? Ein kleines Bäumchen, ihre Tochter, lässt sich nach einem Sturm aber wohl leichter wieder aufrichten als ein großer Baum, ihr Sohn, der nicht nur entwurzelt wurde, sondern dem auch die Krone abgerissen wurde. Kann er wieder austreiben und neue Triebe bilden oder ist dieser Baum für immer verloren und nur noch zum Zerhacken und Verbrennen zu gebrauchen?

Der neue Papa braucht keine lange Überlegungszeit. Der Entschluss fällt ihm anscheinend nicht schwer. Als ob er nur auf diesen Rauswurf, diesen Freibrief, gewartet hätte. Die Mama gibt ihm eine Zwei-Wochen-Frist. Doch schon am nächsten Tag ist sein Kleiderschrank leergeräumt. Kein Abschied von der Tochter, keine Nachfrage nach dem Sohn, der nun schon seit Tagen verschwunden ist. Das war's. Im Haus herrscht mit einem Male eine unbekannte Ruhe. Die Trennung wird endgültig sein.

Nach dem Ultimatum der Mama schwört sich der Junge, nie mehr wieder nach Hause zurückzukommen, sein Leben nun selbst in die Hand zu nehmen und sich nie mehr von jemandem herumkommandieren zu lassen. Das Auto von der Mama zu nehmen, ja, das ist sein gutes Recht, nach allem, was sie ihm angetan hat. Ohne Auto kann er ja auch nicht wegkommen. Da er kein Geld besitzt, holt er sich die schwedischen Kronen, die der neue Papa nach einem Aufenthalt in Schweden in seiner Schreibtischschublade aufbewahrt. Und er entwendet aus Mamas Schmuckkästchen die Goldmünze, die sie vor langer Zeit einmal von ihren Eltern geschenkt bekam. Nach dem Umtausch in Deutsche Mark wird er sich einige Zeit über seine desolate finanzielle Lage hinwegretten können. Er wird sich ein eigenes Leben aufbauen. Jawohl!

»Vom Tellerwäscher zum Millionär. Ha! Die werden alle noch Augen machen! Augen werden sie alle machen, welcher Teufelskerl einmal aus ihm geworden sein wird! Mutter, du mit deinen Sorgen und mit deinem Wahn, dass ich krank sei! Zum Arzt willst du mich schicken! Mich! Geh doch selbst zum Arzt, Mutter! Du bist krank, nicht ich! Schickst mir fremde Leute auf den Hals, die mich in eine Klinik einweisen sollen! Ich! Ich! Ich könnte Schachweltmeister sein! Und du willst mich krankmachen. Wenn dieser blöde Ausschlag nicht wäre, dann wäre ich sowieso schon längst weg! Aber diese schrecklichen Pusteln verschwinden einfach nicht. Deswegen kann ich nicht studieren. Nicht wegen einer psychischen Krankheit, wie du sie mir, Mutter, immer einreden willst! So ein Vertrauen hast du in deinen Sohn! Pfui! Schäme dich! Ich will dich nie mehr wiedersehen. Wahrscheinlich ist es dir sowieso egal, wo dein Sohn ist und was er macht. Ich muss weg. Am Ende willst du mich noch vergiften mit deinem Essen. Ach, iss doch was, Junge! Du siehst so blass aus! Ja ja. Diese Tricks kenne ich schon. Du bist leicht zu durchschauen, Mutter! So dumm bin ich aber nicht. Du wirst es noch bereuen, dass du mir fremde Leute auf den Hals geschickt hast! Ärzte! So ein Unsinn! Kein Mensch ist so gesund wie ich! Bloß dieser Ausschlag, der geht einfach nicht weg.«

Der Junge fährt mit Mutters Auto durch *die halbe Welt*. Zwei Wochen lang. Schweiz, Österreich, Frankreich, Spanien, Portugal. Im Auto schlafen. An den Tankstellen nicht bezahlen. An Rastplätzen Cola und Pommes kaufen. Nach den zwei Wochen ist er mit seiner Kraft am Ende. Er fährt zurück nach Deutschland. Zuerst fährt er zur ehemaligen Kinderfrau. Sie war doch immer der Schutzengel. Zwei Nächte darf er bei ihr schlafen. Doch sie bekommt Angst, ob er sie vielleicht angreifen könne, denn »er benimmt sich so komisch«. Er fährt weiter zu seinem alten Papa. Der will ihn nicht beherbergen, da der

Sohn negative Energie verströme. Er fährt zu Oma und Opa. Sie reden von einer »missratenen Tochter«. »Wir haben doch immer unser Bestes getan.« Sie nehmen den Enkelsohn auf, denn sie bemitleiden den lieben Jungen, da er wegen seiner verantwortungslosen Mama in diese Situation geraten sei. Doch nach einer Woche sind ihre Kräfte erschöpft und sie wollen den Jungen zurück nach Hause bringen. Die Autofahrt übersteigt ihre Kräfte, denn der Enkelsohn macht mehrmals während der Fahrt Anstalten, aus dem Auto zu springen, öffnet auf der Autobahn die Tür, schreit und flucht.

»Ich gehe nicht nach Hause zurück! Auf keinen Fall!« »Deine Mutter trägt die Verantwortung. Nicht wir.« Zuhause bei der Mama angekommen, möchte diese ihren Sohn in die Arme schließen. Er jedoch rennt so schnell er kann um das Haus herum, über den Zaun hinweg, ab in den Wald. Den geliebten Hund, der im Garten liegt, beachtet er nicht. Die Großeltern sind nur noch von Entsetzen erfasst. »Kommt doch herein. Wir trinken einen Kaffee.« Sie lehnen mit vorwurfsvollem Gesicht ab und treten auf der Stelle die Heimfahrt an.

In der Nacht, es mag zwischen drei und vier Uhr sein, wird die Mama aus dem Schlaf geklingelt. Ihr Junge steht vor der Tür. Zitternd, schmutzig, übermüdet. Es ist ja noch Winter.

»Komm rein«, sagt die Mama. »Setz dich. Zieh die Kleider aus. Ich hole deinen Bademantel.« Zuerst geht sie in die Küche und setzt Teewasser auf. Der Kachelofen im Wohnzimmer ist noch warm. Der Junge setzt sich mit dem Stuhl dicht davor. Die Mama bringt den Bademantel, den er sich schnell anzieht. Die Mama bringt seine schmutzigen Kleider in den Hausarbeitsraum, wo die Waschmaschine steht, und kommt dann mit einer Teekanne voll heißem Pfefferminztee und zwei Teetassen wieder. Die Blässe im Gesicht ihres Jungen verschwindet langsam, auch die zitternden Lippen. Mit dem Rücken an den wärmenden Kachelofen gelehnt, schließt er für einen kurzen

Moment die Augen, um sie dann mit einem tiefen Ein- und Ausatmen wieder zu öffnen. Den heißen Tee trinkt er langsam in kleinen Schlucken, wobei er die Tasse, die seine Hände wärmt, fest umschlungen hält.

Er sei die ganze Zeit im Wald herumgeirrt. Er habe nicht nach Hause kommen wollen. Er besitze ja kein Zuhause mehr. Nun sei er aber doch da. Er wäre jetzt so erleichtert. Ja, er wolle zum Arzt gehen. Er wisse, dass es so nicht weitergehen könne. Ja, die Mama habe recht. Er sei so froh, jetzt im Warmen zu sitzen.

Sein Bett sei noch bezogen, meint die Mama. Es wäre gut, er würde sich noch duschen. Doch solle er leise sein, damit die Schwester nicht aufwache. Sie müsse doch morgen in die Schule. Auch sie müsse doch morgen früh zur Arbeit. Mittags sei sie wieder zuhause. Dann würde sie etwas Gutes kochen. Er solle sich erstmal ausschlafen.

Sie umarmt ihren Jungen. Er lässt es geschehen. Dann geht er leise ins Badezimmer. Die Mama schaut auf die Uhr. Um sechs muss sie aufstehen. Bald ist die Nacht vorüber. Doch sie ist voller Hoffnung, dass nun vielleicht doch noch alles gut wird.

26 Klingenmünster – Das Rettende ist nah

Aber es wird nicht gut. Der Junge verbringt die kommenden Tage zuhause in seinem Zimmer. Er verspricht auch, sich für einen Termin in der psychiatrischen Praxis, in der er schon einmal behandelt wurde, anzumelden. Dass dies kein überzeugendes Versprechen ist, registriert die Mama mit Sorge. Doch er ruft tatsächlich in der Praxis an. Doch sie ist so frequentiert, dass er vier Wochen bis zu einem Termin warten muss. Vier Wochen! Das kann nicht sein! Die Mama ist bestürzt. Ob das gut geht? Ihr Sohn braucht sofort einen Arzt, sofort braucht er Medikamente. Vier Wochen zuhause, ohne Arbeit, ohne Beschäftigung! Es gebe keinen früheren Termin, teilt die Sprechstundenhilfe der Mama auf Nachfrage hin mit. Eine andere Praxis? Die Praxen seien alle überlaufen. Vier Wochen, das sei doch noch ein kurzer Zeitraum. Ein kurzer Zeitraum? *Ein* Tag ohne ärztliche Unterstützung ist doch für ihren Jungen schon zu lang. Nach etwa einer Woche beginnt der Junge sich wieder in seinem Zimmer einzuschließen. Er lässt niemanden ins Zimmer herein.

»Mach auf! Mach sofort auf!« Aber die Rufe der Mama bewirken nichts. Die Nacht wird wieder zum Tag. Wenn die Mama in der Arbeit ist und die Schwester in der Schule, kauft er sich am Kiosk mit seinem wenigen Geld Bier und brutzelt sich in der Küche mit den Vorräten aus der Tiefkühltruhe etwas zu essen. Die Mama verbietet ihm, die Küche in solch einem Durcheinander zurückzulassen. Sie verbietet ihm, Bier zu trinken. Sie verbietet ihm, sich in seinem Zimmer einzuschließen. Sie verlangt, mit ihm zu reden. Er kommt nicht. Sie verlangt, dass er dringend um einen früheren Termin in der psychiatrischen Praxis anfragt. Er tut es nicht. Sie droht ihm erneut mit einem Ultimatum. Am Abend ist ihr Sohn wieder verschwunden.

»Sie soll mal sehen, wie es ist, wenn ihr Sohn nicht mehr zurückkommt. Es geschieht ihr gerade recht. Mich hinauswerfen! Und das soll eine Mutter sein. Nie mehr werde ich sie jemals wieder sehen wollen. Das hat sie verdient. Soll sie mich ruhig suchen. Sie wird mich nicht finden.« Aber die Mama sucht ihn nicht.

Der Junge verlässt an diesem Abend mit seinem Rucksack, in den er nur wenige Habseligkeiten gepackt hat, und seinem Schlafsack durch die Hintertür das Haus, nicht ohne den Hund vorher fest zu umarmen und zu streicheln, der ihm dafür die Hand mit seiner dicken Zunge ausgiebig ableckt. Für die Busfahrt in die Stadt reicht sein Geld gerade noch. Er wird keines mehr brauchen. Denn er hat beschlossen, sich von der Brücke in den Rhein zu stürzen. Dennoch zieht es ihn noch einmal zum alten Papa. Dort klingelt er spätabends an der Haustür.

»Dir fehlt Liebe! Liebe! Liebe heilt alles. Die Liebe hebt dich auf eine höhere Energiestufe. Nur die Liebe kann die Welt in eine bessere Welt transformieren. Du musst dich selbst lieben! Lies das Buch *Gespräche mit Gott*[33]. In diesem Buch steht die Wahrheit. Nichts geschieht zufällig. Die Liebe, nur die Liebe ist das Entscheidende. Du musst dich nur selbst lieben.« Der Sohn kann diese Ausführungen seines alten Papas nicht mehr hören. Er will auch nicht wissen, dass auf seinem Sofa drei Erzengel sitzen. Er will auch nicht wissen, dass ein Trinkglas immer auf einem Pappdeckel stehen muss, damit positive Energie fließen kann. Nein, er will dies alles nicht wissen. Und er will schon gar nicht dieses Buch lesen. Dennoch sagt er dem alten Papa, dass er sich nun von der Brücke in den Rhein stürzen wird. Der alte Papa bleibt ruhig, tritt allerdings zwei Schritte zurück, denn, so wie er sagt, spüre er die negative Energie seines Sohnes, die aber nicht auf ihn übergehen könne, denn

---

[33] Donald Walsch. US-amerikanischer Schriftsteller. Geb. 1943. *Gespräche mit Gott*. Trilogie, der Esoterik-Szene zuzurechnen. 1997-1999. Neuausgabe 2009.

er sei immun gegenüber negativer Energie. Aber er werde ihn jetzt zur Polizei fahren, denn er sei selbstmordgefährdet und er müsse geschützt werden. Der Junge geht ohne Protest und ohne Abwehr mit seinem alten Papa zum Auto und lässt sich zur nächsten Polizeiwache fahren. Es ist Mitternacht geworden. Die diensthabenden Polizisten sind freundlich. Der Junge wird mit einem Polizeidienstwagen in das *Pfalzklinikum* in Klingenmünster gebracht.

Ruhe. Endlich Ruhe. Ein warmes Bett. Eine helle Umgebung. Eine freundliche Stationsschwester. Sie redet den jungen Mann mit *Sie* an. Er schläft so gut wie schon lange nicht mehr. Am nächsten Tag wird er mit einem herzlichen Händedruck von einem auf ihn sympathisch wirkenden Arzt begrüßt. Jetzt wird alles gut werden. Er fühlt sich akzeptiert, verstanden, umsorgt und aufgehoben.

Die Diagnose lautet:

Depressive Angststörung, Verdacht auf selbstunsichere Persönlichkeitsstörung mit psychogener Urtikaria[34], Morbus Meulengracht[35].

Die Therapie kann beginnen. Sie wird von Februar bis Mai dauern. Und sie wird erfolgreich sein. Zunächst.

Der alte Papa besucht ihn jedes Wochenende. Einmal reisen auch Oma und Opa zu einem Besuch an. Ihre Tochter wollen sie nicht sehen. So wie auch der Sohn seine Mutter nicht sehen will. Die Mama hat bald nach der Einweisung ihres Sohnes in das Klinikum davon erfahren. In einem Telefonat mit dem behandelnden Psychiater teilt ihr dieser mit, dass ihr Sohn sie nicht sehen wolle. Die Mama erzählt ihm von den vielen Bildern, die ihr Sohn während der letzten so schweren Jahre

---

34 Urtikaria. Nesselsucht.
35 Morbus Meulengracht. Eher harmlos verlaufende Stoffwechselstörung.

gemalt hat. Der Arzt bittet sie, eine Auswahl vorbeizubringen, nicht ohne nochmals zu betonen, dass sie ihren Sohn aber nicht sehen könne. Das wisse sie, meint die Mama. Doch mit den Bildern käme sie gerne vorbei. Sie wählt von den vielen Bildern, die im Zimmer ihres Sohnes stehen und in noch viel größerer Anzahl auf dem Speicher, acht aus, von denen sie annimmt, dass sie Einblicke nicht nur in seine künstlerische Entwicklung, sondern auch in sein Seelenleben der vergangenen Jahre ermöglichen. Die Mama verbringt einen ganzen Nachmittag damit, diese Auswahl vorzunehmen. Jedes Bild weckt Erinnerungen. Erinnerungen an die vielen Stunden, Tage, Wochen, Monate zwischen Nicht-Verstehen, Ängsten, Hoffnungen, Chaos, Streitereien, Versöhnung. Tränen? Nein. Warum weint man in den schlimmsten Zeiten des Lebens nicht? Weil man funktionieren muss? Einer muss doch den kühlen Kopf bewahren! Wann weint man eigentlich? Aber es gibt auch niemanden, an dessen Schulter sie sich ausweinen könnte. Zum Glück. Sonst wäre sie nicht so stark. Ihr Sohn hat sie zu seinem Feind erklärt. Sie versteht, dass die Krankheit ihm diese Denkweise eingibt. Sie darf dies ihrem Sohn nicht übelnehmen. Aber trotzdem weiß sie zu wenig, was mit ihm wirklich passiert ist. Nein, sie weiß es nicht. Zum Glück ist er nun in professionellen Händen. Am nächsten Tag packt sie die acht Gemälde, ja, es sind wahre Gemälde, in eine Plastiktüte und fährt ins Klinikum nach Klingenmünster. Dort wird sie freundlich empfangen. Dies tut gut. Die Ablehnung durch ihren Sohn und ihre Eltern wirkt wohl doch tiefer als sie es wahrhaben möchte. Sie wird in einen Raum gebeten, wo sie die Bilder in chronologischer Reihenfolge vor einer Wand auf den Boden stellt. Fünf Ärzte schauen sich die kleine Ausstellung an. Das erste Bild ist der *Tiger im Käfig* des Achtjährigen und das letzte *Waldlandschaft*, das er vor kurzem, als jetzt Vierundzwanzigjähriger, gemalt hat.

Die *Waldlandschaft* besticht durch die Kombination seiner

Farbenpracht. Die leuchtenden Farben strahlen auf den ersten Blick Lebendigkeit und Wärme aus. Und doch dominiert ein blau-gelbliches Farbgemisch das Bild. Das Gelb, welches fast den gesamten Himmel überzieht, strahlt nicht Heiterkeit und Optimismus aus. Es schreit eher *Verrat* heraus. Dennoch kontrastiert es mit dem klaren, Sicherheit und Vertrauen einflößenden Blau des Baches. Irritierend auf den Betrachter wirken auch die einen friedlich dahinfließenden Bachlauf umrahmenden, sich nach allen Seiten neigenden Baumstämme, die zwar fest verwurzelt scheinen, aber wohl von heftigen Stürmen niedergedrückt, gebogen oder soll man besser sagen *verbogen* wurden und die ohne Baumkronen, ohne ihr Blätterdach, wie amputiert, funktionslos und nicht lebensfähig dastehen und dies in hartem Kontrast zu einer im Hintergrund fest zusammenstehenden Waldung, mit gesunden Baumstämmen und Blattdächern. Und die rosafarbene Blütenpracht auf der großen sonnenüberfluteten Lichtung? Steht sie nicht symbolisch für das *blühende Leben*? Was kann der Betrachter mit den Gegensätzen in diesem Bild anfangen? Ein Rätsel? Wie unscheinbar, fast hätte der Betrachter des Bildes es übersehen, steht dicht an den Rand gedrängt, so als ob es sich verstecken möchte oder gar gänzlich aus dem Bild verschwinden will, ein gelbblühendes Blümchen. Einsam, nicht mithalten könnend mit der rosafarbenen Blütenhecke, so scheint es, steht es da. Aber es behauptet sich als Solitär! Dieses Kleinod strahlt Hoffnung aus. Es erinnert an das Schiffchen im Bild *Tiger im Käfig*. Welch ein Glück, dass diese Unikate Eingang in diese Bilder gefunden haben!

Das Ärzteteam betrachtet die Bildergalerie mit großem Interesse. Man deutet auf einzelne Bilder, fragt nach dem Datum der Anfertigung, bespricht sich und bedankt sich.

»Vielen Dank. Machen Sie sich keine all zu großen Sorgen. Ihr Sohn wird wieder gesund werden. Dass er sie nicht sehen und sprechen möchte, ist in diesem Zustand nicht ungewöhnlich. Alles wird wieder gut werden. Bestimmt.« Jetzt wäre der Moment gekommen, um zu weinen. Aber die Mama kann doch nicht vor den Ärzten weinen. Das geht gar nicht.

Die vier Monate im *Pfalzklinikum* empfindet der junge Mann wie einen Erholungsurlaub. Das Therapieangebot, welches kreatives Arbeiten im Rahmen einer Ergotherapie beinhaltet, die Tätigkeit in der Patientenbibliothek und vor allem die Gespräche mit dem verständnisvollen Arzt, der sogar eines seiner Bilder käuflich erwirbt, sowie die nachfolgende Rehamaßnahme in einer Gärtnerei geben ihm Selbstvertrauen und Zuversicht, doch noch ein gelingendes Leben führen zu können. Es geht bergauf. Vorerst würde er die Medikamente noch weiter einnehmen müssen, meint der Arzt. Aber irgendwann könne er bestimmt darauf verzichten.

27 Wie geht es weiter?

Nur wenige Kilometer vom *Pfalzklinikum* entfernt in der Stadt Landau findet der junge Mann ein Appartement innerhalb einer Wohngemeinschaft, in das er sofort nach seiner Entlassung aus der Klinik einziehen kann. Möbel besitzt er keine, nur seinen Schlafsack. Doch in der Gemeinschaftsküche findet er alles, was er an Geschirr benötigt. Dass die Räumlichkeiten über einer Metzgerei liegen, aus der Wurst- und Räuchergerüche dringen, und die nur über eine steile und schmale Treppe erreichbar sind, stört ihn in keiner Weise. Der Metzger schimpft über die grassierende Rinderseuche[36], die wohl immer noch nicht ausgestanden scheint, und weil wegen dieses BSE-Skandals Rinder geschlachtet werden müssen und die Menschen sich nicht mehr trauen, Rindfleisch zu essen. Den jungen Mann interessiert dies nicht. Er besucht in Landau regelmäßig die Tagesklinik, so wie es ihm der freundliche Arzt empfohlen und angeraten hat. Auch seine Medikamente nimmt er gewissenhaft ein. Er erhält nun Arbeitslosengeld, arbeitet jedoch auch dreimal in der Woche auf dem Landauer Wochenmarkt, wo er Gemüse und Obst verkauft und sich so ein kleines Taschengeld hinzuverdient. Er kann sich Lebensmittel kaufen und sogar Zigaretten. Ja, das Leben fühlt sich mit einem Male richtig gut an. Sein tunesischer Zimmernachbar, der ihm eine Schlafcouch verkauft, wird zu einem guten Kumpel. Die Mama will der junge Mann nicht mehr sehen. Nie mehr!

---

36 BSE. Rinderseuche, die eine tödliche Erkrankung des Gehirns der Tiere zur Folge hat (Rinderwahn). Ein erster BSE-Fall wurde in Deutschland im November 2000 registriert. 2001 folgten 125 weitere Fälle. Der Verzehr von verseuchtem Rindfleisch kann möglicherweise beim Menschen die Creutzfeldt-Jakob-Erkrankung hervorrufen.

Es sind einige Monate vergangen. Wann ihr Junge aus dem *Pfalzklinikum* entlassen wurde, weiß die Mama nicht. Ab dem Tag, an dem sie seine Bilder dem Ärzteteam präsentiert hatte, erhielt sie keine Nachricht mehr. Schweigepflicht. Ihr Sohn sei volljährig, wurde ihr auf Nachfragen hin mitgeteilt. Dennoch war die Mama froh, dass ihr Kind in der Klinik gut aufgehoben ist und endlich so versorgt wird, wie sie es die vergangenen Jahre immer erwünscht hat. Aber viele Fragen blieben. Niemand beantwortete ihr diese Fragen. Nun hat sie entschieden: Sie muss ihren Sohn finden. Ja, sie muss ihn finden.

Sie schreibt an die Stadtverwaltung:

> *Ich bitte um Angabe der Adresse meines Sohnes XXX XXX, geb. XX.XX.XXXX. 10,- DM in Briefmarken habe ich beigelegt.*
> *Vielen Dank!*

Es dauert nur wenige Tage, bis sie ein Antwortschreiben mit der Adresse erhält. Es gibt ihn noch. Er lebt. Sie wird morgen zu ihm fahren. Dass er ein Handy besitzt, weiß sie nicht. Schon gar nicht kennt sie seine Rufnummer. Anrufen kann sie ihn also nicht und sie würde es auch nicht tun. Er würde schon bei ihrem ersten Satz »Hier ist die Mama« auflegen. Wenn sie aber vor seiner Tür steht, dann hat sie mehr Möglichkeiten, um mit ihm in ein Gespräch zu kommen. Hoffentlich. Morgen wird sie zu ihm hinfahren.

28 Nein, es ist nicht vorbei

Im Treppenhaus über der Metzgerei riecht es nach Schlachtung und Wurstsuppe. Die Mama kann es aushalten. Ihr Sohn im Wurstsuppendunst. Aber es gab schon viel Schlimmeres. Langsam geht sie die steile Treppe hinauf. Sie muss jetzt stark sein, wenn sie ihm gleich gegenüberstehen wird. Vielleicht ist er gar nicht da? Oder er ist betrunken? Oder eine Freundin ist bei ihm? Oder er knallt bei ihrem Anblick die Tür gleich wieder zu? Es gibt keine Klingel. Sie muss an die Tür klopfen. Zweimal. Einmal leise, dann lauter. Der junge Mann schläft. Sein Lebensrhythmus hat sich seit dem Klinikaufenthalt erneut verändert. Der helle Tag ist nichts für ihn. Er macht die wieder eingekehrte Trübsal sichtbar. Die Nacht verschluckt sie. Auch er möchte unsichtbar sein. Doch das laute Klopfen an der Tür nimmt er wahr. Unfrisiert und gähnend öffnet er die Tür. Er erschrickt. Die Mama! Er will sagen: »Verschwinde!« Aber er sagt: »Komm herein.« Außer ihm ist niemand sonst in der Wohnung. Er führt sie in die karg ausgestattete, aber aufgeräumte Gemeinschaftsküche. Sie setzen sich auf die Holzstühle bei dem kleinen Holztisch.

»Ich habe einen Suchauftrag gestellt«, erklärt die Mama. Der Junge schaut misstrauisch. »Du spionierst mir nach.« »Nein, ich habe mir Sorgen gemacht.« »Sorgen? Wegen mir? Wegen mir muss man sich keine Sorgen machen. Ich hasse es, wenn man sich um mich Sorgen macht.« Seine Stimme ist aggressiv. »Wie erging es dir denn in der Klinik?« »Das geht dich nichts an.« »Ich habe Bilder von dir dorthin gebracht. Zum Anschauen für die Ärzte.« »Das habe ich dir nicht erlaubt.« »Was machst du denn jetzt?« »Das werde ich dir nicht erzählen.« Er schaut unwillig. Er steht vom Stuhl auf. »Sollen wir irgendwohin zum Essen gehen?« »Lass mich allein.« Die Mama fühlt Tränen aufsteigen. Nicht jetzt. Verdammt. Sie steht auch auf. »Ich glaube, es ist besser, wenn ich wieder gehe.« Sie dreht sich um, geht zur Tür, schluckt die Tränen herunter und sagt nichts mehr. Als sie die Klinke in der Hand hält, ruft ihr Sohn plötzlich: »Bleib da! Bitte, bleib da! Geh nicht!« Die Mama hat mittlerweile gelernt, die Gefühlsturbulenzen auszuhalten, Abstürze und Höhenflüge im Wechsel. Sie muss dies aushalten, sonst ist alle Mühe verloren. Auch ihr Junge muss dies aushalten. Wer von ihnen beiden kann es besser? Sie setzen sich wieder an den hölzernen Küchentisch. Sie sieht seine Hände, die er auf den Küchentisch legt, die Hände, die einmal so flink über die Klaviertasten wanderten und die die Schachfiguren so geschickt platzierten, dieselben Hände, die nun dunkle Ränder unter den unsauber geschnittenen Fingernägeln haben und nicht stillhalten können. Ihr Junge beginnt zu erzählen. Wie gut es ihm in der Klinik erging, dass er alleine diese Wohnung hier gefunden habe, dass er viele Wanderungen, tagelang, alleine durch den *Pfälzer Wald* unternahm, durch die Natur, durch die herrliche Natur, durch die heilende Natur, dass er sich mit dem Tunesier gut verstehe, dass er auf dem Wochenmarkt arbeite, meistens aber den Tag über schlafe und in der Nacht – und jetzt wirkt er hellwach und aus seinen Augen schimmert ein winziges Leuchten – in der Nacht, da male er. Er male die ganze Nacht über. Ölfarbe auf Leinwand. Die Ölfarbe und die Leinwand kaufe er sich selbst. Manchmal gebe ihm der alte Papa etwas Geld dazu. Er führt die Mama in sein Zimmer, wo die Schlafcouch und die Staffelei das einzige Mobiliar sind. Es riecht nach Farbe und Terpentin. Der alte Linoleumboden ist mit Farbspritzern übersät. Ein paar wenige Kleider liegen auf dem Boden. An der einen Zimmerseite stehen und liegen Bilder in verschiedenen Größen. Kleine Kunstwerke. Alles sind Repliken. Er fertigt Nachbildungen an von Fotografien, von Kalenderblättern, aus Bildbänden.

»Toll! Wie schön!« Die Mama betrachtet jedes einzelne Bild. »Du bist ein Künstler. Das warst du schon immer. Ich kaufe dir ein Bild ab, ja?« Der Junge freut sich. Sie beobachtet es sofort.

37

»Malst du auch Bilder in deinem eigenen Stil?«, fragt die Mama. »So wie früher?« »Nein, nur solche«, und er wirft einen Blick auf seine kleine eigene Bildergalerie. »Auch schön«, entgegnet die Mama. Der Sohn erzählt, dass sogar ein ehemaliger Klassenkamerad zwei Bilder erworben habe, gegen Bezahlung! Und dass der alte Papa ihn gefragt habe, ob er auch Kinderbilder male. Und ob! Und er bekam sofort dazu einen Auftrag. Sie vereinbaren, dass er an den Wochenenden doch nach Hause kommen könne, zum Mittagessen und um den Hund auszuführen. »Schön, oder?« »Ja.«

Genesung, Harmonie und Erfolg sind schöne Worte, die aber

---

37 Ludwig Richter. Maler der Romantik. Geb. 28.9.1803 Dresden, gest. 19.6.1884 Dresden. Gemälde *St. Annenkirche zu Graupen in Böhmen*. 1836. Aus: Hans Joachim Neidhardt. Ludwig Richter. 1995. Weltbild Verlag.

in der Realität schwer zu erreichen sind. Die Wochenenden verlaufen ambivalent. Trotz aller Anstrengungen, eine einigermaßen angenehme Familienatmosphäre zu schaffen, will dies nicht recht gelingen. Aber die Mama ist froh, dass sie überhaupt wieder Kontakt zu ihrem Sohn gefunden hat. Die Mama schweigt, wenn ihr Junge auf ihre Versuche, mit ihm in ein längeres Gespräch zu kommen, eher unwirsch und abweisend reagiert. Auch verbringt er mehr Zeit an diesen Wochenenden wieder in seinem Zimmer als mit seiner Schwester oder mit ihr, der Mama. Ihrer Ansicht nach raucht er zu viele Zigaretten. Seit einiger Zeit kauft er sich nur noch Zigaretten der französischen Marke *Gauloises*. Angeblich sollen sie günstiger im Preis sein. Aber besitzt diese Marke nicht den Ruf, besonders starken Tabak zu verwenden und daher beinahe »unrauchbar« zu sein? Er rauche *Gauloises Rot*, erklärt der Sohn. Die seien leicht. In seinem Zimmer verbietet ihm die Mama zu rauchen. Er akzeptiert es unwillig. Den Hund führt er ausgiebig, und wie es scheint, mit Freude aus. Die Mama hat inzwischen mehrere seiner Bilder im Haus aufgehängt. Sehr schöne Bilder. Sie kauft sie ihm ab. Sie bemerkt, dass er sich als Künstler eher gedemütigt fühlt, wenn einzig die Mutter Bilder käuflich erwirbt. Sie gibt ihm ab jetzt ein regelmäßiges Taschengeld. Darf sie das überhaupt? Er erhält doch Arbeitslosenhilfe und Wohngeld vom Arbeitsamt. Aber diese Leistungen reichen ja nicht zum Leben. Es wird noch einige Zeit dauern, bis die Mama eine schriftliche Erklärung an die Arbeitsagentur einreichen muss, mit der sie versichert, dass sie *»jegliche Überweisungen an meinen Sohn eingestellt habe«*. Immerhin, die Gabe eines Taschengeldes wird ihr erlaubt.

29 Im falschen Leben

Nach einiger Zeit gibt er die Arbeitsstelle als Verkäufer auf dem Wochenmarkt auf. Er versucht sich als Leiharbeiter in verschiedenen Fabriken und als Aushilfe bei einer Umzugsfirma. Wenn sein Geld für den Kauf einer Fahrkarte ausreicht, nimmt er den Bus zur Arbeitsstelle, ansonsten fährt er mit einem billig erstandenen gebrauchten Fahrrad dorthin. Aber irgendetwas geht immer schief. Man entlässt ihn bei der Umzugsfirma. Er grübelt, denn eigentlich hat er doch sein Bestes gegeben. Vielleicht hat er aber doch zu wenig geleistet. Für Entlassungen bekommt er nie Begründungen. Stress! Stress! Scheiße! Als Mitarbeiter in einer Druckerei schafft er irgendwie, er weiß nicht wie, den Durchbruch. Er soll eine feste Anstellung bekommen. Als die Arbeitspläne überarbeitet werden müssen, gibt es jedoch für ihn im Betrieb keinen Platz mehr. Entlassung. Er kann es nicht glauben. Nein, das kann nicht sein. Er hat sich so angestrengt. Jetzt hat er die Nase voll von der Schufterei, von der fehlenden Anerkennung, von den glotzenden Mitarbeitern. Dennoch verdingt er sich erneut bei einer Leiharbeitsfirma. Als er beschuldigt wird, eine Ware falsch verpackt zu haben, wird er auch dort entlassen. Nun tritt der Hautausschlag mit Macht wieder auf. Seine Medikamente nimmt er nicht mehr. Die Wochenendbesuche bei der Mama stellt er ein. Sie haben sich zerstritten, als die Mama ihn nach einem bei ihr verbrachten Wochenende mit dem Auto zurück zu seiner Wohnung fahren wollte, er sie auf einmal übel beschimpfte und sie ihn daraufhin aus dem Auto warf. Wie furchtbar! Wie soll das alles nur weitergehen?

Im Fernsehen sieht die Mama die schrecklichen Bilder von dem brennenden *World Trade Center* in New York[38]. Sie sieht die lodernden Flammen und die riesigen Qualmsäulen aus den in sich zusammenfallenden Zwillingstürmen aufsteigen. Sie sieht Menschen, die sich in dem Inferno aus über einhundert Metern Höhe aus den Fenstern herab auf die Erde stürzen. Sie hört die entsetzte Stimme des Fernsehreporters.

»Wie schrecklich! Oh Gott!« Die Mama starrt fassungslos auf den Fernsehschirm. »Eine Katastrophe!« Sie weiß, wie sich Katastrophen anfühlen. Ein Sohn, der sich sinnlos die Brücke hinabstürzen will und der andere, der sinnlos überfahren wird. Und ihr fallen die Worte des Pfarrers bei der Beerdigung ihres großen Jungen ein: »Als das Haus in Flammen stand, sagte der Herr: ›Spring, Junge, spring! Ich fange dich auf.‹ Und der Junge sprang.« Und der kleine Bruder weinte und schluchzte in der Kirchenbank, als der Pfarrer diese Worte sprach.

---

38 11. September 2001. Verheerender Anschlag durch die islamistische Terrorgruppe Al-Qaida auf die Zwillingstürme des World Trade Center in New York (417 und 415 Meter hoch). Bei diesem Terrorangriff, bei dem noch weitere Gebäude zerstört wurden, kamen insgesamt fast 3000 Menschen ums Leben.

30 Abwärtsspirale

Die Salbe gegen den Hautausschlag hilft kaum. Aber irgendwie muss er doch durchs Leben kommen. Bei seiner Mutter will er auf keinen Fall mehr wohnen. Die Ausbeutung in den Firmen hat er satt. Sich doch von der Brücke in den Rhein stürzen? Er weiß, dass er dies nicht schafft. Scheiße! Doch noch einmal studieren? Mit diesem Ausschlag? Das geht doch nicht. Doch, er will es versuchen. Wieso sollen seine Kameraden aus der Gymnasialzeit studieren können und ausgerechnet er nicht? Vielleicht an der Universität in Heidelberg. Warum nicht? Er wohnte doch schon einmal in Heidelberg, in einem möblierten, für eine begrenzte Zeit zur Vermietung angebotenen Appartement. Da trug er Zeitungen aus, morgens und abends. Das Wasser stand ihm irgendwann bis zum Hals. Das Appartement musste er wieder räumen. Also zurück nach Landau in die WG beim Tunesier. Und jetzt an die Universität nach Heidelberg.

Die Zugfahrt von Landau nach Heidelberg mit der Dauer von gut einer Stunde ist zu bewältigen. Zweimal umsteigen. Er schreibt sich für das Wintersemester für die Fächer Alte Geschichte, Archäologie und Religionswissenschaften ein. Der alte Papa bezahlt die Miete für das Zimmer in Landau und die Mama die Studiengebühren der Universität. Also, es geht doch. Die Mama besucht ihn am Wochenende. Ihr Junge sieht blass und erschöpft aus. Ihre Gespräche sind schleppend und nichtssagend. Die Mama ist auf der Hut, nichts Falsches zu sagen, um ihn nicht zu irgendeinem aggressiven Verhalten zu provozieren, welches latent während ihrer Begegnungen zu spüren ist. Vorsicht! Sonst ist alles wieder kaputt! Es dauert nicht lange, wenige Wochen, und alles ist tatsächlich wieder kaputt. Das Studium hat er geschmissen. Der alte Papa zahlt die Miete nicht mehr.

Ab nach Amerika. Er schafft es mit einer Schwarzfahrt im Zug bis zum Frankfurter Flughafen. Ohne Geld nach Amerika? Ihm ist mulmig zumute. Den Gedanken an diesen Traum gibt er auf. Schon wieder verloren. Das Bahnhofsviertel in Frankfurt wird für ein paar Tage und Nächte zu seinem Zufluchtsort. Dort findet er schnell Kontakt zu Männern und Frauen, die sich in diesem Milieu sehr gut auskennen und ihn als einen von ihnen akzeptieren. Ach, was für eine schöne Zeit! Aber dauerhaft hier auf der Straße leben? Nein. Drogen nimmt er keine. Nein. *Spritzen* kommt schon gar nicht in Frage! Sich also doch umbringen? Ja, dies ist wohl der einzige Ausweg, die einzige Lösung. Ab nach La Rochelle[39]. Ja, dorthin. In dieser Stadt am Atlantik verbrachte die Familie, er und die Mama, der neue Papa und die kleine Schwester, einmal einen gar nicht so üblen Urlaub. Es war dort sogar richtig gut. Das Meer mit seinen Wellen und die starke Strömung! Das war richtig klasse! Die Strömung dort, sie wird ihn wegtragen, wenn er sich da ins Meer stürzen wird. Sich im Meer versenken. In der Strömung verschwinden. Jawohl. Sein Plan steht fest. Er rafft sein letztes Geld für die Zugfahrt nach La Rochelle zusammen. Seit der Einführung des Euro- und Centgeldes[40] zu Beginn dieses Jahres muss er nicht einmal mehr die D-Mark in französische Francs umtauschen. Eigentlich findet er das gar nicht so schlecht. Auch wenn die Menschen schimpfen, dass das Geld nun nur noch die Hälfte wert sei.

Der junge Mann schafft es bis nach La Rochelle. Im Frühjahr herrschen auch dort kühle Temperaturen und kalte Nächte. Ins

---

39 La Rochelle. Französische Stadt am Atlantik. Nahe der *Ile de Ré*. *Golf von Biscaya*.
40 Der *Euro* (Untereinheit *Cent*). Am 1. Januar 2002 als Bargeld für die *Eurozone* eingeführt. Als offizielle Währung der EU-Mitgliedstaaten löst der *Euro* die nationalen Währungen als Zahlungsmittel ab. Der Umrechnungsfaktor liegt in Deutschland nahezu bei 1:2. Da durch die Einführung Preissteigerungen vermutet wurden, sprachen die Deutschen auch von *Teuro*.

Meer? Oh Gott! In dieses eiskalte Wasser? Der junge Mann zittert am ganzen Körper. Auf einer Parkbank verbringt er die Nacht. War er schon jemals so durchgefroren? Bei der Bundeswehr im Biwak? Oder im Bahnhofsviertel in Frankfurt?

»Ich muss zurück. Zurück nach Hause? Wo ist ein Zuhause? Ich habe kein Zuhause? Das Bahnhofsviertel? Da war es doch am besten? Habe ich noch Geld für den Zug? Warum habe ich nie Geld? Nie. Dieses verdammte Geld! Ohne Geld ist man ein Nichts. Ohne Geld wird man krank. Scheißgeld! Erst recht jetzt noch dieser Scheißeuro! *Euro – Teuro* sagen doch die Leute.«

Er schafft es irgendwie zurück nach Deutschland. Schwarzfahren, per Anhalter. Sein Weg führt ihn sofort ins Bahnhofsviertel. Endlich zuhause. Dort lernt er Suzana[41] kennen. Die hübsche Suzana. Die jeden Tag anschaffen geht, wie sie sagt. Doch sie ist einfach toll! Sie versteht ihn so gut! Ach, ist das ein Leben. Endlich irgendwie positiv. Aber er hat kein Geld. Er muss zurück zur Mama. Es geht nicht anders.

Wieder zuhause.
Aber ein Trauerspiel hat kein glückliches Ende. Wie denn auch? Die Mama geht täglich zur Arbeit, die Schwester in die Schule, der erwachsene Sohn bleibt zu Hause. Er schläft bis mittags, führt dann ausgiebig zur Freude des Tieres den Hund aus und kauft sich von dem Taschengeld, welches die Mama ihm gibt, Zigaretten und Bier am Kiosk. Die Mama versucht, mit ihm über die unordentliche Küche zu sprechen, über seinen Bierkonsum und über Möglichkeiten, eine Arbeit anzunehmen. Mamas Ansprachen führen zu noch mehr Bierkonsum, zu noch mehr Zigarettenverbrauch, zu häufigerem Einschließen im Kinderzim-

---

41 Name geändert

2004

mer. Der Sohn macht die Nacht wieder zum Tage. Die Schwester meint erneut: »Mama, wirf ihn hinaus.« Kurz vor Weihnachten, sein Betrunkensein häuft sich, ist er damit einverstanden, dass die Mama ihn zur stationären Behandlung in die *Fachklinik am Hardberg* in Wald-Michelbach einweisen lässt. Psychosomatische Erkrankungen und Suchterkrankungen sollen dort erfolgreich behandelt werden können. Er besitzt eine ärztliche Überweisung für eine vierwöchige Therapie. Über die Weihnachts- und Neujahrszeit befinden sich die meisten Ärztinnen und Ärzte im Urlaub. Dennoch wird der junge Mann nach zwei Wochen Aufenthalt für »nicht therapiefähig« erklärt und entlassen.

In Kopf und Seele des jungen Mannes kehrt keine Ruhe ein. Es nagt und rumort in ihm. Eine diffuse Angst raubt ihm seine

Energie. Dieses undefinierbare Etwas stiftet immer wieder Verwirrung. Große Verwirrung. Wer ist der Feind, der ihn ruinieren will? Der Feind, vor dem man fliehen muss? Aber wohin?

Der junge Mann zieht erneut zurück in das Appartement nach Landau. Das Arbeitsamt übernimmt erneut die Mietkosten. Er verdingt sich erneut in verschiedenen Gelegenheitsjobs. So wie sein Bierkonsum steigt, steigt auch der Zigarettenverbrauch. Viele Tage verrinnen weltabgewandt im verdunkelten und rauchverhangenen Zimmer. Seit er die Faszination der Metropole Frankfurt entdeckt hat, die mit etwa sechzig Kilometern Entfernung in guter Erreichbarkeit mit dem Zug liegt, verbringt er viele Nächte im dortigen Bahnhofsviertel mit Obdachlosen, Drogensüchtigen und Prostituierten. Den Prostituierten gefällt der smarte, junge Mann. Er raucht, trinkt Bier, findet die Prostituierten hübsch und spendiert ihnen hin und wieder sogar einen Kaffee.

Nach einem Zusammenbruch im Bahnhofsviertel, als ihn Herzrasen, Zittern, Übelkeit und Schwindelgefühle in Panik geraten lassen, wird er auf eigenen Wunsch erneut in das *Pfalzklinikum* in Klingenmünster eingewiesen. Er regeneriert und besucht im Anschluss für ein Vierteljahr die dem Klinikum angegliederte Tagesklinik, wo er das therapeutische Einzel- und Gruppenangebot mit Entspannungsverfahren, Ergotherapie und sozialem Kompetenztraining bereitwillig und gerne annimmt. Bei seiner Entlassung fühlt er sich gut und gesund.

31 Wiesloch – Der Verrat

Auf Anregung des Job-Centers Landau nimmt er am Beruflichen Trainingszentrum in Wiesloch an einem Seminar und Praktikum zur Berufsfindung und Arbeitserprobung teil. Das Konzept dieses Zentrums macht dem jungen Mann Mut:

> Ihr Weg zurück in die Arbeit: Wenn eine psychische Erkrankung das Leben durcheinanderwirft, ändert sich alles. Plötzlich müssen Sie sich völlig neu orientieren. Bin ich noch belastbar? Was kann ich mir noch selbst zutrauen? Wagen Sie mit uns den beruflichen Neustart. Wir helfen Ihnen, Ihre Talente und Fähigkeiten wiederzuentdecken. Sie probieren aus, für welche beruflichen Aufgaben Sie wieder belastbar genug sind. Unser praktisches Training und eine persönliche Beratung stärken Ihr Selbstvertrauen und zeigen, wie Sie mit der Erkrankung im Alltag umgehen können.

Drei Monate verbringt er in diesem Trainingszentrum, in dem ein gemeinschaftliches Wohnangebot vorhanden ist und der junge Mann sogar über ein eigenes Zimmer verfügt. Die einzelnen Module zur beruflichen Orientierung und zur praktischen Erprobung einzelner Berufsfelder machen ihm Spaß. Mit den anderen Teilnehmerinnen und Teilnehmern versteht er sich gut. Er ist motiviert und fühlt sich gesund. Endlich geht es wieder aufwärts mit ihm. Endlich! Das Leben kann doch schön sein. Bald wird er wieder auf eigenen Füßen stehen können, sein eigenes Geld verdienen und bestimmt eine Freundin finden. Alles wird gut werden. Manchmal blitzt sogar die unbeschwerte Fröhlichkeit und das Komödiantische des kleinen Jungen wieder in ihm auf. Er spürt, dass er im Grunde seines Wesens kein Einzelgänger ist, sondern ein kommunikationsfreudiger und geselliger Zeitgenosse. Dieses Gefühl empfindet er doch auch bei den Junkies und Prostituierten im Frankfurter

Bahnhofsviertel? Da fühlt er sich doch auch so wohl. Und nun hier! Lernen, arbeiten, anerkannt sein. In seiner Erinnerung taucht die fröhliche Zeit mit seinem Bruder auf. Und die schöne Zeit mit Carolin. Ein Sonnenstrahl erhellt die bisherige Trübnis und Dunkelheit. Ja, er wird sich hier anstrengen. Er wird es schaffen. Es wird ein neues Leben geben. In einer Heidelberger Brauerei absolviert er ein kaufmännisches Praktikum. Er stellt sich geschickt an, sowohl im Bürobereich als auch in der Produktionshalle. Er kann strategisch denken, er ist rechnerisch gewandt und er kann sich auch in Englisch bestens verständigen. Seine guten kommunikativen Fähigkeiten, sein Einfühlungsvermögen und seine Freundlichkeit werden ihm im Umgang mit den Mitarbeiterinnen und Mitarbeitern sowie mit der Kundschaft positiv und anerkennend zurückgemeldet, was sein Selbstbewusstsein auf nie gekannte Weise stärkt. Seine Konfliktfähigkeit wird er noch trainieren müssen. Aber auch dies wird ihm gelingen.

Dass nicht alle Menschen verständnisvoll und einfühlsam sind, das weiß er nun schon zur Genüge. Dass auch Personen, die in Sozialberufen tätig sind, dazugehören können, irritiert ihn doch und schmerzt auch. Er klagt nicht und rechtfertigt sich nicht, als er während eines Moduls auf die Frage der Ausbilderin an die einzelnen Teilnehmenden, welches persönliche Vorbild sie denn hätten, mit Überzeugung und ohne lange Überlegungszeit *Terence Hill*[42] als seinen Favoriten benennt, die Ausbilderin ihm auf seine Antwort jedoch barsch und unfreundlich entgegnet, wie er sich denn »solch einen gewalttätigen Menschen« zum Vorbild nehmen könne. Der junge Mann erinnert sich an die lustigen Westernfilme mit dem Komiker-

---

42 Terence Hill, geb. 1939 Venedig. Italienischer Schauspieler, Filmproduzent, Regisseur, Drehbuchautor. Zusammen mit Bud Spencer, geb. 1929 Neapel, gest. 2016 Rom, ein erfolgreiches Film- und Komikerduo, z.B. in Westernparodien und Italowestern.

duo Bud Spencer und Terence Hill, die er so gerne mit seinem Bruder und dem neuen Papa im Fernsehen ansah und sie sich so herrlich amüsierten, wenn die beiden Schauspieler, die gutmütige, komödiantische Westernhelden personifizierten und völlig unblutige tolle Abenteuer mit ausgiebigen Prügelszenen erlebten, wenn sie so viele flapsige Sprüche von sich gaben und am liebsten dicke Bohnen mit einem großen Löffel verspeisten.

»Sie kennt diese Filme nicht«, denkt der junge Mann. »Sonst wüsste sie, dass der Terence Hill so ein lustiger und fröhlicher Mensch ist, den nichts umhauen kann und der alle Schwierigkeiten mit Leichtigkeit und Witz überwindet. Und außerdem liebt er zu essen, da er immer Hunger hat.« Aber dies alles denkt er nur.

Die Mama kommt ihn besuchen. Der junge Mann freut sich. Seiner Mama gegenüber empfindet er wieder mehr Vertrautheit. Er nimmt sie mit in ein Internetcafé.

»Ich will dir etwas zeigen«, meint er geheimnisvoll. »Ja? Da bin ich gespannt.« Die Mama war noch nie in einem Internetcafé. »Da, setz' dich hierhin. Nimm den Kopfhörer. Ich spiele dir etwas vor. Du musst nur zuhören.« Gut, die Mama ist gespannt, wenn auch etwas zweifelnd. Ein Gitarrensolo und die Stimme eines Sängers dringen an ihr Ohr. Sie versteht zunächst den Text des Liedes nicht. Das Gitarrensolo wird lauter und eine Rockband setzt mit Getöse ein. Der Sohn beobachtet die Mama, die etwas angespannt auf die Computertastatur vor ihr starrt, mit Neugier.

Wo fing es an? Was ist passiert? Was hat dich bloß so ruiniert?

Bei der zweiten Wiederholung versteht die Mama schon besser, was der Sänger da singt. Als der Refrain ein drittes Mal ertönt, hat die Mama ihn sehr gut verstanden. »Was hat dich bloß so ruiniert?« Die Mama ist bestürzt. Diese Frage stellt sich ihr Sohn also selbst. »Was hat *mich* bloß so ruiniert?« Sie fühlt Tränen in sich aufsteigen. Nein, nicht jetzt. Das Getöse der Band stört sie mit einem Male nicht mehr. Sie hört das Lied konzentriert bis zum Ende an. Dann setzt sie die drückenden Kopfhörer ab. »Wie heißt die Gruppe, die dieses Lied singt«, fragt sie ihren Sohn, der in der Zwischenzeit zum Rauchen einer Zigarette vor die Tür des Internetcafés gegangen war. »Die Sterne[43].« »Aha.« Die Mama hat noch nie etwas von dieser Band gehört. »Das ist ein schönes Lied«, sagt sie. »Aber auch ein schlimmes Lied.« Der Sohn nickt. »Danke, dass du es mir vorgespielt hast.« Sie verlassen das Internetcafé. Draußen stellt sich die Mama, trotz der Pumps, auf die Zehenspitzen, um ihren Sohn zu umarmen und ihm einen Kuss auf die Wange zu drücken. An diesem Samstagnachmittag berichtet der Sohn auch über seine Ausbildung in dem Trainingscenter, was die Mama glücklich wahrnimmt, da ihr Sohn sonst wenig von sich und seinen Aktivitäten berichtet. »Ich werde zu einem Industriekaufmann ausgebildet. Alles läuft gut. Bald werde ich eine Stelle haben und Geld verdienen.« »Ich freue mich so für dich! Du schaffst es. Ich habe es doch gewusst!«

Die letzten Tage im Berufsförderungszentrum sind angebrochen. Der junge Mann freut sich auf sein Abschlusszertifikat und die Empfehlungen für einen Ausbildungsbetrieb. Es ist soweit. Die Ergebnisse werden den Teilnehmenden mitgeteilt. Frau W., die Verantwortliche für die berufliche Förderung, wendet sich bei der Übergabe der Zertifikate mit einem kurzen, aber freundlichen Statement an jeden der Anwesenden.

»Bestanden, geeignet, alles Gute für die Zukunft.« Der junge Mann kommt als Letzter an die Reihe. »Es tut mir leid. Sie haben das Trainingsprogramm nicht erfolgreich abschließen

---

43 *Die Sterne*. Deutschsprachige Popband. Single *Was hat dich bloß so ruiniert*. 1996.

können. Es mangelt ihnen in …« Der junge Mann hört die folgenden Ausführungen kaum mehr. Irgendwann dringt noch der Ausdruck »mangelnde Kompetenz« an sein Ohr. Aber er befindet sich schon nicht mehr in der Welt dieses Trainingszentrums. Ein Nebelschleier legt sich leise über ihn. Wieder hüllt ihn eine unsichtbare Wolke ein und bildet eine undurchdringliche Barriere zwischen der äußeren Welt und seiner inneren Welt. Seine Seele verschließt sich, zieht sich zusammen, lässt nichts mehr hinein. Es gibt keine Aggression, keine Wut, kein Nachfragen, kein Anklagen. Nichts. Er bewegt sich wie eine Maschine, die sich wie aufgezogen umdreht, die Sporttasche mit wenigen Habseligkeiten mit einer kalten Hand aufnimmt und sich mit langsam getaktetem Schritt aus diesem Gebäude hinausbewegt. Hinein in eine kalte Welt, hinein in ein undurchschaubares Labyrinth, dessen unüberwindbare Mauern ihn einschließen.

Viele, viele Jahre später wird er mit der Mama über diese Zeit sprechen. Er wird sich erinnern, wie zufrieden er sich während dieser Ausbildung gefühlt habe, wie super er sich mit den anderen Auszubildenden verstanden habe, dass ihn allerdings ein Ausbilder nicht habe leiden können, dass dieser Ausbilder »eklig« zu ihm gewesen sei und gemeint habe, er würde so »stinken«, dass man das Fenster öffnen müsse. Er habe diese Aussagen damals ignoriert, denn er meinte, der Ausbilder wolle ihn nur ärgern und beleidigen. Er lasse sich aber auf »solche Beleidigungen« nicht ein. Dass dieser Ausbilder solch eine Macht und solch einen Einfluss besaß, dass diesen falschen Aussagen bei der Beurteilung Gehör geschenkt wurde, das habe er nicht bedacht.

»Warum hast du dich damals nicht gewehrt?«, fragt die Mama. Der Sohn zuckt mit den Schultern. »Sinnlos. Keine Lust. Egal.« »Verhielt es sich so ähnlich wie bei deiner Führerscheinprüfung? Der Fahrlehrer konnte dich auch nicht leiden und ließ dich absichtlich durchfallen, war es nicht so?« Die Mama schaut ihren Sohn an. Er denkt nach. »Ja, so ähnlich. Stimmt.« »Du musst dich wehren, weißt du. Du darfst dir nicht alles gefallen lassen.«

32 Frankfurt

Im Abseits in der Provinz, im rheinland-pfälzischen Landau, will er nicht mehr wohnen. Frankfurt, das bunte, vielfältige, schillernde Frankfurt, dort will er hin. Dort will er leben. Dort ist immer etwas los. Er findet tatsächlich ein winziges Appartement direkt unterm Dach eines alten Mietshauses. Das Arbeitsamt übernimmt erneut die Mietkosten. Er weiß, dass er einen Job braucht. Er braucht Geld. Er braucht ein anderes Leben. Er kauft sich am Kiosk eine Frankfurter Tageszeitung. Dort stehen die aktuellen Jobangebote drin.

Die Zeitungsflut, die den Eingangsbereich des Kiosks überschwemmt, kennt heute nur ein Thema: *Angela Merkel 1. Bundeskanzlerin!* [44] Diese Nachricht interessiert den jungen Mann nicht sehr. Unter ihrem Vorgänger, dem Kanzler Gerhard Schröder, wurde die Hartz IV-Regelung[45] eingeführt. Das weiß der junge Mann. Deswegen muss er nun als Arbeitsloser zum Jobcenter, sonst bekommt er kein Geld. Er fühlt sich schon lange als Außenseiter, als zur untersten sozialen Schicht gehörig und nun muss er bei diesem Amt auch noch um Geld betteln. Nun, egal. Die Politiker machen sowieso, was sie wollen. Er sieht in der Stellenmarkt-Rubrik nach. Über eine winzige Anzeige wird ein Mithelfer bei einem fahrenden Apfel- und Kartoffelverkäufer gesucht. Sofort meldet er sich über die angegebene Telefonnummer. Der Tag endet erfolgreich. Er bekommt den Job.

---

44 Dr. Angela Merkel. Bundeskanzlerin der Bundesrepublik Deutschland. November 2005 bis Ende 2021.
45 Hartz IV. Umgangssprachlicher Begriff für das Arbeitslosengeld II. Soll den Lebensunterhalt bei Arbeitslosigkeit sichern. Zurückgehend auf die Arbeitsmarktreform unter Leitung von Peter Hartz, deutscher Manager und Vorstand der Volkswagen AG. Nach dem 1. Januar 2003 in Kraft getreten. Ab Januar 2023 abgelöst durch das Bürgergeld.

Schon früh am Morgen machen sie sich, der junge Mann und der Obsthändler, mit dem mit Kartoffeln und Äpfeln befüllten Lieferauto auf den Weg, um über das Haustürgeschäft die Ware zu verkaufen. Der junge Mann klingelt an den Haustüren und bietet, nachdem die Bewohner geöffnet haben, höflich und freundlich die Äpfel und die Kartoffeln an. Er gewinnt schnell das Vertrauen der Menschen, die ihm gerne die gut verpackte und frisch anzusehende Ware abkaufen. Die Tätigkeit gefällt dem jungen Mann. Das Leben läuft wieder einmal gut. Job, Wohnung, etwas Geld und abends im Bahnhofsviertel Suzana. Eines Tages fällt ihm auf, dass der Obsthändler immer häufiger veraltete Ware mitführt und auch verkauft. Es gibt schon vereinzelt Beschwerden und Drohungen durch die Kunden. Nein, da macht er nicht mit. Nein, er ist kein Betrüger. Er wird diesen Job kündigen. Aber was dann? Kein Geld? Nun, die Mama schickt ihm regelmäßig etwas Taschengeld. Aber das reicht nicht. Er will doch Suzana so gerne verwöhnen. Er beschließt, sich im Äpfel- und Kartoffelverkauf selbstständig zu machen. Die Anmeldung beim Finanzamt geht schnell. Jetzt verfügt er über eine Steuernummer und kann loslegen. Er mietet einen Lieferwagen für siebzig Euro am Tag. Morgens um fünf Uhr steht er schon in der Großmarkthalle. Der frühe Vogel fängt den Wurm. Äpfel und Kartoffeln in bester Qualität müssen es sein. Das hat natürlich seinen Preis. Aber er weiß, wie ein gutes Verkaufsgeschäft funktioniert. Nur so kann er auch Gewinne machen. Den ganzen Tag vom frühen Morgen bis nach Anbruch der Dunkelheit fährt er nun mit dem etwas scheppernden Lieferwagen durch Frankfurt und die umliegenden Ortschaften, von Straße zu Straße, von Haus zu Haus. Er muss aufpassen, dass er nicht dorthin fährt, wo die Betrügereien des Obsthändlers die Käufer verärgert haben. Er will sich einen eigenen Kundenstamm schaffen, nur die beste Ware liefern, Vertrauen aufbauen, freundlich sein und immer offen für einen kleinen Plausch mit den Käufern. Spätabends, erst gegen dreiundzwanzig Uhr, fällt er todmüde, aber zufrieden in sein Bett. Die Abrechnung muss ja am Ende eines Arbeitstages auch immer ordentlich gemacht werden. Das Finanzamt schaut bei Freiberuflern genau hin. Doch einen Gewinn kann er nicht verbuchen. Seine Einnahmen decken gerade die Kosten. Die Arbeit macht ihm dennoch Spaß. Sein eigener Herr sein. Niemand bestimmt über ihn und sein Leben. Grandios. Aber ohne einen regelmäßigen Zuschuss von der Mama könnte er diese anfängliche Durststrecke nicht durchhalten. Einige Zeit klappt alles gut. Wenn er sich anstrengt, ja, dann kann er vielleicht reich werden. Meine Güte, reich! Das wird ein Gefühl sein! Bestimmt gelingt ihm das. Die Mama wird staunen! Für Suzana jedoch hat er kaum mehr Zeit.

Die tägliche Mietwagengebühr ist doch zu teuer. Er besorgt sich bei einem Gebrauchtwagenhändler für neunhundert Euro ein eigenes Lieferauto. Bei einem Tagesumsatz von etwa zweihundert Euro, manchmal sogar mehr, kann er sich doch diese Ausgabe leisten. Jawoll, es klappt doch. Den Bierkonsum drastisch einschränken, das ist wichtig. Der Zigarettenverbrauch, na ja, der steigt an. Und damit auch die Kosten für diesen Genuss.

Eines Abends, als er wieder einmal dem Bahnhofsviertel einen Besuch abstattet, taucht ein neues Gesicht auf. Ein Junge, vielleicht gerade einmal zwanzig Jahre alt. Er ist kein Obdachloser, das ist leicht zu erkennen. Er ist ordentlich gekleidet, besitzt gute Manieren und kann sich intelligent ausdrücken. Ordnung, Benehmen, Bildung. Diese Tugenden sind der Mama doch immer ganz wichtig. Wenn sie wüsste, dass das Bahnhofsviertel seine Heimat geworden ist! Und was will denn dieser Junge, fast noch ein Kind, hier in diesem Milieu? Er heißt Max, eigentlich Maximilian[46]. Die beiden, der junge

---

46 Name geändert

Mann und Max, freunden sich schnell an. Die Freundschaft wird bleiben.

An manchen Tagen, denn das frühe Aufstehen ist seine Sache nicht, fährt Max beim Äpfel- und Kartoffelverkauf mit. Die beiden bilden ein gutes Team. Aber die Freude über das eigene Fahrzeug währt für den jungen Mann nicht lange. Es klappert, rattert und dröhnt immer öfter und immer lauter. Der Auspuff ist kaputt. Der Wagen muss in die Reparaturwerkstatt. Mist. Dieses Geld kann der junge Mann nicht aufbringen. Er bekommt einen Tipp für eine günstige Reparatur. Schwarzarbeit? Also gut. Nein, nicht gut. Die Schwarzarbeit muss er schließlich auch bezahlen. Der Auspuff ist danach aber immer noch kaputt. Der Lieferwagen ist nicht mehr fahrtüchtig. Der Traum vom selbstständigen Leben und vom Reichtum ist ausgeträumt. Für dreihundert Euro nimmt der Gebrauchtwagenhändler das Fahrzeug wieder zurück. Ein Tropfen auf den heißen Stein. Wieder zum Arbeitsamt, wieder Hartz IV beantragen, wieder ein armer Schlucker, wieder ein Versager. Der Bierkonsum steigt wieder. Der Nebel in Kopf und Seele lässt sich mit malen, malen und nochmal malen einigermaßen fernhalten. Das Bahnhofsviertel wird sein Ankerzentrum. Mensch, was sind die alle nett! Es wird für ihn und seinen Freund Max zur Lieblingsbeschäftigung, an der Ecke von Taunusstraße und Elbestraße den Drogensüchtigen zuzuschauen, wie sie ihren dringend benötigten *Stoff* schlucken, rauchen, spritzen oder schnupfen. Und endlich hat der junge Mann wieder mehr Zeit für Suzana, die *anschaffen* geht, wie man hier im Milieu sagt. Aber dies stört den jungen Mann nicht. Er liebt sie und verwöhnt sie, so gut er es mit seinen bescheidenen Mitteln vermag. Doch Suzana ist eine Drogenabhängige. Der junge Mann will alles tun, um sie zu einer Suchttherapie in einer Klinik zu motivieren.

33 Die Schatten von gestern

Suzana fühlt sich von der Aussage des jungen Mannes, ihres Freundes, einen Drogenentzug zu machen, überfordert. »Ich liebe dich nicht mehr«, presst sie mit erstickter Stimme hervor, ohne den jungen Mann anzusehen. Und sie dreht sich von ihm weg und verschwindet in einer Seitenstraße. Eine der herumstehenden Prostituierten, die diesen, den jungen Mann völlig überrumpelnden Liebesabbruch aus nächster Nähe beobachtet hat, meint lakonisch: »Die hat doch einen Anderen.« Einen Anderen? Nein, das glaubt er nicht. Er weiß, sie liebt nur ihn. Sie hat eben gelogen. Ja, sie hat gelogen. *I said I loved you but I lied.* Das kennt er doch. Das kommt ihm doch bekannt vor. Sie lügt. Sie liebt nur ihn. Er wartet bis in die Nacht, ob sie zurückkommt. Sie kommt nicht.

»Jüngelchen«, meint die Prostituierte, »kannst mir ruhig glauben. Es gibt nicht nur dich auf der Welt. Du bist doch ein armer Schlucker, nicht wahr? Frauen mögen Kavaliere, die besser gestellt sind als du. Such' dir eine Neue. Keine gehört dir sowieso alleine. Was träumst du denn? Werde erst mal richtig erwachsen. Kopf hoch.« Dieses Pochen im Kopf fängt wieder an, dieses entsetzliche Pochen. Ein Pochen wie ein Klopfen. Klopfen! An die Wand klopfen. An das Holzgestell des Bettes klopfen. Zehn Vaterunser beten. Das Messer herausholen. Das Monster im Keller aufspüren. Es mit dem Messer töten. Warum entwischt es denn immer? Warum lässt es sich nicht blicken? Das Monster ist schlauer als er. Er selbst ist zu blöd. Zu blöd für ein gutes Leben. Angst? Nein. Wut, Zorn, Hass!

»Lasst mich alle in Ruhe! Ich habe die Nase voll! Schweine! Hunde! Schon wieder kein *Immer-Da*, kein *Wir-bleiben-immer-Zusammen*. Keine Zuflucht mehr. Keine Sicherheit mehr. Es geht sowieso alles zugrunde. Die ganze Erde geht zugrunde.

Zu viele Menschen. Zu viel Gewalt. Die Umwelt verschmutzt. Vielleicht ein Atomkrieg. Die Armen werden immer ärmer. Die Reichen werden immer reicher. Nur noch das Geld ist wichtig. Die Weltzerstörung ist in vollem Gange. Mir doch egal.«

Nun ist auch Suzana weg. Fort, weggegangen, verschwunden. Kommt sie nie mehr wieder zurück? Wie der Bruder, wie Carolin? Der Tiger im Käfig wird unruhig. *I said I loved you but I lied.* Nein, er kann sich selbst nicht trauen. Und schon gar nicht den Menschen, diesen vielen ignoranten Menschen, diesen selbstsüchtigen, gierigen und überheblichen Menschen. Alles ist wieder kaputt! Ins Bett. Rollladen dicht. Bier. *Winterreise. Heavy Metal.*

Am nächsten Tag, es ist später Nachmittag, findet ihn Max in seinem winzigen Appartement auf dem Boden liegend vor. Suizidversuch, aber bei Bewusstsein. Max alarmiert die Polizei. Trotz all seiner Widerstände bringen die Polizisten den jungen Mann in eine Klinik.

»Sie befinden sich in Oberursel in der *Klinik Hohe Mark.* Wir sind eine Klinik für Psychiatrie, Psychotherapie, Psychosomatik und Suchttherapie«, klärt eine freundliche Ärztin ihn auf. »Wir helfen ihnen, wieder gesund zu werden.« »Ich bin nicht krank! Ich will hier raus! Ich will nicht schon wieder in eine Klinik!« Ein weiterer Arzt und ein Amtsrichter betreten das Zimmer. Es läge nun ein *Beschluss* vor. Dieser richterliche Beschluss besage, dass der junge Mann für vier Wochen in der Klinik verbleiben müsse. Der junge Mann tobt. »Ich will hier raus! Ich bleibe nicht hier!« »Alles wird gut«, betont die Ärztin ruhig, aber bestimmt. »Schlafen Sie sich erst einmal aus und morgen sieht die Welt dann schon wieder besser aus.« Die drei Personen verlassen das Zimmer. Die Ärztin fügt beim Hinausgehen noch hinzu: »Wenn Sie möchten, können Sie noch ein wenig unten im Park spazieren gehen. Ich sage dem Pförtner Bescheid.« Sie lächelt und schließt die Tür hinter sich. »Ich bin nicht verrückt. Ich bin doch kein Psycho. Diese Irren! Lasst mich in Ruhe mit denen. Mutter hat damit angefangen. Jetzt hänge ich da drin! Scheiße! Hier bleibe ich nicht. Ich will zu Suzana. Zu Suzana. Sie liebt mich doch. Ich weiß es! Ich suche sie überall auf der Welt. Ich bin doch nicht verrückt und lasse mich hier einsperren! Bei den Irren!« Er muss hier raus. Und zwar sofort. Schnell begibt er sich über die Treppe im Klinikgebäude hinunter zum Ausgang. Es ist zwar schon später Abend, aber im Monat Mai legen sich erst jetzt die Dämmerung und die Kühle der beginnenden Nacht über den großen Park, der die Klinik umgibt. Er durchquert ihn mit zügigen Schritten und mit einem lässigen Sprung überwindet er den Zaun. »Ha, das soll mir mal einer nachmachen! Schließlich war ich ein sehr guter Sportler und Fußballspieler! Und nun: Freiheit! Freiheit! Nein, ihr kriegt mich nicht. Ihr nicht!«

34 Fremdenlegion

Kein Geld, keine Kleidung zum Wechseln, kein Essen, nichts zu trinken. Zur Mama? Auf keinen Fall. Zum alten Papa? Nein. Zur Fremdenlegion[47]? Ja. Er hat schon einige Male in Internetcafés darüber recherchiert. In diesem französischen Heer können Freiwillige aus der ganzen Welt dienen. Wer Blut- oder Sexualdelikte auf dem Kerbholz hat oder mit Drogen gedealt hat, kommt auf keinen Fall hier herein. Ausnahmen werden allenfalls bei kleinen Diebstählen gemacht. Die Legion bietet vielen, die bisher kein Glück im Leben hatten, eine zweite Chance, heißt es. Auch sagt man, eine ganze Reihe von Bewerbern komme, weil ihnen die Freundin weggelaufen sei. Ein Rekrutierungsbüro befindet sich in Straßburg. Bis dorthin kann er es schaffen. Per Anhalter oder per Schwarzfahren mit der Bahn. Von Frankfurt nach Straßburg ist es doch ein Katzensprung! Mit der U-Bahn schafft er es mit Schwarzfahren bis zum Hauptbahnhof nach Frankfurt, ohne kontrolliert zu werden. »Ha, ich Glückspilz!« Nun muss er noch mit dem Regionalzug nach Riedstadt-Goddelau fahren und von dort aus fährt eine Bahn bis Mannheim. Los, das kann er schaffen. Aber leider Pech gehabt. Um diese Uhrzeit fährt kein Regionalzug mehr. Er macht sich zu Fuß auf den Weg.

Dass er Hunger und Durst hat, vergisst er. Zwanzig oder dreißig Kilometer Fußweg? Schafft er das? Er läuft und läuft. Er schafft es. Das Monster, das Kopf und Seele beherrschen will, zieht sich beeindruckt zurück. So wie es sich während des Äpfel- und Kartoffelverkaufs in einen tiefen Schlaf begeben hatte. Ein starker Wille siegt. Das sollte mal der neue Papa

---

47 Fremdenlegion. Eliteeinheit, dem französischen Heer zugehörig, mit Legionären aus ca. 150 Nationen. Gilt als die härteste Armee der Welt mit Einsätzen bei besonders gefährlichen Missionen.

sehen! Für ihn war er nur der Schwächling! Das sollten mal der Amtsrichter und die Ärztin sehen! Vier Wochen Psychiatrie! Wer ist denn hier verrückt? Vier Wochen im Klinikbett liegen – da wird man doch erst verrückt! Die restliche Nacht verbringt er auf einer Parkbank. Nein, ein Luxushotel sieht anders aus. Am nächsten Tag setzt er seine Schwarzfahrten ohne erwischt zu werden bis zum Bahnhof in Straßburg fort. Auf der Zugtoilette kann er sich das Gesicht waschen und die Haare frisieren. Seinen Kamm trägt er ja immer bei sich. Eine Zahnbürste fehlt eben. Nichts zu machen. Er trinkt Leitungswasser aus dem Wasserhahn.

Im *Quartier Lecourbe* in Straßburg findet er das Gebäude, an dessen Außenmauer in großen Buchstaben der Name *LÉGION ÉTRANGÈRE* prangt. Es wird ihm nach dem Klingeln schnell geöffnet. Der junge Mann spricht recht gutes Französisch. Dennoch wendet sich der diensthabende Offizier auf elsässisch an ihn: »Wo abben Sie sac?« Einen Rucksack? Gepäck? Nein, er hat kein Gepäck dabei. »Malheureusement pas possible.« Und der Offizier schließt die Tür. Nicht möglich ohne Rucksack? Der junge Mann ist überrumpelt. Befindet er sich in einem falschen Film? Schon wieder? Die nehmen ihn nicht? Zum Nachdenken bleibt wenig Zeit. Er hat Hunger und Durst. In einem kleinen Juwelierladen um die Ecke kann er die silberne Kette, die er von Suzana geschenkt bekam, für zehn Euro einlösen. Endlich kann er sich etwas zu trinken kaufen. So schnell wie möglich zurück nach Frankfurt in seine Wohnung. Wieder per Schwarzfahren. Er wird erwischt, kommt aber noch bis nach Lauterburg an die deutsch-französische Grenze. Bezahlen wird er die vierzig Euro Strafgebühr nie. Bis Frankfurt fährt er per Anhalter. Endlich wieder in seiner Wohnung. Nach einigen Tagen ruft er den Arzt an, der ihn im *Pfalzklinikum* in Klingenmünster so freundlich behandelt hat. »Sucht mich jetzt die Polizei, denn ich bin ja aus der *Klinik Hohe Mark* abgehauen?«

»Wenn niemand kommt, dann müssen Sie sich keine Sorgen machen.« Aufatmen.

35 Das Karussell dreht sich weiter

Der junge Mann steigt wieder in den Äpfel-Kartoffelverkauf ein. Als Mitarbeiter eines Gemüsehändlers. Abends ins Bahnhofsviertel. Bier trinken im *Pintu*, einem indischen Schnellrestaurant, Würstchen kaufen beim fahrenden *Würstchenwilli*, mit dem Puffweltmeiser Edi Witze erzählen, rauchen, Mädchen haben. Die eine heißt Linda[48]. Lange dauert diese Beziehung nicht. Sie hat einen Anderen. Gedanken an erneuten Suizid. Max redet auf ihn ein.

Max konsumiert Medikamente. *Tilidin*[49], ein Schmerzmittel. Ein Apotheker verdient sich unter der Ladentheke etwas Geld hinzu. Aber Max hat keine Schmerzen. »Einmal am Tag eine Tablette und du hast keine Probleme mehr. Zwölf Stunden lang nur Glücksgefühle. Hey, klasse!« Aber der junge Mann zögert. Er hat inzwischen einen Bierkonsum von zwölf Flaschen täglich. Dazu mindestens zwei bis drei Schachteln Gauloises. Das Bier ist billig bei *Lidl*. Die Zigaretten wieder teurer. Wer ihn im Bahnhofsviertel um Zigaretten anbettelt, bekommt trotzdem immer welche geschenkt, vor allem die Mädchen. Er ist als ein *big spender* im Bahnhofsviertel bekannt. Die Mama schickt etwas Geld und weiß nicht, wofür er es ausgibt.

Suzana ist auf einmal wieder da. Suzana! Suzana! Der junge Mann ist ganz aus dem Häuschen. Seine geliebte Suzana! Er schenkt ihr Blumen. Er schenkt ihr Zigaretten. Er schenkt ihr Sekt. Er schenkt ihr Geld für ihre Drogen, damit sie nicht mehr *anschaffen* gehen muss. Sie tagträumen von einem ge-

---

48 Name geändert
49 *Tilidin*. Opiod. Wird den Drogen zugerechnet. Stark wirksames Schmerzmittel, hoch euphorisierend, macht danach müde und benommen. Hohes psychisches und körperliches Abhängigkeitspotenzial. Unterliegt dem Betäubungsmittelgesetz. Vgl. K. Lieb, S. Frauenknecht, S. Brunnhuber. Intensivkurs Psychiatrie und Psychotherapie. 2016. Elsevier.

meinsamen Leben. Dem jungen Mann gelingt es tatsächlich, sie zu überzeugen, dass sie sich in eine Entzugsklinik begibt. Sie schafft es wirklich! Doch dann nimmt sie eine Wohnung für sich alleine. Und eines Tages erklärt sie dem jungen Mann, dass sie schwanger von einem Anderen ist. Aus der Traum. Alleine. Wieder alleine. Vielleicht doch *Tilidin* vom Max annehmen? Noch mehr Bier? Noch mehr Zigaretten?

Die Mama kommt ihn in Frankfurt besuchen. Sie hat sich weitergebildet. Sozialpsychologie. Im Abendstudium. Sie wechselt den Beruf. Sie ist umgezogen. Sie sieht gut aus. Stöckelschuhe wie immer. Zu seiner Dachkammer muss man viele kleine Stufen hinaufsteigen. Das winzige Zimmer mit den schrägen Wänden und einem schmutzigen Dachfenster, welches sich nur mühsam und nur eine Handbreit öffnen lässt, riecht nach Zigarettenrauch und Ölfarbe. Eine zerschlissene Schlafcouch, welche zur Hälfte wohl einmal gebrannt hat, ein von Speiseresten verkrusteter Zweiplattenherd und im Eck, kaum unter die Dachschräge passend, die mit Ölfarbeflecken überzogene Staffelei sind das einzige Mobiliar in dem vielleicht fünf Quadratmeter kleinen Dachkämmerchen. Eine verschmutzte Toilette und eine sich hinter einem speckigen Plastikvorhang befindende verstopfte Duschwanne, über der eine unansehnliche Handbrause baumelt, liegen außerhalb des Raumes in einem winzigen Flur. Die Mama sieht alles, zeigt aber keine ärgerliche Regung. Sie fragt nur: »Wer putzt denn das Zimmer? Kochst du selbst? Was ist denn mit dem Sofa passiert?« Die Mama weiß, dass sie ihren Jungen so nicht leben lassen kann. Sie weiß, dass sie ihn da herausholen muss. Sie weiß, dass er es nicht alleine schaffen kann. Einen Vater, einen Ehemann gibt es nicht. Sie muss die Dinge selbst in die Hand nehmen. Sie muss erneut Vertrauen zu ihrem Jungen aufbauen. Er ist doch mittlerweile älter und reifer geworden. Vielleicht hat er nun auch mehr Einsicht gewonnen. Vielleicht. Vielleicht.

»Das ist ein hübsches Bild.« Die Mama steht vor der Staffelei und betrachtet das Frauengemälde, welches bis auf wenige Stellen fertiggestellt zu sein scheint. »Ja, es ist gut geworden.« »Komm, wir gehen etwas essen.« Um die Ecke gibt es ein gutbürgerliches Restaurant. Mama bestellt für beide Schnitzel mit Pommes frites. Und ihr Junge bestellt ein Bier. Nach fünf Minuten bestellt er ein zweites Bier. »Danach gibt es aber keines mehr«, verbietet die Mama. Er bestellt noch eine große Apfelsaftschorle. Und er beginnt zu erzählen. Vom Äpfel-Kartoffelverkauf, vom Bahnhofsviertel, von Suzana, von Max, von der Fremdenlegion, von seiner Malerei, von *Heavy Metal*. Die Mama hört zu. Sie schaut ihn an. Ihr Junge im Bahnhofsviertel mit Prostituierten und Drogenhändlern. Ihr Junge mit Fingern, die braun vom Nikotin sind. Ihr Junge, der schon mittags nach Alkohol riecht. Und der nach Schweiß riecht in seinem ungewaschenen Oberhemd. Ihr Junge, der einmal Klavier- und Künstlerhände hatte. Ihr Junge, der die Figuren meisterhaft auf dem Schachbrett hin- und herschieben konnte. Ihr Junge, der als Verteidiger im Fußball keinen gegnerischen Ball passieren ließ. Ihr Junge, der von Latein und Geschichte begeistert war. Ihr Junge, der ein Spieleerfinder par excellence war. Ihr Junge, der liebevoll mit seiner kleinen Schwester spielte. Ihr Junge, dem die Mädchen nachschauten. Ihr Junge, der als Oberministrant neben dem Pfarrer am Altar in der kleinen Kirche in ihrem Heimatdorf stand. Ihr Junge, der so quicklebendig und komödiantisch sein konnte, dass niemand seine verdeckten Ängste bemerkte. Nun sitzt sie neben ihrem unrasierten und ungekämmten Jungen, der in einem schäbigen, stinkenden Appartement haust. Aber er malt noch! Mein Gott – er malt noch! So schöne Bilder!

Nach drei Stunden in dem Lokal, noch einem Nachtisch und doch noch einem Bier für den Jungen, geschieht ein Wunder, obwohl schon diese drei gemeinsam verbrachten Stunden an ein Wunder grenzen. Der Junge meint, er wolle es noch einmal mit einem Studium wagen. Er sei jetzt zwar fast dreißig Jahre alt. Sein Leben könne sich aber noch wenden. Die Mama schlägt vor, er könne in Mainz studieren und bei ihr wohnen. Denn seit Kurzem bewohnt sie in der Nähe von Mainz ein Haus, das genug Raum auch für ihn bietet. So könnte es doch klappen. So muss es doch klappen. Ja, so kann es klappen. Hoffentlich geht alles gut. Hoffentlich vertragen sie sich unter einem gemeinsamen Dach. Hoffentlich hält der Junge durch. Hoffentlich. Hoffentlich.

36 Kosten, Schulden, Nachzahlungen

Sein Hab und Gut passt in Mamas Auto. Alle Gegenstände müssen von der Dachgeschosswohnung zum parkenden Auto geschleppt werden. Obwohl er nur einige Habseligkeiten besitzt, ist die Schlepperei doch mühselig. Der Sohn ist kraftlos. Die Mama registriert es. Sich die vielen Treppenstufen herauf- und wieder herunterzuquälen, bringt ihn an seine physische Grenze. Er muss die Staffelei und die Farben tragen, die Mama nimmt die Bilder. Umzüge mit dem Sohn hat die Mama nun schon einige mitgemacht. Sie erzählt niemandem davon. Man würde ihr Verhalten nicht verstehen. »Dein Sohn ist erwachsen«, würde es heißen. »Du machst zu viel für ihn.« Ja, sie weiß, dass sie ihn eigentlich zu viel unterstützt. Ist er nun krank oder nicht? Irgendetwas stimmt jedenfalls nicht mit ihm. Von einem geordneten Leben ist er weit entfernt. Man muss nicht konventionell leben. Aber man muss zufrieden und in Würde leben.

Das Appartement muss frisch gestrichen werden. Zu viel Zigarettenqualm, meint der Vermieter. Die Kaution wird nicht ausbezahlt. Schon wieder nicht. Wohnungsmieten, Kautionen, Renovierungen, Studiengebühren, Mahngebühren, nicht bezahlte Telefonrechnungen, nicht bezahlte Rundfunkgebühren, Pfändungsandrohungen, Zahlungsaufforderungen, Zahlungserinnerungen und so fort und so fort. Die Mama ist immer in die Bresche gesprungen. Sie verfügt auch als geschiedene Frau über ein gesichertes Einkommen. Und da ist ja noch die kleine Schwester, die mittlerweile gar nicht mehr klein ist und mitten im Studium steht.

Den Auskunftsbogen für *Unterhaltspflichtige, die mit dem Hilfeempfänger verwandt sind,* füllt sie nun schon zum wiederholten Male aus. Dieses Mal packt die Mama die Wut. Sie gibt dieser Wut bei *Erklärung* am Ende des sechsseitigen Fragebogens Ausdruck:

> »*Mein Sohn hat schon so viele Geldzuwendungen erhalten für Studiumsversuche, Mietkosten, Schuldenabzahlungen, Pkws etc. ES REICHT! Er muss selbstständig werden.*«

Natürlich zeigt sich das Sozialamt von diesem Emotionsausbruch unbeeindruckt. Die Bestimmungen des Bundessozialhilfegesetzes verlangen Auskunft über Mamas wirtschaftliche Verhältnisse. Es dauert lange, bis das Amt registriert, dass der junge Mann auch einen leiblichen Vater hat. Die Unterhaltspflicht wird ab dann geteilt.

37 Nochmal ein Studium?

Der Sohn zieht wieder bei der Mama ein. Er immatrikuliert sich an der *Johannes Gutenberg-Universität* für einen Studiengang *Lehramt an Gymnasien* mit den Fächern Geschichte, Katholische Theologie und Bildungswissenschaften. Dies ist sein fünfter Versuch, ein Studium aufzunehmen und vielleicht auch zu beenden. Alles ist möglich. Alles kann sich wenden. Manchmal sogar zum Guten. Nicht nur der Sohn schöpft wieder Hoffnung, sondern auch die Mama. Sie kommen überein, dass es sinnvoll ist, wenn der Sohn einen *Antrag auf Ausbildungsförderung*[50] stellt. Ja, dies macht Sinn und aufgrund der langen Krankheitsphasen wird dem Antrag gewiss stattgegeben. Die Fülle an zu beachtenden Formblättern, auszufüllenden Antragsformularen und aufzubringenden Bescheinigungen machen viel Arbeit und entmutigen den Sohn.

»Das schaffe ich nicht«, meint er resignierend. »Doch, du schaffst es. Ich helfe dir.« Beim Ausfüllen des Formulars *Schulischer und beruflicher Werdegang* möchte der Sohn am liebsten »den ganzen Plunder« hinschmeißen. »Meine Biografie ist eine Katastrophe. Und nun soll ich auch noch die Fehlzeiten begründen und die Krankenhausaufenthalte nachweisen.« Aber er schmeißt nicht hin, er bleibt konsequent. Er staunt, was die Mama alles an Unterlagen über ihn aus diversen Aktenordnern hervorholt: sein Abiturzeugnis, seine Schachdiplome, seine Studiennachweise, seine Mietverträge. Hat er das nicht alles einmal im Mülleimer versenkt?

»Ja, hast du. Was meinst du, welcher Schreck mich durch-

---

50 Bundesausbildungsförderungsgesetz (BAföG). Sozialleistung in Form finanzieller Hilfe für Studierende und Schülerinnen und Schüler durch das Bundesministerium für Bildung und Forschung. Der Darlehensanteil (50%) muss zurückgezahlt werden.

fuhr, als ich zufällig diese Unterlagen in der Mülltonne entdeckte! Spinnst du denn, deine wichtigsten Dokumente wegzuwerfen!« »Wenn man kein Leben mehr hat, braucht man darüber auch keine Dokumente mehr«, denkt der Sohn. Er sagt es aber nicht und ist froh, dass er seiner Mama nicht gleichgültig ist. Er telefoniert, um Bescheinigungen von Ärzten zu bekommen, die ihn einmal behandelten. Die Antworten sind nicht immer erfreulich.

> *Sehr geehrter Herr XXX,*
> *ich bedaure Ihnen mitteilen zu müssen, dass ich die von Ihnen geforderte Bescheinigung nicht ausstellen kann. Die Aufbewahrungspflicht für schriftliche Unterlagen ist abgelaufen. Die EDV wurde systemmäßig umgestellt.*
> *Mir liegen also keinerlei Unterlagen bezüglich Ihrer Krankheit und Behandlungen mehr vor.*
> *Mit freundlichen Grüßen*
> *Dr. med. XXX XXX*

Die vergangenen zehn Jahre bürokratisch nachzuweisen, stellt sich als wahre Sisyphosarbeit heraus. Wie soll er Zeiten mit einem psychischen Blackout nachweisen? All die Tage, Wochen, Monate, wo sich die Welt für ihn auf den Kopf stellte, die Nacht zum Tage wurde, das reale Leben tagelang unter der Bettdecke und hinter verschlossenen Rollläden abhandenkam, im Alkoholrausch die Sinne versagten oder im Frankfurter Bahnhofsmilieu die Zeit keine Rolle mehr spielte?

Die Aufforderung in den Formularen, »lückenlose und chronologische Angaben« zu machen, kann er nicht vollständig erfüllen. Er hat keine Lust mehr für diesen bürokratischen Aufwand. Die Mama ermuntert ihn weiterzumachen. Es soll nicht wieder alles für »die Katz« gewesen sein. Nein! Es wird zu Ende gebracht.

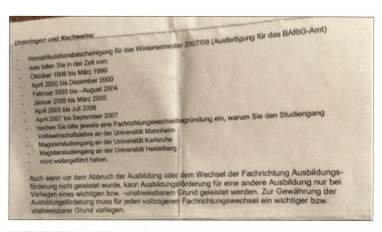

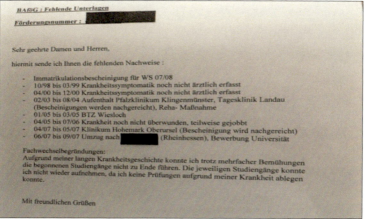

Bis endlich das Dokumentenpaket vollständig ausgefüllt auf dem Tisch liegt, sind einige Wochen vergangen. Er legt noch seinen Lebenslauf bei.

»Du hast den Kunstmaler vergessen! Den Kunstmaler!« Beim nochmaligen Überfliegen des Lebenslaufes fällt der Mama auf, dass doch gerade das Wichtigste fehlt! »Du bist doch ein Künstler! Das musst du unbedingt noch in deinen Lebenslauf einfügen.«

Lebenslauf

Schulbildung / Studium	
09/1986 – 06/1995	XXX Gymnasium, XXX XXX
Abschluss: Allgemeine Hochschulreife	
09/1995 – 08/1996	Wehrdienst in Germersheim
10/1997 – 03/1998	Studium Wirtschaftsingenieurwesen und VWL Universitäten Kaiserslautern und Mannheim
03/1999 – 02/2002	Studium Literaturwissenschaft und Alte Geschichte (Magister) Universitäten Karlsruhe und Heidelberg
10/2007 – 01/2008	Studium Geschichte (Lehramt) Universität Mainz
Berufserfahrung	
04/1998 – 02/1999	**Produktionshelfer**
	diverse Zeitarbeitsfirmen, Karlsruhe
	• Montagearbeiten
	• Prüfen von Waren
	• Verpackung
	• Kommissionieren
03/2002 – 03/2004	**Produktionshelfer**
	diverse Zeitarbeitsfirmen, Landau/ Pfalz
	• Maschinenbedienung
	• Prüfen von Waren
	• Verpackung
06/2004 – 10/2004	**Gartenbauhelfer**
	Gärtnerei in Klingenmünster
	• Heckenschnitt
	• Laub zusammenfegen
	• Friedhofsarbeiten
01/2005 – 06/2005	Berufsorientierung, Berufstrainingszentrum Wiesloch

	Praktikum als Industriekaufmann
	Schlossquellbrauerei in Heidelberg
	• Dateneingabe EDV-System
	• Postbearbeitung
	• Rechnungskontrolle, vorbereitende Buchhaltung
	• Produktionsarbeiten Maschinenkontrolle
11/2005 – 03/2007	**Verkäufer Einzelhandel**
	XXX XXX
	• Kundenberatung
	• Verkauf von Obst und Gemüse
	• Anlieferung zu den Kunden
	• Vorbereitende Buchhandlung
Weitere Kenntnisse	
Sprachen	Deutsch sehr gut in Wort und Schrift
	Englisch gut in Wort und Schrift
	Französisch Grundkenntnisse
EDV	MS-Office gut: Word, Excel, PowerPoint, Internetkompetenz
Führerschein	Klasse 3
Kunstmaler	**bislang zwei Ausstellungen**

Den Einstufungstest in Englisch, der Voraussetzung für seine Aufnahme zum Studium war, hat er mit Bravour gemeistert. Trotz der zehn Jahre im »Niemandsland« schaffte er eine Einstufung im oberen Drittel, obwohl die vielen frischgebackenen Abiturientinnen und Abiturienten eine starke Konkurrenz darstellten. Die Mama ist stolz auf ihren Sohn! Der Alkohol hat ihm doch noch nicht das Gehirn ruiniert!

Das Wintersemester hat schon begonnen. Der junge Mann, der mittlerweile einunddreißig Jahre alt ist, fährt jeden Morgen, wenn es noch dunkel ist, mit Mamas Fahrrad zur Universität. An den Wochenenden hilft er auf dem Mainzer Wochenmarkt bei einem Blumenverkäufer aus und verdient sich so etwas Geld hinzu. Irgendwann wird ihm das Fahrrad gestohlen. Die Mama gibt ihm Geld, um ein Gebrauchtes zu kaufen. Als die Winterkälte hereinbricht, schließt der Blumenverkauf. Die fünfzig Euro pro Woche fehlen nun. Es sind kleine Niederlagen. Dennoch sind es Niederlagen. Er müsste Erfolge haben. Die Mama macht sich wieder Sorgen.

»Ich hasse es, wenn sie sich Sorgen macht«, denkt der junge Mann. Egal. Weiter. Bei der Mama lässt es sich angenehm und warm leben. Er hat ein ausgebautes Zimmer im Keller bezogen. Super, da ist er für sich! Und er hat Platz zum Malen. Malen, das ist das Beste, was es gibt. Manchmal mietet er an den Wochenenden einen Stand auf einem Flohmarkt. Die Mama bringt ihn mit dem Auto hin und holt ihn abends wieder ab. »Und, konntest du ein Bild verkaufen?« »Nein. Die schauen die Bilder an. Sagen ›schön‹ und gehen wieder.«

Flohmarkt 2004

Es dürfen nicht zu viele Niederlagen auf ihn zukommen, hofft die Mama. Nicht zu viele! Bitte nicht. Wenn sie in seinem Zimmer im Keller zu viele leere Bierflaschen findet, hat sie das Gefühl, dass in ihrem Kopf eine Alarmglocke klingelt. Aber immerhin, er fährt täglich mit dem klapprigen Fahrrad zur Universität. Ob er das Studium irgendwie meistert, davon erzählt er nichts.

Endlich liegt ein Schreiben des *Amtes für Ausbildungsförderung* der Universität Mainz im Briefkasten.

> Ihrem Antrag auf Ausbildungsförderung nach einem Fachrichtungswechsel kann nicht entsprochen werden, da der Ausnahmetatbestand des § 7 Abs. 3 BAföG in Ihrem Fall nicht erfüllt ist.
>
> Gründe:
> Sie haben zum Wintersemester 1996/97 das Studium an der Universität Kaiserslautern im Studiengang Wirtschaftsingenieurwesen – Diplom aufgenommen. Danach haben Sie sich zum Sommersemester 1997 an der Universität Mannheim im Studiengang Volkswirtschaftslehre – Diplom eingeschrieben. Dieser erste Fachrichtungswechsel könnte genehmigt werden. Nach drei Semestern Studium an der Universität Mannheim exmatrikulierten Sie sich und nahmen nach einer krankheitsbedingten Unterbrechung zum Sommersemester 1999 an der Universität Karlsruhe im Studiengang Magister mit den Fächern Literaturwissenschaften, Geschichte und Soziologie auf. Nach zwei Semestern Studium haben Sie das Studium erneut krankheitsbedingt unterbrochen und zum Wintersemester 2001/02 für ein Semester an der Universität Heidelberg den Studiengang Magister mit den Fächern Alte Geschichte, Archäologie und Religionswissenschaften aufgenommen. Nach einer weiteren längeren Krankheitsphase haben Sie zum Wintersemester 2007/08 an der hiesigen Universität den Studiengang Lehramt an Gymnasien mit den Fächern Geschichte, Katholische Theologie und Bildungswissenschaften aufgenommen.
>
> Zur Begründung Ihrer Fachrichtungswechsel führen Sie an, dass Sie auf Grund Ihrer langen Krankheitsgeschichte die begonnen Studiengänge nicht hätten zu Ende führen können. Die jeweiligen Studiengänge hätten Sie nicht weiterführen können, da Sie keine Prüfungen auf Grund Ihrer Krankheit hätten ablegen können.
>
> Nach § 7 Abs. 3 BAföG wird Ausbildungsförderung für eine andere Ausbildung nur geleistet, wenn der Abbruch der vorangegangenen Ausbildung oder der Wechsel in die andere Ausbildung entweder aus wichtigem Grund bis spätestens zum Ende des dritten Fachsemesters erfolgte oder der Auszubildende aus unabweisbarem Grund die vorangegangene Ausbildung abgebrochen oder die Fachrichtung gewechselt hat. Ein wichtiger Grund für einen Abbruch der

Und so weiter! Und so weiter!

Wut, Erschöpfung, Überforderung, Sinnlosigkeit – die Antragstellung für das *BAföG* wird abgebrochen. Der junge Mann sieht sein Leben als Abfolge von Misserfolgen bestätigt. Er läuft Gefahr, wieder alle Anstrengungen und die damit verbundenen kleinen Erfolgserlebnisse abzuwerten und somit auch das jetzige Studium wieder abzubrechen. Der Hautausschlag bricht schwach wieder aus. Diese *BAföG*-Angelegenheit nervt auch die Mama. Ihr Sohn braucht doch diese finanzielle Unterstützung so dringend, da er als Student keine Hartz IV-Leistungen erhält.

»Was taten Sie von Januar bis März? Was taten Sie von April bis September?« Die Mama fasst sich an den Kopf. »Ja, was tat er denn? Er lag unter der Bettdecke, das Zimmer verdunkelt. Er grübelte, wie er am besten von der Brücke in den Rhein springen kann. Er suchte sich im Bahnhofsviertel Prostituierte, um sein Elend zu vergessen. Schließlich ist er ein junger Mann mit normalen Sehnsüchten nach einer Frau. Soll er das vielleicht dem Amt für Ausbildungsförderung mitteilen? Nein,

nein. Einmal am Boden, immer am Boden. Vielleicht stimmt dieser Satz wirklich. In Talkshows liebt man solche aus dem Rahmen fallende Biografien, aber nicht im wirklichen Leben.«

Der *BAföG*-Antrag hat sich erledigt. Die Mama heftet die Unterlagen ab und stellt den Ordner neben den Ordner, der die Unterlagen zum Unfalltod des verstorbenen Kindes enthält. Zwei so kluge, fleißige und vielseitig interessierte Kinder! Sie hätten bestimmt mühelos und mit Begeisterung ihren Lebensweg durchschritten. Es sollte nicht sein. Ein Kind ist tot, das andere findet sich in der Psychiatrie wieder. »Man muss sein Schicksal demütig annehmen.« Wer hat denn diesen gescheiten Satz geäußert? »Auch mit schlechten Karten kann man gut spielen.« Noch so ein schlauer Satz. Die Sprüche sind Seifenblasen. »Sei oder werde resilient!« Ein Zauberwort der heutigen Zeit. Wie soll ein Mensch widerstandsfähig sein oder werden, wenn er Niederlagen am laufenden Band verkraften muss. Eine Abwärtsspirale dreht sich doch immer weiter abwärts. Wie soll man sie denn aufhalten, wenn man sich selbst in dieser Spirale befindet? Wie soll sich ein Mensch aus einem Fahrstuhl, der in die Tiefe saust, befreien? Geht nicht. Unten angekommen, wird man zerschmettert. Die Mama atmet tief durch. Weiter. Wir machen weiter. Aufgeben, nein, das wird sie nicht und sie hofft, dass auch ihr Sohn nicht aufgibt.

38 Unabhängigkeit?

Das Wintersemester scheint der Sohn irgendwie zu meistern. Das Malen und die Musik sind seine stützenden Begleiter. Doch den Bierkonsum ihres Sohnes beobachtet die Mama akribisch. Bedingt durch Mamas berufliche Veränderung ist ein nochmaliger Umzug unumgänglich. Das gemütliche Wohnen im abgeschlossenen Kellerraum ist somit für den Sohn beendet. In der neuen Wohnung liegt sein künftiges Zimmer auf einer Ebene mit den anderen Zimmern. Die Fortsetzung des Studiums an der Mainzer Universität ist nicht beeinträchtigt, einzig die Fahrt dorthin auf einem klapprigen Fahrrad ist nicht mehr zu schaffen. Er muss in Zukunft auf den Bus umsteigen. Sein Missmut und seine Nervosität wegen dieser Veränderung sind nicht zu übersehen. Die Mama versucht gegenzusteuern. »Du bekommst in der neuen Wohnung einen eigenen Raum zum Malen. Wie ein richtiges kleines Atelier.« Nein, das will er nicht. Er will seinen bisherigen Rückzugsraum im Keller nicht aufgeben. Schon gar nicht will er mit dem Bus zur Universität fahren. Der Sohn nimmt den Umzug als Vertrauensbruch wahr, seine Interessen werden seiner Meinung nach nicht berücksichtigt. Jetzt geht es ihm doch endlich gut. Warum fällt die Mutter ihm wieder in den Rücken? Die Mama kann ihn mit ihren Argumenten nicht überzeugen. Dass dieser Umzug ihn so sehr aus der Balance wirft, das hätte sie nicht gedacht. Den Umzug bewerkstelligt sie wieder einmal alleine. Abends steht der Sohn sichtlich verstört und wütend vor der neuen Wohnung.

»Ich verschwinde«, sagt er zornig. »Bleib doch da, was soll das denn!«, ruft die Mama ihm hinterher, als er in sein neues Zimmer stürmt und mit seinem Rucksack, der nun schlaff über seiner Schulter hängt, da er wohl gar nichts von seinen

Kleidern eingepackt hat, schnell wieder herauskommt und – ohne die Mama eines Blickes zu würdigen – die Eingangstür aufreißt und hinausstürmt. Die Mama beobachtet ihn, wie er sich mit schnellen Schritten vom Haus entfernt, einmal kurz stehenbleibt, um sich eine Zigarette anzuzünden, und dann in der Dunkelheit des kalten Februarabends verschwindet.

Der junge Mann weiß genau, wo er hinwill. Nur fort von hier. Hier in dieser neuen Wohnung wird er keinen einzigen Tag bleiben. In dieser Wohnung! Nie! Was denkt sich die Mutter eigentlich? Warum blieb sie nicht in der alten Wohnung? Warum nicht? Dort war es doch so gut. Er hatte seine Ruhe. Er konnte malen und Musik hören. Sie hat sich doch bloß wegen der paar Bier aufgeregt. Das mit dem Studium wäre sowieso nichts geworden. Aber irgendwie lief es trotzdem nicht schlecht. Auch wenn ihm die Konzentration auf den Lernstoff nicht leicht viel. Und diese vielen Studenten, dieses grüne Gemüse, diese arroganten Gestalten! Hätte er das Studium vielleicht doch gepackt? Ach, was solls! Endlich frei. Ja nicht abhängig sein von jemandem. Schon gar nicht von der Mutter. Sie soll mal sehen, wie es ist, wenn er wieder weg ist. Nur blöd, dass er kein Geld hat. Er wird wieder zum Arbeitsamt müssen. Scheiße. Wann fährt denn dieser Bus ab? Noch zwanzig Minuten. Dann ab zum Bahnhof und dann mit dem Zug nach Frankfurt. Der Max ist bestimmt im Bahnhofsviertel. Na, der wird Augen machen.

39 Der totale Absturz

Die Mama fühlt sich erleichtert. Sie atmet tief durch. Allein. Endlich allein. Sie schließt leise die Haustür. Sie wird sich über die vielen Umzugskartons hermachen. Niemand wird sie stören. Doch ein unbeschwertes Gefühl macht sich in ihr nicht breit. Die Sorgen hören nicht auf. Sie weiß, dass er, ihr Sohn, es nicht schaffen wird, sich ein ordentliches Leben aufzubauen. Sie weiß, dass sie nicht mehr für ihn verantwortlich ist. Und doch fühlt sie sich für ihn verantwortlich.

Den jungen Mann zieht es mit Macht ins Frankfurter Bahnhofsviertel. Dort hat er doch auch ein Zuhause. Dort wirft ihn niemand hinaus. Wenn es nicht anders geht, schläft er eben auf der Straße. Na und? Max ist schon da, als er gegen dreiundzwanzig Uhr vor dem Bahnhofsgebäude an der Ecke zur Niddastraße eintrifft. Heroinabhängige, Prostituierte, Obdachlose – die gewohnten Gesichter. Der junge Mann fühlt sich aufgehoben. Bier gibt es genug. Vorerst kann der junge Mann bei Max in dessen Wohnung unterkommen.

Heute kann ihn Max zur Einnahme von *Tilidin* überreden. Es stimmt: Einmal am Tag eine Tablette und du hast keine Probleme mehr. Zwölf Stunden lang nur Glücksgefühle. Die Einnahme von *Tilidin* tut schnell seine Wirkung. Bald geht es nicht mehr ohne. Täglich *Tilidin*. Welche Wonne! Dieses warme Gefühl! Überall, im Kopf, im Brustraum, in den Beinen. Manchmal etwas Schwindel. Dazu Bier, immer wieder Bier. Im Bett liegen, den ganzen Tag im Bett liegen und abends ins Bahnhofsviertel. Aber so kann es auf Dauer doch nicht weitergehen. Der junge Mann will eine eigene Wohnung. Mit Max zusammen in einem Zimmer zu leben, wird auf die Dauer unerträglich. Er findet ein Appartement. In einem Hinterhofhaus mit dunklem Treppenhaus. In der Decke des Zimmers befindet sich ein Loch. Er klebt einen großen Pappdeckel davor. Es steht eine Couch im Raum. Auch diese hat eine verbrannte Stelle im Polster. Egal. Eine Wolldecke auf der Couch, die zwar etwas unansehnlich ist, kann ihm als Zudecke dienen. Es gibt eine Heizung und eine winzige Küche mit einem Zweiplattenherd. Sogar etwas Geschirr ist vorhanden. Die Dusche streikt, der Duschvorhang aus Plastik hat Schimmelstellen. Der junge Mann sieht sie nicht. Gegenüber der Wohnung befindet sich ein Waschsalon. Doch was er an Kleidung besitzt, trägt er auf dem Leib. Dennoch, ein Waschsalon in der Nähe kann nie schaden. Was will man mehr. Das Arbeitsamt zahlt ihm Arbeitslosengeld und übernimmt die Wohnungsmiete. Na also.

Max und der junge Mann treffen sich weiterhin täglich. Seit in Gaststätten und Kneipen ein Rauchverbot[51] gilt, stehen sie beim Rauchen einfach nur so auf der Straße herum. Manchmal gehen sie auch zu Max in die Wohnung. Max bringt Benzodiazepine[52] mit.

»Irre, was die mit einem machen. Du hast keine Angst mehr. Die ganze Welt um dich herum ist ein einziges Paradies. Du schläfst wie ein Gott.« Dem jungen Mann ist das wirkliche Leben schon lange egal. Eintauchen in eine andere Bewusstseinswelt, wie auf Wolken schweben und möglichst nie mehr aufwachen. Ja, so soll es sein, so soll es nie mehr aufhören. *Tilidin*, Benzodiazepine und Bier in Mengen. Es dauert nicht lange, bis sich der Hautausschlag, dieses Mal am ganzen Körper, wieder einstellt, bis sich Übelkeit, Erbrechen und Durchfall dazugesellen, Doppelbilder und Schwindel auftauchen, Albträume sich

---

51 Bundesnichtraucherschutzgesetz. Ab Juli 2007. Verbietet das Rauchen in Deutschland in öffentlichen Einrichtungen, im öffentlichen Personenverkehr, in Bahnhöfen. Die Länder können über rauchfreie Zonen entscheiden.
52 Benzodiazepine. Medikamente, die z.B. bei Angst- und Schlafstörungen eingesetzt werden. Häufig in missbräuchlicher Weise eingenommen. Ausgeprägtes Abhängigkeitspotenzial. Vgl. K. Lieb, S. Frauenknecht, S. Brunnhuber. Intensivkurs Psychiatrie und Psychotherapie. 2016. Elsevier.

häufen, Ruhelosigkeit, Wutausbrüche und Aggressivität überhandnehmen. Als er sich schließlich verfolgt fühlt, von allem und jedem, sogar von Max, nimmt er die Benzodiazepintabletten wahllos ohne jegliches Nachdenken und hemmungslos ein.

»Kommt her, meine lieben Pillchen, meine lieben Brüderchen, auf die einzig Verlass ist in diesem Leben! Ohne euch ist das Leben sinnlos, aber mit euch ist es herrlich!« Er grölt, ja schreit und poltert. Max will ihn von dem massiven Konsum abhalten, aber der junge Mann schubst ihn weg.

»Du willst mir doch nicht meine Freunde verbieten!« Nicht nur der junge Mann verkommt innerlich und äußerlich immer mehr, auch seine Wohnung vermüllt zusehends. Nein, einen Rettungsschirm, wie er sich zurzeit in einer dem jungen Mann fremden Welt über sämtlichen Banken schützend ausbreitet, um sie vor dem Untergang im Strudel der weltweiten Finanzkrise[53] zu bewahren, so einen Rettungsschirm gibt es für den jungen Mann nicht. Er steht in seinem Elend nicht im Blickpunkt des Weltinteresses.

Ab und zu lässt er einen Obdachlosen oder einen Betrunkenen bei sich übernachten. Sie liegen bis zum nächsten Tag oder bis zur nächsten Nacht auf dem Fußboden des vermüllten Zimmers. Als der junge Mann den Eduardo[54] bei sich aufnimmt, weiß er noch nicht, dass er ihn nicht mehr loswerden wird. Eduardo verlässt diese Wohnung, die ihn nun warm und sicher beherbergt, nicht mehr. Er verbleibt darin täglich vierundzwanzig Stunden. Pizzakartons vom Lieferdienst, leere bis halbleere Flaschen jeglicher Alkoholsorten und überlaufende Zigarettenkippen auf kaputten Tellern übersäen den Fußbo-

---

53 Globale Banken- und Finanzkrise (Weltwirtschaftskrise). Höhepunkt der Krise aufgrund des Zusammenbruchs der US-amerikanischen Bank *Lehman Brothers*. September 2008. Folgen: Wirtschaftlicher Abschwung, Rezession, Arbeitslosigkeit.
54 Name geändert

den. Zum Glück sind die Bilder des jungen Mannes bei der Mama gut aufgehoben. Da vertraut er seiner Mama zu hundert Prozent. Irgendwann erträgt er diesen fremden Gast nicht mehr. Er weiß nicht, wie er ihn wieder aus seiner Wohnung herausbekommen soll. Die Gedanken überschlagen sich in seinem Kopf. Er kann keinen klaren Gedanken mehr fassen. Er ist hilflos und machtlos. Er zittert am ganzen Körper. Es ist ihm heiß und kalt und er fühlt sich wie in einer Achterbahn. Ihn erfasst Panik. Wohin? Was tun? In die Klinik? In welche? Er wohnt in Frankfurt. So wird er nicht im *Pfalzklinikum* in Klingenmünster aufgenommen. Dort möchte er aber hin. Er weiß, die Fahrt wäre umsonst. In die *Klinik Hohe Mark*? Ja, dorthin. Er fährt schwarz mit der U-Bahn dorthin. Er wird nicht erwischt. Dort angekommen, teilt man ihm mit, dass die Klinik besetzt sei. Niemand kann in der nächsten Zeit aufgenommen werden. Doch die diensthabende Ärztin erkennt seinen psychotischen Zustand. Er wird mit einem Notarztwagen ins *Universitätsklinikum Frankfurt* gefahren. Er könne auch dort nicht aufgenommen werden. Ebenfalls kein Platz frei. Er solle es am nächsten Tag wieder versuchen. Da der Notarztwagen wieder abgefahren ist, setzt er sich vor dem Klinikum auf eine Bank. Was nun? Er sitzt auf dieser Bank für mehrere Stunden. Als die Dunkelheit hereinbricht, macht er sich auf den Weg zum Bahnhof. Es geht ihm schlecht. Er muss erbrechen. Er taumelt. Er will sich auf eine Parkbank setzen, fällt jedoch davor um.

»Penner! Säufer!«, ruft man ihm zu. Wie lange er dort gelegen ist, weiß er nicht. Irgendwann kommt ein Notarztwagen. Die Sanitäter sprechen ihn an und nehmen ihn mit. »Nach *Hohe Mark*«, stammelt er. Die Sanitäter bringen ihn nach Oberursel in die *Klinik Hohe Mark*. Er wird aufgenommen – auf der Station für Suchtmedizin. Im Klinikbett fühlt er sich wie im Himmel. An der Wand hängt ein Plakat: »Neu anfangen – neu leben!« Er bleibt.

Die Mama kommt ihn regelmäßig am Wochenende besuchen. Die Entlassung erfolgt nach vier Wochen. *Tilidin* und Benzodiazepine gehören vorerst der Vergangenheit an. Doch die Ermahnung der Ärztin »Keinen Alkohol mehr!« verpufft. Er besitzt allerdings den festen Willen, eine Selbsthilfegruppe für Sucht- und Alkoholkranke zu besuchen. Doch Eduardo lebt immer noch in seiner Wohnung, die vermüllt ist, in der es stinkt, in der die Wände verschmiert sind und die Wasserhähne verstopft. Nach zwei Tagen dröhnt es nur noch im Kopf des jungen Mannes. Er möchte mit dem Kopf an die Wand schlagen, zehnmal, zwanzigmal. Wie das Vaterunser lautet, hat er vergessen. Zehnmal das Vaterunser beten. Er versucht es. Es klappt nicht. »Was kommt denn nach ›Dein Wille geschehe?‹ Ich habe es doch immer gewusst. Es kann doch nicht weg sein?« Sein Kopf ist leer, sein Gehirn wie ausgebrannt. Er kann sich nichts mehr merken, sich nicht mehr konzentrieren. Sinnlos, alles sinnlos. Er verlässt die stinkende, aber warme Wohnung und den schnarchenden Eduardo. Das Treppenhaus ist dunkel. Die Treppe ist hoch. Jetzt. Er stürzt sich die Treppe hinab.

Im *Universitätsklinikum Frankfurt*, in das er bewusstlos eingeliefert wird, wacht er in einem Zweibettzimmer auf der geschlossenen Station der Abteilung für Psychiatrie, Psychosomatik und Psychotherapie wieder auf. Die Verdachtsdiagnose lautet:

Alkoholabhängigkeit und Suchtmittelmissbrauch, Verdacht auf eine drogeninduzierte Psychose.

Es besteht die zwingende Indikation zur medikamentösen Therapie. Der behandelnde Arzt und das Pflegepersonal sind freundlich und aufmerksam. Die Räumlichkeiten jedoch wirken trist und abweisend. Später irgendwann wird der junge

Mann seiner Mama von dieser Zeit erzählen: »Es war schrecklich dort. Es gab nicht einmal Fenster.« Denn er spürt um sich herum nur Enge, drückende Luft und Schwüle, da die Fenster auf der geschlossenen Station verriegelt sind. Irgendwann, später, dürfen die Patienten ab und zu im Hof Fußball spielen und sogar ein Kinobesuch wird organisiert. Zigaretten darf man beim Klinikseelsorger bestellen.

Die Medikamentengaben werden zuerst niedrig, dann höher dosiert. Es wird eine Medikamentenkombination gegeben. Der junge Mann scheint therapieresistent zu sein. Es wird eine neue Pharmakotherapie ausprobiert. Die Nebenwirkungen müssen im Blick behalten werden. Der Arzt meint nach etwa zwei bis drei Wochen, dieser Patient sei ein *schlechter Responder*[55], vielleicht sogar ein hoffnungsloser Fall.

---

55 *Schlechter Responder* (medizinisch). Patientin / Patient, die / der auf ein bestimmtes Verfahren (Medikament, Therapie, Operation) nicht wie erwartet reagiert.

40 Die Persönlichkeit verändert sich

Die Mama meldet sich in der Klinik zu einem Besuch an. Auf der geschlossenen Station gebe es feste Besuchszeiten, erklärt die Stimme am Telefon. Da ihr Sohn sich nicht von dort entfernen dürfe, eben *geschlossen*, solle sie auch nicht so lange bleiben, bitteschön. Wie der Sohn heiße, fragt die Stimme. Die Mama nennt den Namen ihres Sohnes.

»Einen Moment, ich muss nachschauen«, meint die Stimme. Die Rückmeldung lässt eine Weile auf sich warten. Dann wiederholt die Stimme am Telefon den Namen des Sohnes. Die Mama ist froh, dass man ihr keine Nummer mitteilt, unter der ihr Sohn aufgenommen wurde. »Noch nicht so lange hier, nicht wahr?«, fragt die Stimme. Ob sie ihn am Mittwochabend nach der Arbeit besuchen könne, und auch am Wochenende, erkundigt sich die Mama. »Ja, kein Problem. Er darf aber nicht nach draußen.« »Danke.«

Sechzig Kilometer bis zur Klinik. Das lässt sich über die Autobahn gut fahren. Vorausgesetzt, es gibt keinen Stau im Berufsverkehr. Doch, die Mama steckt im Stau. Sie ist nervös. Sie will auf keinen Fall zu spät in die Klinik kommen. Ihr Sohn wartet bestimmt schon auf sie. Mit zehn Minuten Verspätung trifft sie in der Klinik ein. Sie betritt ein trostloses und schmuckloses Gebäude. Keine Menschenseele! Zu der Station, auf der ihr Sohn sich befindet, führt ein endlos langer weißgetünchter Gang. Mamas Stöckelschuhe klappern viel zu laut in diesem menschenleeren, kahlen Flur. In ihrem Businesskostüm kommt sie sich deplatziert vor, am falschen Ort. Nächstes Mal wird sie sich anders anziehen. Nachdem sie die Treppenstufen bis zum zweiten Stock hinaufgestiegen ist, steht sie vor der geschlossenen Abteilung, in der ihr Sohn bestimmt schon auf sie wartet. Sie drückt auf den Knopf der Besucherklingel. Einmal, zweimal, mehrmals. Endlich wird geöffnet. Sie wird in einen winzigen Vorraum gebeten. Nachdem sie hier eine halbe Stunde gewartet hat, klopft sie an die Scheibe, die den Vorraum von dem Patientenraum trennt.

»Ja, gleich. Wie heißt ihr Sohn? Moment.« Der Pfleger schaut in einer Liste nach. »Diesen Namen gibt es nicht bei uns.« Die Mama nennt den Namen des behandelnden Arztes, den man ihr mitgeteilt hat. »Der Arzt ist seit letzter Woche nicht mehr bei uns.« »Mein Sohn ist aber hier. Ich möchte ihn sprechen. Ich bin angemeldet.« Der Pfleger ruft nach hinten. Da kommt er, ihr Sohn. Nein, er hat nicht auf sie gewartet. Nein, er sieht nicht aus wie der Sohn, den sie kennt. Nein, so darf er nicht aussehen. Oh Gott, was ist bloß mit ihm passiert?

»Hey, Mutter! Du bist doch meine Mutter, oder!«, ruft ihr Sohn wie im Rausch mit wirren Haaren, mit schlabbernden Hosen, die nur ohne Gürtel zu tragen erlaubt sind, mit bleichem Gesicht, aber mit rot lackierten Fingernägeln, seiner Mama zu. Sie darf die geschlossene Abteilung betreten. Die Luft ist drückend heiß, kein Fenster geöffnet. »Die springen sonst raus.« Der Pfleger meint etwas spöttisch: »Sagen sie dem, dass er sich endlich einmal die Zähne putzen soll. Der stinkt so aus dem Mund, dass es nicht zu ertragen ist.« Der Mama fehlen die richtigen Worte, um zu antworten. Sie umarmt ihren Sohn, der nicht weiß, ob er diese Umarmung will oder nicht. Sie setzen sich an einen Holztisch, an dem ein anderer Patient sitzt und sie beide kaum wahrnimmt. Sie versucht, mit ihrem Sohn in ein Gespräch zu kommen. Aber ihr Sohn wirkt abwesend. Einmal sagt er: »Du bist aber schick, Mutter. So musst du öfter hierherkommen.« Doch er korrigiert sich sofort. »Nein, komm' nicht mehr, Mutter. Komm' nicht mehr in diese Irrenanstalt. Siehst du, wie verrückt ich bin!« Und er steigt auf den Tisch und schreit: »Verrückt!« Der Pfleger steht sofort neben den beiden. »Es ist besser, Sie gehen jetzt. Er ist wirklich verrückt. Die Medikamente wirken nicht.« Die Mama schaut kritisch. »Ich möchte unbedingt mit dem behandelnden Arzt sprechen.« »Seit letzter Woche hat ein Arztwechsel stattgefunden. Der neue Arzt ist erst in zwei Wochen erreichbar.« Die Mama schaut ungläubig. Sie umarmt nochmals ihren Sohn und flüstert ihm ins Ohr: »Putze deine Zähne und lass den Nagellack weg, bitte.« Die Tür wird ihr aufgeschlossen. Sie dreht sich nochmals zu ihrem Sohn um, der »Juchhu, Mama!« ruft und bei hoch erhobenen Armen mit beiden Händen wedelt. Sie winkt zurück und verlässt langsam, sehr langsam dieses Gebäude. In ihrem Auto bleibt sie eine Viertelstunde regungslos sitzen, bevor sie abfährt.

Eine Psychiatrische Klinik ist kein Gefängnis. Doch in dieser Klinik, zumal auf der geschlossenen Station, fühlt sich der junge Mann wie ein Gefangener. Eine Psychiatrische Klinik ist keine Versuchsanstalt. Doch hier fühlt sich der junge Mann aufgrund wechselnder Medikamentengaben wie ein Versuchskaninchen. Eine Psychiatrische Klinik ist keine Besserungsanstalt. Doch der junge Mann hat das Gefühl, unliebsamen Erziehungsmaßnahmen ausgesetzt zu sein, zumal man ihn wie einen Schüler duzt. Eine Psychiatrische Klinik ist keine schäbige Herberge. Doch der junge Mann spürt um sich herum nur Enge, Trostlosigkeit, drückende Luft und Schwüle, Einsamkeit und Verlassenheit.

41 Der Tiger bricht aus

Die Nebelhaube stülpt sich während dieser Zeit in der Frankfurter Psychiatrie oft über seinen sich dumpf anfühlenden Kopf, über seine unfrisierten Haare, über seine gläsern schauenden Augen. Aber die Nebelhaube kommt dieses Mal nicht von einer Schutzengelhand. Die Nebelhaube wirkt eher bedrohlich, da sie ihn nicht schützend umhüllt, sondern in einen undurchsichtigen, kalten, den Atem nehmenden Dunst einschließt. Kein Medikament überwindet diese undurchdringliche Nebelschranke. Doch die Hilflosigkeit und die Einsamkeit sind da und erdrücken seine Seele. Den *Tiger im Käfig* hat er vergessen. Doch an dem Vormittag, als der Arzt mit ihm ein Gespräch über das weitere therapeutische Vorgehen führen möchte, da tobt der Tiger wie wild in dem engen Käfig, das Schloss der Käfigtür springt auf und der Tiger springt mit einem wütenden Satz auf den Tisch des Arztes. Sofort stehen zwei Pfleger im Zimmer, packen den jungen Mann, schleppen ihn in ein anderes Patientenzimmer und drücken ihn auf dem Rücken liegend in ein Bett. Ein Pfleger hält ihn fest, der andere fesselt ihn mit Gurten an das Bett. Der junge Mann schreit, brüllt. Sinnlos. Ein Bewegen ist unmöglich geworden. Vierundzwanzig Stunden muss er in dieser Zwangslage ausharren. Vierundzwanzig Stunden brüllt er. Vierundzwanzig Stunden Ängste, Panik, Verzweiflung wie in einem Foltergefängnis. Er schreit und brüllt. Die Stimme ließ man ihm. Aber seine Schreie sind umsonst. Vierundzwanzig Stunden lang.

Der Tiger wird auf diese Weise nicht gezähmt. Er springt einige Tage später wiederum auf den Tisch des Arztes. Die Fixierung[56] muss der junge Mann ein weiteres Mal erleiden.

---

56 Fixierung, Isolierung, Zwangsmedikation. Zwangsmaßnahmen in der Psychiatrie, auf Länderebene im Psychisch-Kranken-Gesetz (PSYCH-KG) geregelt.

Er schreit und brüllt. Wieder vierundzwanzig Stunden lang. Kann ein Mensch vierundzwanzig Stunden am Stück schreien? Ja, er kann. Der Pfleger meint lakonisch: »Wenn du nicht still bist, dann breche ich dir beide Beine.«

Diese verzweifelten und panischen Erinnerungen werden den jungen Mann lebenslang nicht mehr loslassen. Später einmal wird er zu seiner Mama sagen, dass er alles, wirklich alles tun wird, um einen erneuten Aufenthalt in einer Psychiatrischen Klinik zu vermeiden. Aber Vermeidungsstrategien, meint die Mama, befördern keinen erfolgreichen Heilungsprozess. Sie erzählt von dem Suizid des Fußballspielers Robert Enke[57]. Depressionen. Sich niemandem anvertraut. Tabuthema in der Gesellschaft. Der Sohn hört zu, kommentarlos. Doch die Erkenntnis, dass Vermeidung und Abwehr nicht hilfreich sind, werden die Mutter und der Sohn niemals teilen. Vermeiden kann zu Rückzug, zu Passivität und letztlich zu Angst führen. Rückzug und Passivität tun zunächst nicht weh. Auch der Tiger zieht sich resignierend zurück. Aber er ist nicht verschwunden. Aggressiv lauernd sitzt er in dem hintersten Winkel seines Käfigs. Er ist der Wächter der Angst. Wäre es nicht besser, wenn er endlich ausbräche und sich in sein angestammtes Habitat eines tropischen Regenwaldes oder Sumpfgebietes zurückzöge?

Ja, er muss ausbrechen! Und er ist ausgebrochen! Endlich! Mit Kraft und mit Wucht ist er auf den Tisch des Arztes gesprungen! Mit all seiner aufgestauten Wut und unterdrückten Energie ist er aus dem Käfig ausgebrochen! Endlich! Endlich! Der Arzt und die Pfleger – sie hätten Beifall klatschen müssen!

Nur so lange zulässig, wie die Gefahrenlage die Maßnahme zwingend erfordert, ständige Aufsicht, Dokumentationspflicht. Neuregelung, u.a. Beschluss des Bundesverfassungsgerichts vom Juni 2021: Patienten haben ein Recht auf »Freiheit zur Krankheit«. Dies schließt auch das Recht ein, »[…] auf Heilung zielende Eingriffe abzulehnen, […].« Az.: 2 BvR 1866/17 und 2 BvR 1314/18.

57 Robert Enke. Fußballtorwart. Geb. 1977, gest. durch Suizid 2009. Depression und Angststörung.

Jawohl! Beifall! Es ist geschafft. Der Tiger hat es geschafft, dem engen Käfig zu entkommen. Nach so vielen Jahren! Nein, geräuschlos und unaufgeregt kann dieses befreiende Schauspiel nicht vor sich gehen. Nein, es muss donnern, krachen und blitzen! Ein erlösendes Unwetter! Der Tiger würde, endlich befreit, gemächlich davontrotten, nochmal sein Fell schütteln und putzen und dann in seinem Habitat verschwinden.

Verliert man nicht den Verstand, wenn Angst und Panik regieren? Überfielen Angst und Panik den Arzt, als er die Pfleger zuhilfe rief? Sie drückten mit all ihrer Körperkraft den Tiger wieder in den kleinen Käfig zurück. Er brüllte vierundzwanzig Stunden. Und doch nahm er Tage später erneut all seinen Überlebensdrang zusammen und drückte mit letzter Kraft nochmals die Käfigtür auf. Welche Höchstleistung! Und doch – welche Tragödie! Und welch ärztliches Versagen!

Die Mama liest in einem sozialwissenschaftlichen Lehrbuch, dass Mensch und Umwelt stets in einer Wechselbeziehung stehen und gegenseitig aufeinander einwirken. Eine spezifische Umwelt kann somit auch ein spezifisches Verhalten bewirken. Zwischen Milieu und Verhalten besteht also eine Synomorphie, eine aufeinander abgestimmte Struktur.[58] Kann ein Patient einer psychiatrischen Klinik auch erst dort *verrückt* werden? *Ihr wollt, dass ich verrückt bin, also bin ich verrückt!* Der Mama gruselt es bei diesem Gedanken.

Noch drei weitere Aufenthalte im *Universitätsklinikum Frankfurt* in den kommenden anderthalb Jahren folgen. Einmal, als die Stationen für *Abhängigkeitserkrankungen* und *Schizophrene Psychosen* voll belegt sind, wird er auf der gerontopsychiatrischen Station untergebracht. »Bei den dementen Alten«, wie der Junge später schmunzelnd der Mama erzählen wird. »Da war

---

[58] Roger Barker. US-amerikanischer Sozialwissenschaftler und Umweltpsychologe. Geb. 1903, gest. 1990. Konzept des *behavior setting*. 1968. Vgl. J. Hellbrück, M. Fischer. Umweltpsychologie. 1999. Hogrefe.

es richtig gut. Die Alten sind lustig.« Während der Zwischenzeiten wohnt der junge Mann entweder tageweise bei Max, wo er sich dem Konsum von Bier und der Einnahme von Benzodiazepinen hingibt, oder in seiner eigenen Wohnung, in der sich immer noch Eduardo mietfrei und gemütlich aufhält. Bei einem der Aufenthalte in der Klinik meldet sich der Tiger doch noch einmal mit Wucht. Der Pfleger sperrt den »Verrückten« im Garten der Klinik aus. Nach ungefähr einer Stunde wird der junge Mann wieder eingelassen. »Und? Genug frische Luft geschnappt?« Der Pfleger schaut belustigt. Dem jungen Mann ist all das gleichgültig.

Seinen Bierkonsum kann der junge Mann, da ihm auf der offenen Station Ausgang gewährt wird, reduziert weiterführen. Ein Kiosk gegenüber der Klinik stellt eine bequeme Einkaufsquelle dar. Die Mama kommt ihn regelmäßig besuchen. Vernünftige Gespräche sind selten möglich. Seine Haare sind immer noch wirr, seine Fingernägel sind meist lackiert, von Besuch zu Besuch in einer anderen Farbe, manchmal sind auch seine Lippen rot geschminkt. Gemeinsam mit der Mama darf sich der junge Mann auch weiter von der Klinik entfernen, als es ihm alleine erlaubt wird. Der Sohn möchte ein Schnitzel essen und kennt auch eine Gaststätte.

»Die beste Gaststätte in Frankfurt!« Nun gut. Die Mama kennt sich nicht in Frankfurt aus und lässt sich von ihrem Sohn leiten. »Zum *Fennischfuchser*! Das beste Lokal weltweit!« Die Mama schaut ihren Sohn, der sie trotz ihrer Stöckelschuhe an Größe überragt, von der Seite an. Obwohl ihr sein Aussehen, dies muss sie sich eingestehen, unangenehm, ja peinlich ist, hakt sie sich in seine Armbeuge ein und sie marschieren zusammen zum *Fennischfuchser*. Ein Pfennigfuchser, denkt die Mama, ist jemand, der jeden Pfennig umdreht. Na, dann passt das Lokal.

42 Gescheitert

An einem Freitagnachmittag, als die Mama wieder einmal für einen Besuch in die Klinik kommt und gerade die Besucherklingel betätigen will, kommt ein Arzt auf sie zu. Er bittet sie, kurz zu warten. Er öffnet die Tür zur Station und ruft einem Pfleger zu, er möge den Sohn holen.
»Sie müssen heute, jetzt, Ihren Sohn mitnehmen. Er kann nicht mehr bei uns behandelt werden. Er besorgt sich trotz unseres Verbots weiterhin Bier. Er wurde schon mehrmals verwarnt. Er hält sich nicht an die Regeln unseres Hauses. So kann er nicht erfolgreich therapiert werden. Sie nehmen ihn jetzt bitte mit.« Die Mama schaut erst ihren Sohn an, dann den Arzt. »Ich bitte Sie, so geht das nicht. Sie müssen mich vorher informieren. Ich bin berufstätig und kann meinen Sohn in diesem Zustand nicht einfach so mitnehmen. Ich hole ihn, wenn es nicht anders geht, am Montag ab.« »Es tut mir leid. Sie müssen ihn jetzt mitnehmen. Sonst setze ich ihn auf die Straße.« Der Arzt wendet sich zu dem jungen Mann. »Du kannst dann zur Not auch in ein Obdachlosenheim gehen. Falls dort Platz ist.« Die Mama ist entsetzt. Ihr Sohn steht schweigend und hilflos daneben. »Meine Güte, ich muss ihn doch mitnehmen. Ich kann ihn doch nicht alleine lassen. In diesem Zustand! Aber was soll ich denn nur mit ihm zuhause anfangen?« Kann und darf es sein, dass ein Patient aus einer Klinik, wo er sich Hilfe erhofft, geworfen wird? Der Arzt drängt. Er drückt ihr noch ein Rezept in die Hand. Die Mama fasst den Sohn am Arm. »Komm, nimm deine Sachen. Wir fahren nach Hause.«
 Mamas Gedanken kreisen in ihrem Kopf. Sie ist berufstätig und wochentags erst am späten Nachmittag zu Hause. Was macht denn in dieser Zeit ihr Junge? Dieser verwirrte und hilflose Junge? Er braucht einen Arzt, der ihn behandelt und

der ihm seine Medikamente verschreibt. Und dann ist da noch diese Wohnung in Frankfurt. Sie muss gekündigt werden und vor allem – sie muss gesäubert werden.

Eduardo wird von der Vermieterin, mit der die Mama Kontakt aufgenommen hat, unter Androhung eines Polizeieinsatzes, der Wohnung verwiesen.

»Da haben Sie aber viel aufzuräumen und zu renovieren«, meint die Vermieterin lakonisch beim Anblick der vermüllten und verdreckten Wohnung. »Sonst muss ich Ihnen die Reinigung in Rechnung stellen. Die letzte Monatsmiete steht auch noch aus.« Die Mama bleibt freundlich und höflich. »Ich regle dies mit meinem Sohn. Sie können sich auf mich verlassen.« Trotzdem empfindet sie eine große Peinlichkeit aufgrund dieser erniedrigenden Situation. Die Mama weiß, dass sich durch ihr höfliches Auftreten die negative Einschätzung, die man sich von ihrem Sohn macht, bessert. Sie bemerkt, wie sich die Menschen, die ihn bisher respektlos und geringschätzig behandelten, wandeln und sich eher entschuldigend an sie wenden, da er doch »so einen verwahrlosten Eindruck macht.« Wie ein Säufer und Penner, würden sie wohl lieber sagen.

Die Mama packt Teller, Töpfe, Pfannen, die zum Teil zerbrochen und mit verschimmeltem Essen fest verklebt sind, in große Müllsäcke. Sie hat ihren Staubsauger und Putzutensilien mitgebracht und putzt und schrubbt einen ganzen Nachmittag lang. Die Müllsäcke und Unmengen leerer Flaschen stellt sie zum Abholen in den Flur. Ihr Sohn sieht zu. Sie hatte ihm den Staubsauger und den Besen in die Hand gedrückt. Aber er fiel kraftlos in sich zusammen.

»Lege dich da auf deine Couch. Der Bezug sieht zwar eklig aus, aber egal. Schau mir zu, wie man putzt. Dann lernst du es.« Ihr fallen Begebenheiten ein, als ihr Junge ein kleiner Bub war und wie er so sorgfältig alles aufräumte, die Spielsachen in die Kisten, seine Buntstifte in Reihe und Glied ins Mäppchen, sein Mäntelchen und seine Schuhe stets sorgfältig in die Garderobe geräumt.

»Wir leben jetzt. Schau nicht so viel zurück«, versucht sie sich selbst zu instruieren. Die Wohnung in gepflegtem Zustand zu übergeben, gelingt der Mama nicht. »Schicken Sie mir die Rechnung für die Reinigung«, entschuldigt sie sich bei der Vermieterin.

43 Überfordert

Nun wohnt der Sohn doch in der Wohnung, in die er nicht einziehen wollte. Die Mama ahnt, in welchem Zwiespalt er sich befindet. War es wirklich richtig, ihn hierher mitzunehmen? Er ist über dreißig Jahre alt. Wie lange ist sie denn noch für ihn verantwortlich? Einem Menschen in Not muss man doch immer helfen, egal wie alt er ist. Der alte und der neue Papa hätten ihn nie in ihre Wohnungen aufgenommen. Warum dann sie? Wird er sich ihr gegenüber dankbar zeigen? Muss er das überhaupt? Verlangt sie überhaupt Dankbarkeit? Egal, alles egal. Es muss so gehandelt werden. Ihr Sohn soll kein Obdachloser werden. Nie! Er ist doch unschuldig in diesen Schlamassel geraten. Wie viel Schuld trägt sie denn daran? Wie viel Schuld tragen der alte und der neue Papa? Unschuldig in Schuld geraten, so etwas nennt man doch Tragödie?

Einen Psychiater oder Psychotherapeuten für den Sohn zu finden, gleicht wieder einer Sisyphosarbeit. Die Wartezeiten betragen mindestens drei Monate. Zuhause liegt der Sohn nun fast den ganzen Tag im Bett. Wie gut, dass sie hier in Rheinland-Pfalz wohnen und das Frankfurter Bahnhofsviertel weit entfernt in Hessen liegt. Aber so geht es doch nicht weiter! Er muss eine Tätigkeit haben. Der Besuch einer Operettenaufführung, von dem die Mama sich für ihren Sohn etwas fröhliche Abwechslung und ästhetischen Genuss erhoffte, misslang, da die Unruhe, die den Sohn schon während des ersten Aktes überfiel, zum Verlassen der Aufführung zwang. Vorsorglich hatte die Mama zwei Randplätze ausgewählt. Auch ein Museumsbesuch endete nach einer halben Stunde voller Desinteresse des Sohnes. Er stürmte wie auf der Flucht dem Museumsausgang zu. Endlich draußen auf der Straße. Zigarette, Zigarette.

Was nun? Mama stellt für den Sohn einen Wochenplan auf.

Montag	Dienstag	Mittwoch	Donnerstag	Freitag	Samstag	Sonntag
Aufstehen 9.00	Aufstehen 9.00	Aufstehen 9.00	Aufstehen 9.00	Aufstehen 9.00	Aufstehen 9.00	Aufstehen 9.00
Tabletten	Tabletten	Tabletten	Tabletten	Tabletten	Tabletten	Tabletten
Frühstück	Frühstück	Frühstück	Frühstück	Frühstück	Frühstück	Frühstück
		Zeitung lesen	Zeitung lesen	Zeitung lesen	Zeitung lesen	Zeitung lesen
Anmeldung Gemeinde	Schuhe kaufen					
Vorstellung Hausarzt						
Therapeutensuche telefonisch					1h Schach	1h Schach
½ h Spaziergang		½ h Spaziergang	½ h Spaziergang	½ h Spaziergang	½ h Spaziergang	½ h Spaziergang
¼ h Klavier	¼ h Klavier	¼ h Klavier	¼ h Klavier	¼ h Klavier		
Zeitung lesen	Zeitung lesen					½ h Klavier

Der Wochenplan funktioniert nicht. Der Sohn liegt weiterhin nur im Bett.

Die Mama findet einen Psychiater, der kurzfristig den Sohn in seiner Praxis behandeln will. Dass es solche Glücksmomente gibt! Die Mama ist erleichtert.

»Du kannst mit dem Bus dorthin fahren. Es ist nicht weit. Ich lege dir einen Zettel auf den Tisch mit den Abfahrtszeiten des Busses. Bitte, sei pünktlich. Dieser Termin ist ganz wichtig!«, schärft sie ihrem Sohn ein. Als die Mama am Abend nach Hause kommt, liegt der Sohn im Bett, der Zettel immer noch auf dem Tisch, kein Essen in der Küche ist angerührt worden. Dasselbe Fiasko ereignet sich eine Woche später. Die Mama ist bestürzt. Sie ermahnt ihren Sohn, dass es so nicht gehe. Er müsse sich an Abmachungen halten. Ohne Arzt würde er nicht zurechtkommen. Er könne nicht nur im Bett liegen. Dies könne sie auf Dauer nicht verantworten. Am folgenden Abend, als die Mama nach Hause kommt, erlebt sie ihren Sohn in einem chaotischen Zustand. Nur in Unterhosen steht er im Vorgarten und schimpft auf alles Mögliche. Sie nimmt ihn mit hinein in die Wohnung, wo er wie wild von einer Zimmerecke in die andere rennt und schreit: »Ich halte das nicht aus! Ich halte das nicht aus! Lass mich heraus! In diesem Gefängnis bleibe ich nicht! Du hältst mich hier gefangen!« Er rauft sich die Haare, haut mit der Hand auf den Esstisch und schaut sie wütend an. Sie setzt sich still auf einen Stuhl. Dann sagt sie: »Leg' dich auf die Couch. Los. Leg' dich dahin.« »Du hast mir nichts zu befehlen!« Doch er legt sich völlig erschöpft auf die Couch. Die Mama holt seinen Bademantel, deckt ihn damit zu, holt sich einen Stuhl und setzt sich ans Kopfende der Couch. Sie nimmt seinen Kopf in beide Hände und redet leise mit ihm. »Ganz ruhig, ganz ruhig. Alles wird wieder gut.« So vergeht etwa eine halbe Stunde. Dann ist der Anfall vorbei. Für heute.

»Wenn du deine Medikamente nicht einnimmst oder nur, wann du Lust hast, dann darfst du dich nicht wundern, dass dich solche Attacken überfallen. Außerdem besorgst du dir Bier, alkoholhaltiges. Wir haben doch besprochen, dass du nur alkoholfreies Bier trinken sollst.« Die Mama weiß, dass ihre Reden nicht viel nützen. Ihr Sohn braucht dringend eine regelmäßige ambulante psychiatrische und am besten auch psychotherapeutische Behandlung. Aber ohne seine Bereitschaft, diese Dienste in Anspruch zu nehmen, gleicht schon die Suche danach einem sinnlosen Hirngespinst.

»Stell dir vor«, startet die Mama einen weiteren Versuch, »ich wäre nikotin- und alkoholabhängig und immer wieder aufs Neue würde ich in Kliniken eingewiesen.« Sie hofft, er werde nun sagen, dass er sie bedauern würde und er alles täte, damit sie geheilt würde. Doch er antwortet: »Dann würde ich dich immer besuchen und dir Tabak und Bier bringen.«

44 Rein in die Klinik – Raus aus der Klinik

Wieder überstürzen sich die Ereignisse. Eines Abends, als die Mama nach Hause kommt, ist der Sohn verschwunden. Es reicht ihm. Er will zurück zu seinem Freund Max, zurück ins Bahnhofsviertel von Frankfurt, zurück zu den hübschen Mädchen, zurück zum Bierkonsum, so viel wie er ihn sich wünscht. Die Medikamente nimmt er nicht mehr. So dauert es nicht lange, bis er in der Wohnung von Max kollabiert, Max den Notarzt ruft und der junge Mann wieder in einer Frankfurter psychiatrischen Klinik landet. Allerdings nicht im Uniklinikum, da er dort wegen seiner Therapieverweigerung nicht mehr aufgenommen wird, sondern in der *Klinik für Psychiatrie und Psychotherapie* in Frankfurt-Höchst. Der Befund lautet:

Schwere Exazerbation einer paranoid-halluzinatorischen Psychose.

Die zuerst verordnete Medikamentengabe führt zu keiner Besserung der Symptomatik. Ein zweiter Versuch bewirkt kurzfristig einen Erfolg. Nach seiner Entlassung zieht der junge Mann wieder bei der Mama ein. Es dauert nicht lange, bis auch die Mama eines späten Abends den Notarzt rufen muss. Der junge Mann ist außer sich, voller Ängste, voller Wirrnis, läuft wieder schreiend durch die Wohnung und ist nicht zu beruhigen. »Es ist schon wieder etwas dazwischengekommen!«, ruft er ununterbrochen. »Schon wieder ist etwas dazwischengekommen! Schon wieder!« Und ab und zu stemmt er sich mit beiden Händen gegen die Wand, sieht zu Boden und murmelt: »Respekt muss man haben. Respekt.« Seine Arme und Beine sind blutig gekratzt, ansonsten ist der ganze lasche Körper weiß, kraftlos und blutleer. Seine Augen sehen die Mama flehend an. »Rein in die Klinik, raus aus der Klinik«, entwischt es der Mama. Sie weiß, dass dieser Satz völlig unpassend ist. Ihr Sohn sagt leise: »Aber du bist doch meine Mama.« Die drei Notfallsanitäter kommen kurz vor halb zwölf in der Nacht. Zwei von ihnen legen den Sohn auf die Krankentrage und schnallen ihn fest. Der Sohn lässt es bereitwillig geschehen. Er wird in die *Rheinhessen Fachklinik für Psychiatrie, Psychosomatik und Psychotherapie* in Alzey eingeliefert.

Wieder befindet er sich auf einer geschlossenen Station, wieder da, wo er nie, nie mehr hinwollte. Hatten sie beide, der Sohn und die Mama, nicht ganz fest besprochen, dass er nie mehr wieder in eine Klinik kommen wird? Und jetzt? Jetzt ist er erneut hier.

Die Diagnose lautet:

> *Polytoxikamie mit vorherrschendem Alkohol- und Sedativa- bzw. Medikamentenkonsum sowie unklarer psychotischer Störung DD: i. S. einer paranoid-halluzinatorischen Psychose, DD: i. S. einer schweren kombinierten Persönlichkeitsstörung mit vorwiegend schizoiden und paranoiden Anteilen. Antriebsstörung und depressiver Affekt ohne Suizidgedanken. Eigen- und fremdgefährdendes Verhalten zeigt der Patient nicht.*

Es folgen fachärztliche Gutachten, Beschlüsse zu Unterbringungsverfahren, Einleitungen eines Betreuungsverfahrens, Eintrag eines Behinderungsgrades, eine Verrentung aus gesundheitlichen Gründen, unzähliger Schriftverkehr mit dem Jobcenter, dem Amtsgericht und zu Unterhaltsansprüchen. Mittlerweile füllt das Krankenleben ihres Sohnes drei Aktenordner.

Der Sohn wird aus der Klinik flüchten, wann immer es ihm möglich ist. Meist gelingt dies ihm während der Besuche von der Mama. Bevor sie beide das klinikinterne Bistro erreichen, ist er schon weg. Die Polizei erhält jedesmal von der Klinik einen Suchauftrag und kontaktiert zuerst die Mama. Wieder einmal steht ein Polizeifahrzeug auf der Straße vor dem Haus. Es klingelt. Die Mama ist höflich und bittet die Polizeibeamten, zwei Männer und eine Frau in Dienstkleidung und mit Dienstwaffe im Gürtelholster, ins Wohnzimmer.

»Wo haben Sie ihn versteckt?«, fragt einer der Polizisten sichtlich ungehalten. »Mein Sohn ist krank«, antwortet die Mama. »Er ist kein Krimineller, denn man verstecken muss.« Ihre Augen blitzen. Auch das Polizeiauto draußen vor der Tür findet sie nicht passend. Schließlich gibt es Nachbarn, die nicht immer verständnisvoll sind. »Wo ist er? Hat er auch eine Oma oder einen Opa?« »Dies werde ich Ihnen gewiss nicht sagen.« »Er hat doch eine Schwester. Wo ist sie?« »Dies werde ich Ihnen auch nicht sagen.« Die Polizisten schauen sich im Wohnzimmer um. »Wir haben den Auftrag, ihren Sohn zu suchen. Er könnte ja Suizid begehen.« »Er ist nicht bei mir. Bitte gehen Sie jetzt.« Und die Mama fügt hinzu: »Ich fände es anständig, wenn Sie am helllichten Tag nicht mit Ihrem Dienstfahrzeug vor meiner Wohnung parken würden. Vielen Dank. Auf Wiedersehen.«

Nach einer Flucht begibt sich der Sohn meistens freiwillig wieder in die Klinik. Dann benimmt er sich so, wie sich ein vorbildlicher Patient verhalten sollte. Dann werden ihm Wochenendbesuche, von Freitagabend bis Montagmorgen, bei der Mama gestattet. Am Montagmorgen bringt sie ihn wieder zurück in die Klinik. Die Sozialhelferin fragt, was er denn nun so über das Wochenende gemacht habe. Der Sohn antwortet: »Ich war im Internet.« Die Mama sieht ihn kritisch an. Doch sie schweigt. Sie will ihn nicht vor dem Personal korrigieren. Denn in Wahrheit machte sie mit ihm einen ausgiebigen Winterspaziergang. Er schlief ohne Schlaftabletten die ganze Nacht hindurch. Sie saßen für ein ausgiebiges Frühstück sowohl am Samstag als auch am Sonntag gemütlich beieinander. Das Mittagessen musste er sich selbst zubereiten und dann auch die Küche aufräumen, was wohl das Beste nach Mamas Ansicht an diesem Wochenende war. Er konnte sich aus den Vorlagen für Bilderrahmen einen passenden für sein zuletzt gemaltes Bild aussuchen. Die Mama wird es dann im Wohnzimmer aufhängen. Er ließ sich ausführlich darüber informieren, was seine kleine, nun schon erwachsene Schwester nach Beendigung ihres Studiums plant. Und sie beide verfolgten im Fernsehen die ergreifende Verleihung des Friedensnobelpreises an den chinesischen Schriftsteller und Menschenrechtler Liu Xiaobo[59], die in dessen Abwesenheit erfolgte, da ihm die Ausreise zur Entgegennahme des Preises durch die chinesische Führung untersagt worden war. Die Sozialhelferin meint, mit einem Seitenblick zu der Mama, ob er nicht etwas Produktiveres hätte tun können, als nur im Internet zu surfen. Dann stellt sich die Mama auf die Zehenspitzen und gibt ihrem Jungen zum Abschied einen Kuss auf die Wange. »Am Mittwochabend komme ich dich wieder besuchen.«

Nach einer weiteren Flucht ihres Sohnes aus der Klinik wird die Mama um Mitternacht von Polizisten aus dem Bett geklingelt wird. Der Dienstwagen parkt hell erleuchtet vor dem Haus. Die Mama packt der Zorn. Sie schickt wütend die Polizeibeamten weg und verfasst am nächsten Tag ein Schreiben an den Polizeihauptkommissar.

---

[59] Liu Xiaobo. Geb. 1955 Changchun, gest. 2017 Shenyang. Chinesischer Schriftsteller, Systemkritiker, Menschenrechtler. Verleihung des Friedensnobelpreises im Dezember 2010 in Abwesenheit wegen Inhaftierung seit 2009.

Sehr geehrter Herr

im Zuge der Nachforschungen zum Verbleib meines Sohnes XXX XXX, geb. XX XX XXXX, erhielt auch ich in der vergangenen Zeit wiederholt Besuche von Polizeibeamten aus Alzey und Bingen. Diese Besuche erfolgten stets unangekündigt zu beliebigen Zeiten, auch in sehr späten Abendstunden. Das Polizeiteam traf jedes Mal mit einem Dienstwagen und in Dienstkleidung ein.

Mein Sohn ist schon sehr lange krank. Dies bringt viel Leid mit sich, nicht nur für meinen Sohn, sondern auch für die gesamte Familie. Das Leid wird verstärkt durch eine Stigmatisierung, die nicht nur durch die Krankheit entsteht, sondern auch durch die wiederholte Polizeipräsenz vor meinem Haus. Leider kam es auch vor, dass ein Dienstbeamter sich nicht als helfende Instanz erwies, sondern mich sehr bedrängte, wo ich denn meinen Sohn »versteckt« hielte. Weder mein Sohn ist kriminell noch wir als Familie sind es.

Diesen Sachverhalt habe ich nach jedem Polizeibesuch sofort telefonisch an die Polizeistellen Alzey und Bingen weitergegeben. Nach dem letzten Anruf erhielt ich eine telefonische Zusage, dass die polizeilichen Nachforschungen bei mir zu Hause eingestellt werden, was ich dankbar begrüßte, zumal ich jedes Mal mitteilte, dass ich mit der Klinik kooperiere, falls mein Sohn tatsächlich bei mir eintreffen sollte, was in der Vergangenheit auch schon der Fall war. Dennoch möchte ich mein Anliegen nochmals mit diesem Schreiben bekräftigen.

Ich bitte Sie daher, sollten Gespräche mit mir unumgänglich sein, mich vorher telefonisch zu kontaktieren und im Falle eines Besuches Ihre Beamten anzuweisen, in Zivil in einem neutralen PKW bei mir einzutreffen.

Für Ihr Verständnis bedanke ich mich recht herzlich.

Mit freundlichen Grüßen

Endlich herrscht Ruhe. Aber nicht für ihren Sohn. Bei Eisregen im Januar steht er abends vor ihrer Tür. »Mama, da bin ich!« »Ich kann dich doch nicht aufnehmen. Spätestens in einer Stunde ist die Polizei da. Dann bringen sie dich in die Klinik zurück. Du musst weg. Schnell!« Sie steckt ihm etwas Geld zu. Dann schaut sie ihrem Sohn nach, wie er in der eisigen Dunkelheit davontrottet und entschwindet. Die Busse, das weiß sie, fahren um diese Zeit nur jede halbe Stunde. Sie schickt einen Stoßseufzer zum Himmel. Aber sie weiß schon lange, dass der Himmel nicht helfen kann.

Die Freiheitsphase nach der Flucht aus der Klinik dauert immer nur eine kurze Zeit. Bei Max kann er nicht bleiben. Eine Wohnung besitzt er nicht mehr in Frankfurt. Der Geldbeutel ist schnell leer. Die Medikamente sind es auch, die er sowieso nur unregelmäßig oder gar nicht einnimmt. Zurück zu der Mama? Ja, zurück zu der Mama. Sein psychischer Zustand ist sehr schlecht. Die Panik ihres Sohnes vor einer erneuten Klinikeinweisung nimmt sie sehr ernst.

»Du musst es schaffen. Du brauchst dringend eine Therapie. Bestimmt gibt es auch eine ambulante Hilfe. Aber du musst sie wollen und du musst mitmachen.« Nein. Alles klappt nicht. Der Sohn schafft es nicht. Die Mama auch nicht. Sie bringt ihn selbst zum wiederholten Male in die Klinik nach Alzey. Eine Krankenschwester spricht ihn an: »Hey, du, du bist ja schon wieder da! Jetzt reicht es aber! Noch einmal nehmen wir dich nicht mehr auf!«

Die Aufenthalte im Klinikum Alzey zermürben den Sohn. Er fühlt sich erniedrigt und gedemütigt. Warum begegnet man ihm nicht mit Freundlichkeit und Verständnis?

Nach weiteren vier Wochen erhält die Mama einen Kurzentlassungsbericht aus der Klinik:

> Der Patient verließ am XX XX XXXX unsere offene Station und kehrte in sein häusliches Milieu bei seiner Mutter zurück. Es erfolgten unsererseits mehrfache Kontaktaufnahmen mit dem Patienten und seiner Mutter incl. eingehender Beratung bzgl. weiterer stationärer Therapieoptionen in domo. Eine weitere stationäre Therapie wurde von dem Patienten jedoch leider abgelehnt. Es erfolgte auf Wunsch des Patienten ausdrücklich entgegen ärztlichem Rat bei fehlender akuter Eigen- und Fremdgefährdung die Entlassung nach Hause. Anbindung an die APP (Ambulante Psychiatrische Pflege) sinnvoll.
> **Empfehlungen zur weiteren Diagnostik bzw. Behandlung:**
> Konsequente regelmäßige weitere fachärztlich-psychiatrische Behandlung. Wir empfehlen eine konsequente stationäre psychiatrische Diagnostik incl. Testung und Therapie des Patienten dringlichst. Anbindung an APP. Wir empfehlen eine langfristige Alkohol- und Sedativaabstinenz sowie die Teilnahme an Selbsthilfegruppen und den Besuch von Suchtberatungsstellen.

Es folgen Behandlungsempfehlungen zu Blutbild-, Elektrolyt- sowie EKG-Kontrollen und eine Auflistung der Entlassungsmedikation. Was sollen all diese Empfehlungen, wenn sie als Mutter mit der Umsetzung allein gelassen wird? Und wann sollen denn die erwähnten mehrfachen Kontaktaufnahmen mit eingehenden Beratungen stattgefunden haben? Ein Hinweis beim Abholen, dass der Sohn besser weiterhin in der Klinik verbleiben solle – stellt dieser Hinweis etwa eine eingehende Beratung dar? Dringend empfohlen wird zudem eine ambulante psychiatrische Pflege! Da kann die Mama sich nur wundern, wenn sie an die vergeblichen Mühen der Therapeutensuche denkt. Weiterhin wird die Teilnahme an Selbsthilfegruppen und das Aufsuchen von Suchtberatungsstellen empfohlen! Ach! Das hört sich gut an! Wie soll ein antriebsschwacher, apathischer Patient, der auf einen Bus angewiesen ist, um solche Angebote wahrnehmen zu können, wie soll so jemand regelmäßig und noch dazu freiwillig Selbsthilfegruppen und Suchtberatungsstellen aufsuchen? Sie selbst ist berufstätig und tagsüber nicht zuhause. Nicht einmal die konsequente Einnahme seiner Medikamente kann sie zuverlässig überwachen.

45 Bierkonsum

Nun ist er wieder zuhause bei ihr. Der Sohn gelobt, keinen Alkohol mehr zu trinken.

»Wenn du weiter so viel Bier trinkst, ist die nächste Klinikeinweisung vorprogrammiert«, meint die Mama sehr ernst. Der Sohn verspricht, kein Bier mehr anzurühren. Er trinkt ab Freitag nur Sprudel und Saft. Im Laufe des Sonntags wird er zusehends unruhig. Er läuft wie getrieben durch die Wohnung, er atmet schwer, er ist blass und fängt an zu zittern. Plötzlich ruft er voller Angst: »Mama, schnell, schnell, hol' mir ein Bier, schnell! Ich sterbe!« Die Mama erkennt seinen Ausnahmezustand. Was, ein Bier? Sie kann ihm doch kein Bier geben! In diesem Zustand! Er hat es doch seit Freitag ohne Bier geschafft! Was ist los mit ihm? Der Sohn will auf die Mama losgehen. »Schnell, schnell! Ich kann nicht mehr!« In ihrer Not ruft die Mama in der Klinik an. »Was soll ich tun! Helfen Sie! Schicken Sie einen Notarztwagen!« »Bringen Sie ihn zu uns«, antwortet die Stimme am Telefon. »Aber das geht nicht. Er benimmt sich wie wild.« »Doch, Sie müssen ihn bringen.« Der Mama wird es heiß. Zwanzig Kilometer Autofahrt bis zur Klinik. Wie soll ihr Sohn dies in diesem Zustand schaffen? Ab ins Auto. »Ich kann nicht!« »Doch du kannst. Du musst!« Die Mama fährt viel zu schnell. Der Sohn öffnet während der Fahrt mehrmals die Tür um hinauszuspringen. »Spinnst du! Mach' die Tür zu! Mach' die Tür zu!« »Ein Bier, ein Bier! Hilfe, schnell ein Bier!« Der Sohn bleibt nicht sitzen. Er turnt im Auto wie wild hin und her. Die Mama kann das Lenkrad kaum noch steuern. Zu gefährlich. Sie hält auf dem Seitenstreifen der Autobahn an. Der Sohn stürzt aus dem Auto, rennt die Böschung hinauf und weg ist er. Die Mama ruft über das Handy die Polizei an. Nach etwa einer halben

Stunde finden sie ihn an einem Kiosk. »Das dritte Bier.« Er hält der Mama und den Polizisten strahlend die Bierflasche hin. Ganz ruhig steht er da, ganz entspannt. »Mama, das war sehr gefährlich. Hättest du mir zuhause gleich einen Schluck Bier gegeben, dann wäre alles gut gewesen. Gefährlicher Alkoholentzug. Man kann daran sterben.«

Wieso erkannte man in der Klinik nicht, dass bei ihrem Sohn ein *Alkoholdelir*[60] aufgetreten war? Die Mama schilderte bei ihrem Anruf doch die Symptome, die ihr Sohn zeigte. Er ist dort ein bekannter Patient! In welcher Gefahr ihr Sohn sich befand! Und in welcher Gefahr befanden sich beide, die Mama und der Sohn, bei dieser Horror-Autofahrt!

Nun ist er wieder in der Klinik! Das darf doch nicht wahr sein! Hört das denn nie auf! Nie, nie passt er sich an den Alltag in einer psychiatrischen Klinik an. Nie. Nicht therapiefähig. *Non-Compliance*, wie die Ärzte sagen. Die Mama besucht ihn regelmäßig. Doch die Person, die ihr im Gang entgegengeschlurft, mit wild zersaustem Haar, hängenden Schultern und schlappernden Hosen ohne Gürtel – soll das ihr Sohn sein? Ja, er ist es. Sie stellt sich auf die Zehenspitzen, schlingt ihre Arme um seinen Hals und gibt ihm einen Kuss auf die Wange.

Der Horror nimmt immer noch kein Ende. Nach einer neuerlichen Flucht aus der Klinik hin ins Bahnhofsviertel nach Frankfurt, wird er wieder in die Klinik in Alzey eingewiesen.

Durch das Amtsgericht ergeht eine einstweilige Anordnung.

---

60 Alkoholentzugsdelir (Unterschied zu Kontinuitätsdelir). Entwickelt sich ca. 1 – 3 Tage nach dem Alkoholentzug. Symptomatik: Bewusstseinseintrübung, Desorientiertheit, Hypermotorik etc. Unbehandelt besteht eine Mortalität von bis zu 25 %. Vgl. K. Lieb, S. Frauenknecht, S. Brunnhuber. Intensivkurs Psychiatrie und Psychotherapie. 2016. Elsevier.

»Der Betroffene ist auf die Dauer von höchstens sechs Wochen in der geschlossenen Abteilung eines anerkannten psychiatrischen Krankenhauses vorläufig unterzubringen. Der Betroffene ist aufgrund einer bereits bekannten paranoiden Schizophrenie, ferner einer kombinierten Persönlichkeitsstörung sowie Polytoxikomanie gehindert, den Willen frei zu bestimmen. Infolge dieses Geisteszustandes, dieser Abhängigkeit gefährdet der Betroffene sich selbst und besonders bedeutende Rechtsgüter anderer gegenwärtig in erheblichem Maße. Diese Gefahr kann auch nicht auf andere Weise abgewendet werden. Schutz und Heilung sind derzeit nur in einer geschlossenen Abteilung eines psychiatrischen Krankenhauses möglich. Der Betroffene ist bereits seit mehreren Wochen immer wieder zu freiwilligen stationären Aufenthalten in der hiesigen Klinik gewesen, lief immer wieder davon und befindet sich nun erneut auf Station. Heute morgen zeigte er sich plötzlich sexuell enthemmt, griff einer Schwester ins Gesicht, wollte einem Pfleger einen Zungenkuss aufdrängen, war läppisch, dysphor gereizt, verbal nicht mehr führbar, sodass Sicherheitsmaßnahmen zunächst erforderlich waren. Da Gefahr im Verzuge ist, ist eine Anhörung Dritter nicht mehr ausführbar. Deshalb ist zunächst durch einstweilige Anordnung die vorläufige Unterbringung und zugleich die sofortige Wirksamkeit der Entscheidung anzuordnen. Rechtsbehelfsbelehrung: Gegen diesen Beschluss findet das Rechtsmittel der Beschwerde statt. Die Beschwerde ist binnen einer Frist von zwei Wochen beim Amtsgericht einzulegen.« [61]

---

61 Beschluss in gekürzter Fassung wiedergegeben

46 Diagnosen – Medikamente

Die Mama erhält eine Abschrift dieses Beschlusses. Wieder einmal kann sie nicht glauben, was sie liest. Ja, sie weiß, dass ihr Sohn ärztliche Hilfe benötigt. Aber diese Maßnahmen sind keine Hilfe. Das zeigt sich nun immer deutlicher nach so vielen Monaten und Jahren in unterschiedlichen psychiatrischen Einrichtungen. Ihr Sohn wird dadurch doch nur kränker, apathischer, verwirrter, hilfloser. Zehn Jahre sind es nun her seit dem ersten Klinikaufenthalt ihres Sohnes. Hat sich sein Zustand seither nicht kontinuierlich verschlechtert? Wurden die psychiatrischen Diagnosen nicht immer schwerwiegender und hoffnungsloser? Ist die Eingliederung in ein normales Arbeits- und Sozialleben inzwischen unmöglich geworden? Arbeitslos, keine Berufsausbildung, Hartz IV-Empfänger, psychisch behindert mit der Diagnose einer paranoiden Schizophrenie stigmatisiert, gesetzlich betreut, alkohol- und nikotinabhängig. Gibt es ein schlimmeres Fazit nach zehnjährigen Therapieversuchen? Wo werden auch nur ansatzweise seine Talente, seine Fähigkeiten, seine beruflichen Anstrengungen, seine Überlebensstrategien und sein Durchhaltevermögen in schwersten existenziellen menschlichen Situationen und psychischen Krisen dokumentiert?[62]

---

[62] Anmerkungen und Hinweise zu einem kritischen und veränderten Blick auf das Schizophreniekonzept und den Schizophreniebegriff (sämtliche aufgeführten Zitate sind entnommen aus: Ludger Tebartz van Elst. Vom Anfang und Ende der Schizophrenie. Eine neuropsychiatrische Perspektive auf das Schizophrenie-Konzept. Mit einem Geleitwort von Heinz Häfner und Stephan Heckers. 2., erweiterte und überarbeitete Auflage. Verlag W. Kohlhammer):
[...] Die internationalen Klassifikationssysteme [Anm.: ICD-10, ICD-11, DSM-5] konnten sich trotz aller Bemühungen um eine korrekte Beschreibung von Symptomatik und Verlauf von der kategorialen Diagnose der kraepelinschen Tradition bis heute noch nicht definitv trennen, ungeachtet einer außerordentlich großen Zahl von Befunden, die mit der Annahme einer Krankheitseinheit Schizophrenie nicht

Die Mama liest den Beschluss des Amtsgerichts noch einmal durch. Sie nimmt Kontakt zu dem Berufsbetreuer auf, der zwar viel zu wenig Zeit für die ihm anvertrauten Personen hat, aber, die Mama registriert es wohlwollend, sich redlich bemüht, deren Belange auch aus menschlicher Sicht zu vertreten. Am Telefon zeigt er sich verständnisvoll für Mamas Zweifel und er fügt hinzu: »Wissen Sie, bei den Angehörigen habe ich es

vereinbar sind. [...] Wir müssen uns von der traditionellen Diagnose verabschieden. [...] (S. 14 und S. 15, Geleitwort von Prof. Dr. h.c. mult. Heinz Häfner, im Juni 2017 zur 1. Auflage). [...] *Die Psychiatrie braucht Kritiker wie Ludger Tebartz van Elst. Sein Buch erinnert uns, dass im Zentrum der psychiatrischen Klassifikation nicht die Diagnose steht, sondern ein Mensch lebt. Es ist unsere Aufgabe als Kliniker und Wissenschaftler, die Besonderheiten menschlichen Erlebens zu begreifen und, wenn nötig, heilend zu helfen. Wenn Diagnosen diesem Auftrag im Wege stehen, dann müssen wir sie ändern.* (S. 16, Geleitwort von Prof. Dr. Stephan Heckers, Nashville, TN, USA im Juli 2017 zur 1. Auflage). [...] *Von entscheidender Bedeutung für das aus der Funktionsschwäche [Anm.: psychische Störung] resultierende Leid und sich daraus entwickelnde Beeinträchtigungen sind in solchen Fällen meist verinnerlichte oder an die Betroffenen herangetragene soziale oder moralische Normerwartungen und nicht die Funktionsschwäche an sich. [...]* (Ludger Tebartz van Elst, Kap. 6.5, S. 122). [...] *Das Schizophrenie-Konzept behindert die Forschung. Denn es suggeriert eine einheitliche Kausalität hinter den schizophrenen Symptomen, die es aber nicht gibt. Daher kann eine entsprechende Schizophrenie-Forschung keine einheitlichen Erkenntnisse generieren. [...]* (Ludger Tebartz van Elst, Kap. 9.2.2, S. 214). [...] *Das undifferenzierte Reden über die hohe Erblichkeit der vermeintlichen psychiatrischen Krankheit Schizophrenie induziert bei Angehörigen im Einzelfall oft unnötige Ängste, falsche Vorstellungen und Fehlschlüsse im Hinblick auf ihre eigene Lebensplanung.* (Ludger Tebartz van Elst, Kap. 9.2.7, S. 221). [...] *Die Schizophrenie wird es nach meiner Einschätzung in 100 Jahren nicht mehr geben bzw. nur die Reminiszenz an die Medizin- und wissenschaftsgeschichtliche Vergangenheit, so wie heute der Begriff der ‹dementia praecox› noch einigen bekannt ist, ohne dass er wirklich gebraucht wird. [...] Eine neuropsychiatrische Klassifikation von psychischen Phänomenen, die aktuell unter dem Begriff Schizophrenie zusammengefasst werden, würde also folgenden Prinzipien folgen: 1. Eine wo möglich kausale Parzellierung würde etwa zu folgenden echten Krankheitsdiagnosen führen: a. VGKC-Enzephalitis mit halluzinatorischen Symptomen [Anm.: Weitere Formulierungen im Originaltext]. 2. Wenn keine Kausalursachen erkannt werden, können syndromale Beschreibungen erfolgen: a. Primär-idiopathische Wahrnehmungsstörung [Anm.: Weitere Formulierungen im Originaltext].* (Ludger Tebartz van Elst, Kap. 9.3.3, S. 228 und 229).

meistens nur mit Müttern zu tun. Die Väter sind in der Regel abwesend.« Der Mama tut diese Aussage gut. Der Betreuer will sich nach einem Platz in einer Einrichtung für *Betreutes Wohnen* umsehen. Die Mama schreibt an den Direktor des Amtsgerichts.

Unterbringung meines Sohnes XXX XXX in der Rheinhessen-Fachklinik Alzey

Meine Stellungnahme

Sehr geehrter Herr Direktor,

Ihr Schreiben vom XX XX XXXX habe ich erhalten. Dazu möchte ich mich in folgender Weise äußern:

Das Ziel therapeutischer Maßnahmen bilden die Reintegration in die Gesellschaft und die Option zum Führen eines selbstbestimmten Lebens. Nach einem Klinikaufenthalt müssen sich m.E. Rehabilitationsmaßnahmen, z.B. ein zeitlich befristetes Betreutes Wohnen, und ambulante Maßnahmen, z.B. eine Psychotherapie, mit einem individuellen Hilfe- und Therapieplan nahtlos anschließen. Diese poststationären Maßnahmen wurden bei meinem Sohn nach allen bisherigen Klinikaufenthalten, wobei die Aufnahme häufig auf seiner Freiwilligkeit beruhte, nie oder nicht zuverlässig durchgeführt, was u.a. stets zu Rückfällen führte. Die nun schon lange andauernde stationäre Unterbringung, häufig auf geschlossenen Stationen, führt meiner Beobachtung nach inzwischen zu Hospitalisierungserscheinungen, zu einer Verstärkung von erlernten Hilflosigkeitssymptomen und zu unkontrollierten Verhaltensweisen wie in dem Schreiben des Amtsgerichts Alzey vom XX XX XXXX beschrieben. Zwangsmaßnahmen wirken zusätzlich traumatisierend.

> *So besteht meiner Ansicht nach die dringende Notwendigkeit einer baldigen Entlassung unter Berücksichtigung der o.g. Maßnahmen. Eine den Fähigkeiten und Talenten meines Sohnes adäquate, zunächst auf wenige Stunden beschränkte Beschäftigung sehe ich als wesentliches Kriterium für eine Stabilisierung. Dazu bedarf es anfänglich einer professionellen Begleitung. Die vorübergehende Aufnahme in ein Betreutes Wohnen kann hierbei eine wichtige therapeutische Maßnahme und Hilfe darstellen.*
> *Somit bin ich mit einer Verlängerung der Unterbringung in einer Klinik, insbesondere in einer geschlossenen Abteilung unter Anwendung beispielsweise fixierender Maßnahmen, nicht einverstanden.*
>
> *Mit freundlichen Grüßen*

Der gesetzliche Betreuer schafft es, dem Sohn einen Platz im *Rheinhessischen Diakonie-Zentrum* für seelisch Behinderte *ZOAR* einen Platz zu vermitteln. Im Flyer der Einrichtung liest die Mama:

> Bei uns werden behinderte und beeinträchtigte Menschen betreut, denen eine selbstständige Lebensführung oder eine Lebensführung mit lediglich ambulanter Betreuung zum gegebenen Zeitpunkt nicht möglich ist. Im Regelfall werden chronisch psychisch kranke Menschen und chronisch mehrfach Abhängigkeitskranke unabhängig ihres Pflegeaufwandes aufgenommen. Die gemeinsame Gestaltung und Bewältigung des Lebensalltags steht im Mittelpunkt des Betreuungsgeschehens der Wohnbereiche. Wir haben das Ziel, allen Bewohnerinnen und Bewohnern ein Zuhause zu geben, ihre individuellen Fähigkeiten und Fertigkeiten zu erkennen, zu fördern und zu festigen.[63]

Die Mama ist skeptisch. Die Aussagen klingen auch hier sehr optimistisch und hoffnungsvoll. Aber Worte sind Worte und nicht die Wirklichkeit. »Den Bewohnern ein Zuhause geben! Oh je! Ein Zuhause?« Schon wieder in eine fremde und unpersönliche Einrichtung einziehen. Aber es gilt, jeden Strohhalm zu ergreifen. Das Pflegepersonal in der Einrichtung versucht sein Bestes zu geben. Doch es sind immer zu wenige Menschen, die sich um so traurige Biografien kümmern sollen. Alltagshelden. An allen Ecken und Enden spürt man, dass nicht nur die personellen, sondern auch die finanziellen Ressourcen fehlen. Schönheit, Ästhetik, Kultur und Glanz – heilen sie nicht am allerbesten? Ihr Sohn wird es hier nicht lange aushalten, dessen ist sich die Mama sicher.

Zeitgleich liegt auch das Schreiben der Kreisverwaltung in ihrem Briefkasten.

---

63 Gekürzt wiedergegeben

> Unterhaltsansprüche gemäß § 94 Abs. 2 Zwölftes Buch Sozialgesetzbuch, hier: Überleitungsmitteilung bezüglich Unterhaltsverpflichtung.
>
> Hiermit teilen wir Ihnen mit, dass für Ihren Sohn Leistungen nach dem SGB XII erbracht werden und zwar
>
> 1. Eingliederungshilfe gem. §§ 53, 54 Abs. 1 Satz 1 SGB XII i. V. m. § 55 Abs. 2 SGB IX i. V. m. § 11 AG SGB XII
>
> 2. Hilfe zum Lebensunterhalt gem. § 35 SGB XII i. V. m. § 11 AG SGB XII
>
> Sie gehören zu den in §§ 1601 ff BGB bezeichneten Personen, die vorbehaltlich ihrer Leistungsfähigkeit verpflichtet sind, Unterhalt zu gewähren. [64]

Über die Wochenenden darf er zu ihr. Er nimmt stets seine ganze Habe mit. In zwei Plastiktüten. Am wichtigsten ist ihm allerdings seine Medikamentenbox, die seine Tabletten in vier Fächern für morgens, mittags, abends und nachts aufbewahrt, sowie die kleine Plastikflasche mit Sprudel, den er zum Herunterspülen der Tabletten benötigt. Sein Erscheinungsbild und sein Gang haben sich verändert. Die Oberarme eng am Körper, die Unterarme nach vorne geklappt, mit kurzen Schritten wie eine Marionette, die Bewegungen roboterhaft, den Blick zum Boden geheftet.

»Ich habe das Gefühl, nicht aus meiner Haut herauszukönnen. Ich will hinaus und kann nicht«, erwähnt er mit unbewegtem Gesichtsausdruck auf Mamas Frage, wie es ihm denn so gehe. »Mein Kopf ist voller Gedanken«, setzt er hinzu. »Das ist gut«, meint die Mama, »Menschen müssen doch viel denken.« Der Sohn lacht. »Ich muss immer lachen. Das kommt von

---

[64] Gekürzte Fassung

den Tabletten«, erklärt er und sein Gesichtsausdruck erstarrt. Dann erzählt er von der Suppenküche, vom Thaddäusheim[65], von den Prostituierten im Frankfurter Bahnhofsviertel, vom Bier und von den Zigaretten. Die Mama fragt ihn, warum er so einen starken Speichelfluss habe, dass er von alleine aus seinem Mundwinkel fließe. Überdies sei ja auch sein Kopfkissen immer nass. »Das kommt vom Leponex[66]«, antwortet er. »Alle hier im Heim haben so viel Speichel, weil alle Leponex einnehmen.« »Wurdest du über die Nebenwirkungen von Leponex aufgeklärt?« »Wie? Aufgeklärt?« Sein Handy klingelt laut. Zu laut, meint die Mama. »Das muss so sein«, antwortet er. »Und, gehst du nicht dran?«, fragt die Mama. »Nein, das ist nur das Signal, das mich daran erinnert, dass ich Zahnseide benutzen muss.« »Ah«, sagt die Mama. »Und, warum nimmst du sie jetzt nicht?« »Jetzt nicht. Nachher.« Nach fünf Minuten klingelt das Handy wieder. »Warum klingelt es jetzt?«, fragt die Mama. »Ich soll zur Rossmann-Drogerie gehen.« »Aha. Sollen wir jetzt dahin gehen?« »Nein, das hat noch Zeit.« »Das Handy erinnert dich an alles, gell?«, fragt die Mama. »Ja, sonst vergesse ich es.« »Und erinnert es dich auch, wann du deine Medikamente nehmen musst?« »Nein, das weiß ich von alleine.« »Aha.«

Die Medikamente nimmt er pünktlich viermal am Tag ein. Gierig. Die Mama beobachtet ihn. Sie erinnert sich, wie sie vor über zehn Jahren auf seiner Brust saß, er im Bett liegend und sich mühsam verweigernd, und wie sie ihm die Tablette, die ihm nach dem allerersten Besuch in einer psychiatrischen Praxis von dem Arzt verschrieben wurde, mit Druck zwischen die zusammengepressten Lippen schob. Und heute schluckt

---

65 Thaddäusheim. Angebot für wohnungslose oder von Wohnungslosigkeit bedrohte Männer.
66 Clozapin (Leponex). Antipsychotikum zur Behandlung von therapieresistenten Schizophrenien. Starke Nebenwirkungen, z.B. Agranulozytoserisiko, Leukopenie, Sedierung, Speichelfluss, Gewichtszunahme, allergische Hautreaktionen, Blasenentleerungsstörungen etc. Schriftliches Einverständnis des Patienten nötig. Vgl. K. Lieb, S. Frauenknecht, S. Brunnhuber. Intensivkurs Psychiatrie und Psychotherapie. 2016. Elsevier.

er sie keine Sekunde zu spät zur empfohlenen Tageszeit wie ein Suchtmittel. Die Mama ist skeptisch. Eigentlich sollte sie froh sein. Doch sie ist es nicht. Ihr Sohn hat sich verändert, aber nicht zum Besseren. Zudem ist er füllig geworden. Besser gesagt, er ist dick geworden. Mindestens fünfzehn bis zwanzig Kilogramm Gewichtszunahme. Sie musste ihm zwei neue Hosen kaufen. »Einmal war er sportlich, schlank, ein Top-Fußballspieler. Gutaussehend. Die Mädchen sahen ihm nach.« So darf sie nicht denken, aber so denkt sie trotzdem. Die Hauptsache sei doch, dass es ihm endlich gutgehe. Aber es geht ihm nicht gut. Starrer Blick, kein Antrieb, keine Motivation, weder für das Schachspiel noch für die Malerei. Die Kunst mache angstfrei, heißt es. »Kein Wunder«, denkt die Mama, »dass er nicht heilt.« Ein Buch lesen – wie lange ist das her? Versteht er überhaupt noch, was er da liest? Die Schrift nur noch krakelig.

Sie sagt zu ihm, um ihn und sich zu überzeugen: »Die Hauptsache ist doch, dass es dir gut geht.« »Du hast ›doch‹ gesagt.« Er schaut sie streng an. »Ja, ich habe ›doch‹ gesagt. Was meinst du?« Er wiederholt: »Du hast ›doch‹ gesagt.« Er schaut immer noch streng. »Na und? Was ist damit?« Sie sieht ihn kritisch an. »Lass das!« »Doch, du hast ›doch‹ gesagt.« Sie geht nicht mehr darauf ein. Ein beklemmendes Gefühl beschleicht sie. Nach einer Weile stellt er Überlegungen zum Datum an: 31. Januar. »Heute ist doch der 13. Januar, nicht wahr? Das Datum ist nur gedreht worden. 13 ist nämlich eine Unglückszahl. In Wirklichkeit ist heute der 13. Man belügt uns.« Die Mama zeigt ihm alle Kalender, die sie besitzt mit dem heutigen Datum. »Da schau. Heute ist der 31. Übrigens gilt die 13 nicht überall auf der Welt als Unglückszahl. Da die 13 eine Primzahl ist, das weißt du ja, ist sie bei Forschern im Bereich der Mathematik auch sehr beliebt.« Sie kann ihren Sohn nicht überzeugen. »O.k., ich kann dich nicht überzeugen«, meint die Mama und versucht, gelassen zu bleiben. Er entgegnet: »Du hast meine

Zigarettenschachtel weggenommen.« »Nein, habe ich nicht. Da liegt sie doch.« »Du hast sie dahin gelegt.« Die Mama schweigt. Nach einer Weile meint er so nebenbei: »Weißt du nicht, dass ich verflucht bin?« »Du bist nicht verflucht«, antwortet die Mama. »Doch.« »Hör auf jetzt. Trink etwas.« Er nimmt das Glas auf dem Tisch und füllt es mit Sprudel. »Ich trinke es nicht. Das Wasser ist verseucht. Radioaktiv verseucht. Ich bin verflucht.« Die Mama nimmt den Sprudel und schüttet sich damit ein eigenes Glas voll und trinkt es in einem Zug aus. »So, nix ist verseucht.« Er trinkt sein Glas aus.

Das Biertrinken kann er nicht sein lassen. Als er im *ZOAR*-Heim zum wiederholten Male von einem Mitarbeiter mit einer Bierflasche in seiner Jackentasche ertappt wird, streicht man ihm sein Taschengeld. »Mit mir nicht!« Der junge Mann ist erbost. Am selben Nachmittag ist er aus der Einrichtung verschwunden. Von seinen wenigen Habseligkeiten nimmt er nichts mit, auch nicht seine Medikamente. Zuerst zu Max. Da kann er nur kurz bleiben. Max steckt selbst in einer schweren psychischen Krise. Also ab ins Bahnhofsviertel. Hier schnorrt er sich für einige Tage durch: Bier, Zigaretten, Pizza. Der rapide Abbruch der Medikamenteneinnahme fordert seinen Preis. Er bricht auf der Straße zusammen. Passanten rufen die Polizei. Es ergeht folgende Anordnung:

> Anordnung der sofortigen Ingewahrsamnahme. EILT SEHR! Diese Anordnung endet 24 Stunden nach dem Ergreifen, wenn die festgehaltene Person nicht vorher der Richterin oder dem Richter zugeführt worden ist. Auf Grund des § 10 des Gesetzes über die Entziehung der Freiheit geisteskranker, geistesschwacher, rauschgift- oder alkoholsüchtiger Personen – HFEG – ist die Person vorläufig in sofortigen Gewahrsam zu nehmen. Mit hoher Wahrscheinlichkeit ist anzunehmen, dass er/sie alkoholsüchtig ist [67] und eine erhebliche Gefahr für sich selbst bildet[68]. Es besteht Gefahr im Verzug. Beweismittel: Ärztliches Kurzgutachten. Mutter nur telefonisch erreichbar, verständigt: nein[69].

Es folgen erneut vier Wochen im stationären Aufenthalt in der *Rheinhessen Fachklinik für Psychiatrie, Psychosomatik und Psychotherapie* in Alzey. Die Sozialhelferin erklärt der Mama in einem kurzen Gespräch, dass bei ihrem Sohn sowohl von einer medikamentösen Therapieresistenz, also einem Nichtansprechen auf die Medikamente, ausgegangen werden könne als auch von einer *Noncompliance*. Die *Noncompliance*-Raten seien insbesondere bei Mehrfacherkrankten recht hoch. Gründe für ein derartig geringes Vertrauen in die Behandlung können eine fehlende Krankheitseinsicht, Ängste vor einem erneuten Krankheitsausbruch oder auch einfach das Vergessen der Medikamenteneinnahme sowie auch nur ein Nicht-Wollen sein. Somit bestünden eine erhöhte Rückfallrate und auch Suizidgefahr. Dies träfe wohl alles auf ihren Sohn zu. Es würde nun eine neue Pharmakotherapie ausprobiert.

---

67 Aus Auswahlvorgaben angekreuzt
68 Aus Auswahlvorgaben angekreuzt
69 Aus Auswahlvorgaben angekreuzt

Als Antipsychotika kommen nun zum Einsatz: Clozapin, Risperidon, Melperon
Als Antidepressivum kommt zum Einsatz: Paroxetin
Die Einnahme erfolgt: morgens, mittags, abends, nachts.

47 Ein Durchbruch?

Tatsächlich, es scheint ein Durchbruch im Krankheitsgeschehen des jungen Mannes erzielt worden zu sein. Der Drang, aus der Klinik wegzulaufen, ist nicht mehr vorhanden. Er achtet auf sein Äußeres. Die Haare sind geschnitten, die Fingernägel gekürzt. Er redet vernünftig über das baldige Ende hier im Klinikum. Sogar das Suchtgefühl nach dem Bierkonsum scheint abhanden gekommen zu sein. Aber der junge Mann wirkt freudlos und leer. Die Klinik unterbreitet ihm den Vorschlag, wenn er möchte, in eine betreute Wohnform für abhängig Erkrankte einzuziehen. Er habe doch so viele Monate im Bundesland Hessen verbracht, wo es ihm anscheinend gut gefallen habe, und so würde es ihm doch eventuell in der Nähe von XXX, wo dieses Wohnheim liege, ebenfalls gefallen.

Das Wohnheim ist ein ehemaliger Bauernhof, der zu einem hübschen Wohn- und Arbeitsgebäude mit einer Lehrküche und einem Garten umgebaut wurde. Das Sozialarbeiterteam ist freundlich und arbeitet, wie es betont, schon lange Jahre engagiert zusammen. Der junge Mann zieht dort ein. Er verrichtet haushaltliche Tätigkeiten und vor allen Dingen – er malt. Die Mama kommt ihn an den Wochenenden besuchen, auch wenn die Anfahrt nun fast zwei Stunden dauert. Sie freut sich über die vielen Bilder, die ihr Sohn gemalt hat. Dass er keinen Schluck Bier mehr getrunken hat, seit er auf dem Hof wohnt, erwähnt er nicht. »Es geht aufwärts«, denkt die Mama. Dennoch hat sie den Eindruck, dass eine Traurigkeit aus seinen Augen spricht und sein Verhalten mechanisch und antriebslos ist. Und er braucht neue Oberhemden und eine neue Hose. Er hat nochmals deutlich an Gewicht zugenommen. Fast ein halbes Jahr verbringt er in dem Wohnheim. Sein psychischer Zustand stabilisiert sich. Keine Katastrophen, keine Rückfälle.

»Alles in Ordnung«, antwortet er bei einem von Mamas Besuchen auf ihre Frage, wie es ihm denn gehe. Er zeigt ihr seine Bilder, die er in der Zwischenzeit angefertigt hat. Er malt sie von Bildern aus Bildbänden, von Kalenderblättern oder illustrierten Magazinen ab. »Schön, wie du malst«, bewundert die Mama seine Kunstwerke. Sie ist froh, dass er dieses künstlerische Talent besitzt, das ihm über so viele einsame und verzweifelte Stunden, Tage und Wochen hinweghalf. Dass er aber kein Interesse an einer künstlerischen Ausbildung zeigt, verwundert die Mama. »Du musst ja keine Prüfung ablegen. Du kannst doch einfach nur Kurse in Malerei besuchen. Die Kosten übernehme ich. Gewiss werden dann von der Kunstschule auch Ausstellungen organisiert. Das wäre doch toll! So würdest du bestimmt auch Bilder verkaufen können, anstatt sie nur hier herumstehen zu lassen.« Aber ihr Sohn möchte nicht. Schade. Warum er eigentlich nur *abmale* und nicht eigene Werke schaffe, wundert sich die Mama schon lange. Sie möchte ihm zurufen: »Das bist du nicht!« Aber sie schweigt.

»Ich habe eine Wohnung in XXX gefunden. Weg vom Land, rein in die Stadt. Bald ziehe ich dort ein. Ich gebe dir Bescheid. Eine Betreuerin aus dem Wohnheim besucht mich weiterhin regelmäßig.« »Prima!« Die Mama freut sich. Oder freut sie sich nicht? Sie weiß es nicht.

Die Wohnung ist ein zehn Quadratmeter großes unmöbliertes Zimmer mit einem Zweiplattenkocher, einer Duschkabine mit wackliger Armatur, in die der Sohn wegen seiner Körperfülle fast nicht hineinpasst, und einer Gemeinschaftstoilette auf dem Flur für die Bewohner auf dieser Etage. Es dauert nicht lange, dann wird die Wohnung zu einer vermüllten Behausung. Der Sohn schläft im Schlafsack, der zu schimmeln anfängt, auf dem Fußboden. Die Umgebung des Zweiplattenkochers strotzt vor verkrusteten Essensresten. Die Duschwanne ist verstopft, der Plastikvorhang schimmelig. Der Zimmerfußboden ist übersät mit Tabakkrümeln. Seit er sich aus Kostengründen keine fertigen Zigaretten mehr kauft, dreht er sie sich mithilfe von Zigarettenpapier und lose abgepacktem Zigarettentabak selbst. Er verteilt etwas Tabak auf dem Zigarettenpapier, welches er in der linken Hand zwischen Daumen und Mittelfinger hält. Er rollt den Tabak im Papier geschickt hin und her, sodass er eine länglich dünne Rolle formt. Die nach oben abstehenden Tabakfasern drückt er mit dem Zeigefinger nach unten. Die gummierte Kante des Papiers befeuchtet er mit der Zunge und klebt die Zigarette zu.

Die Mama schaut bei einem Besuch diesem Vorgang interessiert zu. Sie registriert seine braunen Finger und die dunklen Ränder unter den schief geschnittenen Fingernägeln. Und seine Zähne sind noch brauner geworden. »Seine schönen Zähne! Er hat doch so ein gesundes Gebiss von seinem Vater geerbt!« Außerdem ist sie fest davon überzeugt, dass diese Tabakkrümel, die sich in allen Ecken des Fußbodens ansammeln, als unbeabsichtigt ausgestreutes Insektizid wirken, wodurch Insekten zuverlässig vertrieben und abgetötet werden. Denn das verdreckte Zimmer, in dem sich nicht nur klebrige Plastiktüten und Colaflaschen stapeln, wäre gewiss schon längst ein idealer Aufenthaltsort für Schädlinge aller Art geworden, dessen ist sich die Mama sicher. Der Anblick der Staffelei im Eck und die Bilderstapel beruhigen etwas. Eine Wohltat für die Seele in dieser schrecklichen Umgebung. Der Boden unter der Staffelei und die Wand dahinter sind voller Farbspritzer. Erneute Renovierungskosten! Gedanken an die Lebenswelt der Bohème[70] des armen Künstlers werden in ihr wachgerufen, dessen leidenschaftliche Hingabe an die Kunst aber nicht zum Broterwerb reicht.

---

70 La Bohème. Bezeichnung für das Milieu von Künstlern und Intellektuellen, die in Armut und Hunger leben. Idealisierung der Kunst. Überwiegend bezogen auf das Quartier Latin, Paris. 19. Jahrhundert.

Schaufenster 2014

48 Abstinent

Die Mama wundert sich, dass die Betreuerin, die einmal pro Woche ihren Sohn besucht, wegen diesem Desaster in seinem Zimmer nicht interveniert. »Gib mir bitte einen Bleistift oder einen Kugelschreiber und ein Blatt Papier. Wir schreiben auf, was du alles brauchst. Und wir müssen putzen.« Sie setzt sich auf einen der zwei wackligen Plastikstühle. Der Sohn sieht die Mama an. »Und?«, fragt die Mama. »Ich habe keinen Stift und kein Papier.« »Du hast keinen Stift und kein Papier? Aha.« Die Mama holt ihr Notizbüchlein und einen Kugelschreiber aus der Tasche. »Ich finde es überdies auch nicht gut, dass du nur Zeitungen austrägst und sonst nichts arbeitest. Was sagt denn deine Betreuerin?« »Nichts.« »Du musst arbeiten«, sagt die Mama. »Nein, ich kann nicht«, sagt er. »Doch, du kannst.« Die Mama sagt noch mehr schlimme Dinge. »Du bist erwachsen. Du bist intelligent. Du bist groß und stark.« Der Sohn schlägt die Hände über die Ohren und senkt voller Angst den Kopf. So wie der Junge, den sie vor vielen Jahren einmal zusammengekauert in einer Ecke des Balkons im ehemaligen Zuhause auffand. Das hätte sie eben nicht sagen sollen. Warum hat sie dies nur getan? »Ist schon wieder gut. Ich hab's nicht so gemeint. Komm' «, und sie steht von dem wackligen Plastikstuhl auf und legt ihre Hand auf seinen Arm, »komm', wir schreiben auf, was du brauchst.« »Weißt du eigentlich, Mama, dass ich überhaupt keinen Alkohol mehr trinke? Keinen einzigen Tropfen, seit über einem halben Jahr?« Die Mama stellt sich vor ihn hin und schaut nach oben in seine Augen. »Du bist ein toller Sohn! Ich bin so stolz auf dich!« »Ich hab's ganz alleine geschafft. Ohne Hilfe. Ganz alleine.« Die Mama stellt sich auf die Zehenspitzen, legt ihre Arme um seinen Hals und gibt ihm einen Kuss auf die

Wange. »Du hast noch viel mehr geschafft als das Biertrinken aufzugeben.«

Sich mit Informationen aus psychotherapeutischer und psychiatrischer Fachliteratur zu versorgen sowie der Besuch von Informationsveranstaltungen für Angehörige und Interessierte, die von Zentren für psychische und seelische Gesundheit sowie von Kliniken für Psychiatrie und Psychotherapie angeboten werden, gehört für die Mama schon lange zu ihren außerberuflichen Aktivitäten. Und sie besucht ihren Sohn regelmäßig an den Wochenenden in seiner kleinen Wohnung. Sie bestellt ein Bettgestell, dazu eine Matratze, einen kleinen Tisch, einen Stuhl und ein Regal. Nachdem die Fett- und Schmutzkrusten am Kochherd, am Fußboden und im Badezimmer abgekratzt sind, wird das Zimmer wohnlich. Doch der Schimmel an den Wänden überfordert sie. Der Profi muss hier ran. Bei einem weiteren Besuch bringt die Mama das klappbare Reiseschach mit. Der Sohn schaut es an wie einen Fremdkörper, mit dem er nichts anfangen kann. Die Mama stellt es wortlos und mit Tränen in den Augen in das Regal. Ihr Sohn hat eine neue Leidenschaft entdeckt: *Magic*[71]. Schon während der Bundeswehrzeit vertrieb er sich damit die Langeweile. Die Mama lernt, dass dieses Spiel ein Sammelkartenspiel ist, welches mit anderen Spielern durchgeführt wird, die in die Rolle von Zauberern schlüpfen und dann durch das Universum reisen, um dort mit anderen Zauberwesen zusammenzutreffen. Das Ziel dieses Spieles ist es, die sogenannten Lebenspunkte des Gegenspielers auszulöschen. Die Spielkarten werden in *Booster Packs* verkauft, wobei eine Packung um die zehn Euro kostet. Da die Karten in immer neuen Editionen erscheinen, müssen die Spieler stets neue Karten nachkaufen. Im Zimmer des Sohnes ist der kleine Tisch mittlerweile belegt mit Unmengen von *Magic*-Karten. Die Mama betrachtet die

---

71 *Magic: The Gathering*. Fantasy-Sammelkartenspiel. Autor Richard Garfield. Erscheinungsjahr 1993. Zahlreiche Auszeichnungen.

einzelnen Karten interessiert, aber kritisch. Der Sohn erklärt ihr die Abbildungen, die zu bestimmten Editionen gehören. »Schattenmoor, Morgenröte, Weltchaos, Sturmwind, Eiszeit.« Die Abbildungen stellen Fantasyfiguren und mystische Landschaften dar. Die Mama kennt die Leidenschaft ihres Sohnes für Spiele und sie denkt an die Kreationen, die er selbst erfunden hat und in vielen Schachteln in seinem ehemaligen Kinderzimmer gelagert hatte. Spiele erfinden, Schach spielen, Klavier spielen, Latein und Geschichte studieren – alles begeisterte ihren Jungen. Jetzt spielt er eben *Magic*. Sogar zusammen mit anderen jungen Männern in einem *Magic*-Laden hier in der Stadt. Der Sohn erklärt ihr: »Beim Schachspiel darf man sich keinen Fehler erlauben, sonst hat man sofort verloren. Beim *Magic*-Spielen ist man immer noch dabei, auch wenn man Fehler macht.«

Besitzt dieses Spiel nicht auch ein hohes Suchtpotenzial? Entstehen nicht auch viele Kosten für den Kauf der Spielkarten? Das Schachspielen kostete nichts. Für die Malerei nimmt er sich immer weniger Zeit und sie rückt zunehmend ins Abseits. »Ich kann nicht mehr gut malen«, erklärt der Sohn der Mama. »Woran liegt es?«, fragt die Mama nach. »Ich weiß es nicht. Ich bin aus der Übung gekommen. Ich spiele jetzt *Magic*.« »Hm.« Die Mama erinnert sich an die Aussage eines genesenen psychiatrischen Patienten in einem Radiointerview. »Nachdem ich die Medikamente reduziert hatte, konnte ich wieder malen.« Sie erzählt ihrem Sohn diese Episode. Er schweigt.

»Das *Magic*-Spiel ist eine Leidenschaft. Keine Sucht«, überlegt die Mama. »Schach spielte er früher auch stundenlang ohne Unterbrechung. Und er setzte sich Nachmittage lang ans Klavier. Das sind Leidenschaften, keine süchtigen Abhängigkeiten. Außerdem ruiniert das *Magic*-Spiel nicht das Gehirn, wie es der Alkohol vermochte.« Aber die Psychopharmaka, die er viermal am Tag einnehmen muss, ja sogar einnehmen will, produzieren sie nicht eine Abhängigkeit? Die Medikamentenbox trägt er stets in seinem Rucksack mit sich, egal wohin er geht. Pünktlich zur angegebenen Zeit holt er die kleine Plastikflasche mit Wasser und diese Box hervor und schluckt gierig eine Tablette nach der anderen.

»Meine Medikamente lasse ich mir von niemandem nehmen«, betont er fast trotzig. Und bei jeder Tablette, die er sich in die Mund stopft, kommt es der Mama so vor, als ob sie ihn dabei sagen höre: »Nie wieder in die Klinik! Nie wieder in die Klinik! Nie wieder in die Klinik!«

Die Mama bemerkt, dass ihm das Treppensteigen immer schwerer fällt. »Wie ein alter Mann.« Sie registriert, dass er kein Buch mehr zur Hand nimmt. Er leidet unter Verstopfung. Er ernährt sich ungesund, überwiegend von Teigwaren und Cola. Ein Hautausschlag folgt dem anderen. Er schläft zwölf bis vierzehn Stunden am Tag. Er hat ein Körpergewicht von einhundertdreißig Kilogramm. Wenn er nicht mit den *Magic*-Karten spielt, schaut er fern. Er kann stundenlang fernschauen. Von jedweder sportlichen Aktivität ist schon lange keine Rede mehr. Seine Muskeln sind erschlafft. Vor Kurzem brach das Bettgestell unter seinem Gewicht zusammen. Die Mama bestellte ein neues Bett. »Willst du aus diesem Zustand nicht heraus?«, fragt ihn die Mama. »Nein.« »Es bleibt also für immer so?« »Ja.«

49 Geschafft?

Aber es bleibt nicht so. Er bekommt eine Arbeitstelle in einem Naturkostladen des *Lebenshilfewerks*[72]. Nach wie vor erhält er vom Sozialamt eine Grundsicherung[73] und nun auch zusätzlich ein geringes Werkstattentgelt. Nun heißt es, jeden Morgen um sechs Uhr aufstehen, was mit zwei Weckern meistens zuverlässig gelingt, mit dem Bus zur Arbeit fahren und von acht bis fünfzehn Uhr im Laden tätig sein. Seine Aufgaben dort sind vielfältig. Im Verkaufsraum Ware in die Regale einräumen, im angegliederten kleinen Bistro die Gäste bedienen, in der Poststelle Briefe bekleben und – die Chefin hatte ihn auf seine guten Rechenkenntnisse angesprochen – als Kassierer an der Supermarktkasse die Verantwortung für eine schnelle und präzise Abwicklung aller Transaktionen übernehmen.

Den Preis, der auf der Ware steht, eintippen, denn die Registrierkasse besitzt kein Barcodelesegerät. Nicht vertippen! Bargeld oder die EC-Karte der Kunden annehmen. Das Rückgeld passend herausgeben. Der Betrag wird sichtbar auf einem Display angezeigt. Stets konzentriert bleiben. Vor allem: stets freundlich bleiben.

Zigarettenpausen sind erlaubt. Sein freundliches Verhalten und seine zugewandten kommunikativen Fähigkeiten überzeugen nicht nur die Chefin, sondern auch die Kundschaft zeigt sich zufrieden und spart nicht an positivem Feedback. Die Mama

---

72 Bundesvereinigung Lebenshilfe. Selbsthilfe-, Eltern- und Fachverband für Menschen mit geistiger, körperlicher und psychischer Behinderung. Seit 1958. Standorte in ganz Deutschland.
73 Grundsicherung: Staatliche Sozialleistung. Auch: Hartz IV, Arbeitslosengeld II oder Mindestsicherung.

fragt sich, ob er nun dauerhaft hier arbeiten werde oder ob auch die Möglichkeit bestehe, in den allgemeinen Arbeitsmarkt vermittelt zu werden und ob diese Option überhaupt gut für ihn wäre. Hier ist er jedenfalls gut aufgehoben und beschäftigt.

Der Schimmel in der Wohnung ist nicht aufzuhalten. Der Vermieter macht den jungen Mann dafür verantwortlich. Doch die anderen Wohnungen des Hauses sind ebenfalls befallen. Das Haus soll abgerissen werden. Der Sohn muss ausziehen. Und zwar schnell. Freie Sozialwohnungen sind Mangelware. Die Zeit wird knapp bis zum Abriss des Hauses. Die Mama findet eine Einzimmerwohnung auf dem freien Wohnungsmarkt. Sie übernimmt die geforderte Bürgschaft, das Sozialamt die Mietkosten. Die bisherigen Möbel sind schimmelig und kommen zur Sperrmüllabholung. Es müssen neue Möbel gekauft werden. Der Mama gelingt es, den alten Papa zur Übernahme der Kosten zu bewegen, obwohl es in dessen abgeschottetem Einzelgängertum den Sohn nicht mehr für ihn gibt. »Ich lebe nur noch spirituell. Ein Sohn? Wer ist das?« Nach einer kurzen Pause scheint er sich zu erinnern. »Er hat keine Liebe in sich. Alles ist bei ihm in Unordnung. Er hat kein Gefühl, keine Seele. Ich kann ihm nicht helfen. Er wird noch erleben, dass es ihm sehr, sehr schlecht gehen wird. Er muss sich das Buch *Gespräche mit Gott* kaufen. Dann kann er vielleicht noch ein besseres Leben führen. Nein, einen Sohn habe ich nicht.« Die Möbelkosten übernimmt er trotzdem.

Nach über zwanzig Jahren des Chaos' kehrt nun Ruhe und Stabilität im Leben des jungen Mannes ein. Der Tag ist strukturiert durch die regelmäßige Tätigkeit im Naturkostladen. Für die kleine Wohnung konnte eine Putzhilfe organisiert werden.

»Und? Wie geht es dir jetzt in der neuen Wohnung und mit der regelmäßigen Arbeit?« Der Sohn zögert etwas mit der Antwort. »Doch, es ist gut so. Aber weißt du, Mama. Diese Zwangsstörung.« Die Mama hört aufmerksam zu. »Welche

Zwangsstörung?« »Na ja, ich habe doch eine Zwangsstörung. Ich muss jedesmal, wenn ich aus dem Haus gehe, nachschauen, ob der Herd ausgeschaltet ist, ob der Wasserhahn im Badezimmer nicht läuft, ob das Fenster geschlossen ist.« »Wie oft musst du kontrollieren?« »Ach, vielleicht zweimal.« »Kommst du dann zu spät zur Arbeit?« »Nein, ich bin noch nie zu spät zur Arbeit gekommen. Ich bin immer pünktlich.« »Dann hast du auch keine Zwangsstörung«, meint die Mama. »Ich muss auch prüfen, bevor ich das Haus verlasse, ob ich den Herd oder das Bügeleisen ausgeschaltet habe. Das ist normal.« Der Sohn schaut ungläubig.

Regelmäßig trifft er sich mit anderen Spielern zum *Magic*-Spiel. Und er nimmt an Malkursen der Volkshochschule teil.

Ausstellung 2020

»Schickst du mir ein Foto von dem Bild, das du gerade malst? Per WhatsApp?«, fragt die Mama. »Ja, mal schauen.« Er schickt aber kein Foto. Die Mama fragt nach einer Woche nach. »Du wolltest mir doch ein Foto von deinem Werk schicken. Ich freue mich darauf.« »Ja«, der Sohn bricht ab. »Ja. Aber weißt du«, er bricht erneut ab. »Was ist los?« Etwas Schlimmes könne es nicht sein, schießt es der Mama durch den Kopf, auch wenn sie sein Zögern etwas irritiert. »Weißt du«, bemüht sich der Sohn fortzufahren, »weißt du, ich weiß nicht, wie das geht. Wie das mit dem Fotografieren und Versenden übers Handy geht.« Ah! Die Mama ist erleichtert. »Weißt du, das kann ich verstehen. Es muss dir jemand erklären.« »Das ist doch peinlich!« »Peinlich? Nein. Was meinst du, wie viele Menschen sich mit den Funktionen eines Handys nicht auskennen. Manche können sich kein Handy leisten. Andere sind wegen einer langen Krankheitsphase nicht auf dem Laufenden. Du meinst, jedes Kind könne heutzutage perfekt mit einem Handy umgehen. Nur du nicht. Nein, so ist es nicht. Gehe in einen Handyshop, wo du gut beraten wirst. Da zeigt man dir, wie du fotografierst und das Foto dann versendest.« Der Sohn schweigt. »Weißt du, das Wichtigste ist, zu fragen und zu reden. Nicht zu fragen bedeutet Stillstand. Der Schein, die Menschen seien perfekt, ist nicht die Wirklichkeit. Die Wirklichkeit ist auch niemals peinlich. Fragen stellen, wenn man nicht weiterweiß, das ist richtig. Wer aus Angst oder Scham keine Fragen stellt, entwickelt sich nicht weiter.«

Die Freundschaft zu Max besteht weiterhin. Oft verbringen sie gemeinsam das Wochenende mit Fernseh- oder DVD-Schauen. Der Sohn und die Mama telefonieren fast täglich miteinander. »Was schaust du gerade?«, ist die schon obligatorische Frage der Mama am Telefon. Die Fernsehserie *Hartz und herzlich*[74] gehört zu seinen TOP10-Favoriten. Sie wird im

---

74 *Hartz und herzlich.* Deutsche Doku-Soap. Ausgestrahlt auf RTL II.

Sender *RTL2* ausgestrahlt, ein Fernsehsender, den die Mama nie einschaltet. »Ich werde mir die Sendung auch einmal ansehen, damit ich weiß, was dir daran so gut gefällt.« Der Sohn erklärt ihr, dass Menschen in ihrem Alltag porträtiert werden, die von Arbeitslosengeld II leben, also auf die sogenannte *Hartz IV-Regelung* angewiesen sind, die in sozialen Brennpunkten wohnen und die berichten, wie sie mit ihren vielen Problemen zurechtkommen, da sie sich an den Rand der Gesellschaft gedrängt vorkommen. »Du hast es geschafft«, meint die Mama am Telefon. Stille. »Du hast so vieles geschafft.« Stille. »Du hast eine schöne kleine und vor allem saubere Wohnung. Du hast eine feste Arbeitsstelle mit einer netten Chefin und netten Mitarbeiterinnen und Mitarbeitern. Du hast eine schwere Krankheit in den Griff bekommen, du alleine, obwohl du so viele Hürden überwinden musstest, so viele Niederlagen, Stigmatisierungen, Rückschläge verkraften musstest. Du bist immer wieder aufgestanden, hast versucht, dein Leben alleine in den Griff zu bekommen, hast Erfahrungen gemacht, die man niemandem wünschen möchte und dir dadurch großes Wissen über das Leben und das Leiden angeeignet. Du hast so viele Umwege in deinem Leben gehen müssen, so viele Berge hast du erklommen, so viel Wildnis durchstrichen, dass jedermann den Hut vor dir ziehen müsste. Und nicht zu vergessen, dir alleine, dir ganz alleine ist es gelungen, abstinent vom Alkohol zu werden und auch zu bleiben. Das ist grandios. Doch weil in unserer Gesellschaft zu viel Wert auf Status, Einkommen und Äußerlichkeiten gelegt wird, Menschen sich vom Luxus blenden und verführen lassen, werden die wirklich wichtigen menschlichen Kompetenzen – wie zum Beispiel persönliche Grenzen überwinden, Krankheiten überstehen, finanzielle Notlagen meistern, von Ausgrenzung sich nicht niederdrücken lassen, sich von institutionellen Hürden nicht abschrecken lassen,

Freundlichkeit und Verlässlichkeit sein eigen nennen – nicht angemessen anerkannt. Du und all diejenigen, die so schwere Schicksale gemeistert haben, ihr zählt zu den Helden unserer Gesellschaft. Es werden die Falschen belohnt und verherrlicht! Durch Anerkennung gewinnst du und all die anderen Selbstvertrauen und Mut. Talente und Potenziale kommen aus ihrem Versteck heraus. Die Medikamente, die Krücke, an die sich ein gehbehinderter Mensch klammert, könntest du wegwerfen. Die Selbstheilungskräfte deines Körpers bekämen endlich etwas zu tun!«

Die Mama endet ihren Monolog. Ihr Sohn am anderen Ende der Telefonleitung schweigt. »Ist alles gut?«, fragt die Mama. »Ja, alles gut«, antwortet der Sohn. Seine Stimme klingt emotionslos, oder vielleicht doch traurig? »Noch etwas?« Der Sohn schweigt. Die Mama ahnt, was ihn bedrückt. »Vielleicht lernst du auch einmal eine nette Frau kennen? Das wäre schön. Weißt du, du wärest der beste Ehemann und der beste Papa der Welt. Ja, ganz bestimmt. Kümmere dich. Tu etwas. Es gibt doch genug junge Frauen, die ein ähnliches Schicksal durchgemacht haben wie du. Sie sitzen auch alleine zuhause herum und haben Sehnsucht. Aber sie trauen sich nichts mehr zu nach so vielen persönlichen Katastrophen. Aber ein Leben dauert lange. Es kann sich so viel noch wenden. Und auf einmal staunt man, wenn die schwere Vergangenheit weit hinter einem liegt und man sich in einem neuen, schönen Leben befindet.« »Ich kann das nicht«, sagt der Sohn leise durch das Telefon. »Du weißt gar nicht, was du alles kannst! Du hast es nur vergessen. Aber du kannst so viel.« Die Mama macht eine Pause. Sie weiß, dass eine langjährige Alkoholabhängigkeit, der schädliche Gebrauch von Benzodiazepinen und auch die zu lange andauernde Einnahme von Psychopharmaka zu körperlichen und psychischen Folgeschäden führen kann, auch zu kognitiven Störungen aufgrund einer möglichen Degeneration des Gehirns.⁷⁵ Dann sagt sie: »Wenn du willst, dann begleite ich dich bei deinem nächsten Besuchstermin bei deinem Psychiater. Von dir aus stellst du ja keine Fragen. So könnte ich fragen. Ich habe nämlich viele Fragen. Vor allem zu der Notwendigkeit, diese vielen starken Medikamente einzunehmen. Vor allem auch zu der Möglichkeit, eine Psychotherapie durchzuführen. So würdest du deine Stärken und Potenziale besser erkennen lernen. Und auch dein Selbstbewusstsein würde gestärkt. Meinst du nicht? Vielleicht könntest du an einer Gruppentherapie teilnehmen.« Und sie fügt hinzu: »Daran nehmen gewiss auch junge Frauen teil.« »Ich weiß nicht. Vielleicht.« »O.k. Ist schon gut. Denke einfach darüber nach, ja?« »Alles soll so bleiben, wie es jetzt ist. Auch im Laden gefällt es mir. Ich brauche nichts anderes.« Er macht eine Pause. »Weißt du, ich habe halt Schizophrenie.« ⁷⁶

Die Mama verstummt. Über zwanzig Jahre ist es nun her, dass ein Arzt über ein Telefonat kurz und knapp, ohne den Sohn zu Gesicht bekommen zu haben, die Diagnose *Schizophrenie* stellte. Diese Diagnose wurde im *Pfalzklinikum* in

---

75 Vgl. K. Lieb, S. Frauenknecht, S. Brunnhuber. Intensivkurs Psychiatrie und Psychotherapie. 2016. Elsevier.
76 »*Es gibt kaum eine medizinische Diagnose, die von Betroffenen und ihren Angehörigen mehr gefürchtet und gehasst wird als die Diagnose einer Schizophrenie. [...] Denn hier mischen sich in die Anteilnahme die Verunsicherung, das Misstrauen, die Angst und das Stigma – und dies nicht nur in Form einer Stigmatisierung durch die Gesellschaft, sondern v. a. auch durch eine Selbst-Stigmatisierung [...]. Viele betroffene Menschen sehen es nach Diagnosestellung selbst so, dass sie nicht eine Schizophrenie haben – etwa wie andere Bluthochdruck oder Tinnitus haben – sondern dass sie ›Schizophrene‹ sind. ›Ich bin ein Schizophrener‹ dieser Satz ist mehr als eine Krankheitsbezeichnung, es ist die umfassende Einordnung der eigenen Person und Existenz in einen Sonderbereich der Gesellschaft, der nichts Gutes verheißt. [...]*« Ludger Tebartz van Elst. Vom Anfang und Ende der Schizophrenie. Eine neuropsychiatrische Perspektive auf das Schizophrenie-Konzept. 2., erweiterte und überarbeitete Auflage. Verlag W. Kohlhammer. Kap. 9.2.6, S. 218.

Klingenmünster korrigiert in *Depressive Angststörung* sowie *Verdacht auf selbstunsichere Persönlichkeitsstörung*.

Angststörungen können als Reaktion auf ein außergewöhnlich belastendes Lebensereignis entstehen, welches als überaus bedrohlich empfunden wird und tiefe Verzweiflung hervorrufen kann. Eine Angststörung tritt nie isoliert auf, sondern sie kann von Rückzugs- oder Aggressionsverhalten, von depressiven Episoden, Suchtmittelgebrauch, Auftreten von körperlichen Symptomen und auch psychotischen Phasen begleitet sein. Die individuelle biologische und seelische Disposition und Verletzlichkeit sowie die zur Verfügung stehenden Bewältigungsmechanismen spielen für den Schweregrad der Störung eine entscheidende Rolle. Die Störung kann verzögert auftreten, im Verlauf wechselhaft sein und auch chronisch werden.[77]

Aber ein ganz besonderes Augenmerk muss auf das familiäre und soziale Umfeld des Menschen, der so unschuldig aus der gewohnten Bahn seines Lebens geworfen wurde, gerichtet werden. In einer dysfunktionalen Familie, die keinen wirklichen Schutzraum darstellt, kann kein Kind sicher und gesund heranwachsen. Ein Entfliehen aus diesem destruktiven Umfeld ist dem Kind nicht möglich. Im besten Fall baut es sich zu seinem Schutz in seinem Inneren eine eigene kleine sichere Fantasiewelt auf. Da ein belastetes familiäres Umfeld als womöglich induzierender und aufrechterhaltender Faktor für die Erschütterungen und Brüche im Leben eines kleinen oder auch großen Menschen gelten kann, sollte es im Falle des Auftretens von psychischen Auffälligkeiten genau unter die Lupe genommen werden.

---

77 Vgl. H. Dilling, W. Mombour, M. H. Schmidt. ICD-10. Internationale Klassifikation psychischer Störungen. 2015. Hogrefe.

Ja, die Mama hat in den vergangenen Jahren viel über psychologische und psychiatrische Störungen und deren Behandlung erfahren und gelernt. Sie fragt sich, wie es möglich sein kann, dass eine *Angststörung* im Laufe mehrfacher stationärer Behandlungen in psychiatrischen Kliniken zu einer *Paranoiden Schizophrenie* mutiert? »Nicht therapiefähig« lautete mehr als einmal der ärztliche Grund für einen Therapieabbruch und eine vorzeitige Entlassung aus einer Klinik. War es sein *Eigensinn*, der ihn nicht therapiefähig machte? *Eigensinn* gilt als störend im Therapieprozess, *Noncompliance* als Krankheitsmerkmal[78]. Werden aus Unklarheiten und Unsicherheiten, die einen Therapieprozess unweigerlich begleiten, falsche Schlussfolgerungen gezogen? *Eigensinn* ist doch ein Zeichen dafür, dass ein Mensch seinen eigenen Weg finden will, nicht gegängelt werden will, sein *Ding* machen will. Doch in einer Klinik haben Ärztinnen und Ärzte sowie das Pflegepersonal wohl keine Zeit, um den *Eigensinn* der Patientinnen und Patienten in die Therapie mit einzubeziehen.[79]

Mit der Diagnosestellung jedoch wird der Mensch in eine Schublade gesteckt, die ihn lebenslang darin einsperren kann, und irgendwann wird dieser Mensch an die Richtigkeit dieser Diagnose glauben und sie in seine Selbstwahrnehmung integ-

---

78 Vgl. T. Bock, A. Heinz. Psychosen. Ringen um Selbstverständlichkeit. Anthropologische Psychiatrie 2. 2016. Psychiatrie Verlag.
79 Psychiatriereform. 2016. Umstrukturierung der psychiatrischen Versorgung und Betreuung in Deutschland. In Folge: Ablösung der dreißig Jahre alten Psychiatriepersonalverordnung durch die *Personalausstattung Psychiatrie und Psychosomatik-Richtlinie (PPP-RL)*, in Kraft getreten Januar 2020, geändert Mai 2021. Die Kliniken jedoch beklagen die Richtlinie als »bürokratisches Monster«, das Innovationen erschwere zu Lasten einer ambulanten, wohnortnahen und aufsuchenden Versorgung. Interdisziplinarität in multiprofessionellen Teams sei kaum zu organisieren. Verschärfung des Fachkräftemangels. Vgl. ÄrzteZeitung. Psychiatrie. Psychiatrische Kliniken beklagen: Personalplanungsrichtlinie ist zu kompliziert. Von Helmut Laschet. Veröffentlicht: 27.07.2021, 13.20 Uhr.

rieren. *Paranoide Schizophrenie.* Diese Diagnosestellung kann lebensrettend sein, dennoch ist sie oft verheerend. Die meisten Menschen unserer westlichen Welt, die sich für aufgeklärt und tolerant halten, zucken beim Aussprechen dieses Wortes zusammen. Man spricht heute oft von einer *cancel culture*[80]. Beleidigungen, Demütigungen und Diskriminierungen sollen mit dieser *Löschungskultur* unterbunden werden. Warum nicht auch stigmatisierende Krankheitsdiagnosen aus unserem Wortschatz entfernen? »Ich habe halt Schizophrenie.« Die Interpretation dieses Eingeständnisses lautet: »Als Stigmatisierter, als Außenseiter, als Irrer – die Leute denken doch so über Psychiatriepatienten! – habe ich keine gleichberechtigten Chancen mehr im Leben, alle weiteren Anstrengungen sind unnötig.« Die Anpassung an die Diagnose führt zur Anpassung an eine dauerhafte Grenzsituation, an eine dauerhaft wahrgenommene Benachteiligung sowohl auf dem individuellen Lebensweg als auch im gesellschaftlichen Zusammenleben. Aber ein individueller Lebensweg ist dynamisch, veränderlich, wechselvoll. Heute arm, morgen reich oder umgekehrt. Heute krank, morgen gesund oder umgekehrt. Heute unglücklich, morgen glücklich oder umgekehrt. Der Mensch ist bis ins hohe Alter entwicklungs- und lernfähig, auch wenn er, oder gerade weil er anfällig ist für vielerlei Unwägbarkeiten des Lebens. Alles, was Menschen geschieht, ist menschlich und betrifft jeden Menschen dieser Welt. Als Voraussetzung für ein gelingendes Leben bedarf der Mensch als soziales Wesen nicht nur der sozialen Teilhabe und Eingebundenheit in einen gesellschaftlichen Kontext, sondern auch der persönlichen Freiheit und

---

80 *Cancel Culture.* Politisches Schlagwort zum Ausschluss von Personen, Organisationen, denen diskriminierende oder beleidigende Aussagen oder Handlungen vorgeworfen werden, sowie für eine Lösch- und Zensurkultur in Film, Musik und Literatur. Kritik: Einschränkung der Meinungsfreiheit, Freiheit von Wissenschaft und Kunst, Diskreditierung und Vorverurteilung Einzelner.

damit der Selbstverantwortung, der Freiheit und Selbstverantwortung zum Siegen und zum Scheitern. Nicht nur die Freiheit zum Siegen setzt uneingeschränkte Selbstbestimmung und entsprechende Handlungsspielräume voraus, sondern auch die Freiheit zum Scheitern. Und *ist der Krug doch einmal so lange zum Brunnen gegangen, bis er gebrochen ist*[81], dann gibt es bestimmt jemanden, der sorgfältig hilft, die Scherben wieder zusammenzuleimen – fürsorgliche Mitmenschen oder ein vielfältiges und verantwortungsbewusstes pflegerisches und medizinisches Hilfesystem.

Ein Menschenleben darf nicht in eine Schublade gesteckt werden, in der es dann für immer verharren muss. Für jedes Menschenleben müssen die Schubladen der ganzen Welt immer und zu jeder Zeit offenstehen, ausprobiert und gewechselt werden können.

Alle diese Gedanken kreisen in Mamas Kopf herum. »Hm«, wendet sie sich wieder an ihren großen Jungen, »du kennst doch das Märchen, ich habe es früher oft vorgelesen und du hast es auch selbst gelesen, in dem es am Ende so heißt:

›*Was in der Jugend einen Sprung kriegt und geht nicht gleich entzwei, das hält nachher oft gerade noch recht lange.*‹ [82]

Schön, nicht wahr?«

---

[81] *Der Krug geht so lange zum Brunnen, bis er bricht.* Deutsches Sprichwort. Bedeutung: Jemand beendet eine ihm schadende Aktivität so lange nicht, bis er selbst gebrochen oder zerstört ist.
[82] *Die drei Schwestern mit den gläsernen Herzen.* Märchen von Richard von Volkmann-Leander (Chirurg, Hochschullehrer, Märchendichter). Geb. 1830 Leipzig, gest. 1889 Jena.

50 Alles gut? – Vielleicht.

Seit Monaten grassiert nun weltweit das Corona-Virus. Da aufgrund dieser Corona-Pandemie[83] fast alle Einrichtungen des öffentlichen Lebens geschlossen sind und nur noch diejenigen, die der Grundversorgung der Menschen dienen, von dem sogenannten *Lockdown*[84] verschont sind, finden für den jungen Mann nun der Malkurs und das *Magic*-Spiel nicht statt. Zum Glück gehört der Naturkostladen zu den Einrichtungen, welche die Grundversorgung der Bevölkerung sichern und somit geöffnet bleiben. Der Tagesablauf nimmt für den jungen Mann seinen geregelten und gewohnten Gang. Die Mund-Nasen-Schutz-Maske schränkt zwar das Atmen etwas ein und die Brille beschlägt oft, aber die Mama ist der Meinung, dass er sich doch mit Ausnahmesituationen bestens auskenne.

»Nicht wahr?« »Ja, das stimmt«, bestätigt ihr Sohn am anderen Ende der Telefonleitung und die Mama scheint ein Schmunzeln wahrzunehmen. Na also. Nein, der junge Mann gerät nicht in eine Panikstimmung oder gar eine Coronahysterie. Er weiß Bescheid. »Das Virus kann für manche Menschen tödlich sein. Ja, das stimmt. Aber nur für wenige Menschen, habe ich gelesen. Durch eine Impfung kann man sich und andere schützen und somit die Verbreitung des Virus' eindämmen. Demnächst werden bei uns im Laden alle Mitarbeiterinnen und Mitarbeiter geimpft. Aber, weißt du Mama, in Deutschland erkranken jedes Jahr etwa dreißig Prozent der Menschen an einer psychischen Störung und annähernd Zehntausend versterben wegen Suizid, weltweit sollen es sogar etwa eine

---

83 Corona-Virus-Pandemie (COVID-19-Pandemie). Durch das SARS-CoV-2-Virus ausgelöste Atemwegserkrankung. Ausbruch im Dezember 2019 in *Wuhan* (China). Bis August 2021 ca. 4,3 Millionen Todesfälle weltweit.
84 *Lockdown* (engl.). Ausgangssperre.

halbe Million Menschen sein. Das darf man auch nicht vergessen. Eine Impfung gegen Suizid gibt es leider nicht.«

Die Hygienevorschriften hält er tadellos ein. »Klar«, denkt die Mama. »Er war ja schon als kleiner Bub immer folgsam und ordentlich.« Mittlerweile ist er aber vierundvierzig Jahre alt. Die Mama meint, aus seinen Ausführungen herauszuhören: »Nichts kann schlimmer sein, als in einer Psychiatrischen Klinik eingeschlossen zu sein. Nicht einmal dieses Virus.«

Sie telefonieren nach wie vor häufig miteinander, aber, die Mama registriert es wohl, die Anrufe ihres Sohnes kommen nicht mehr täglich. Er braucht nur noch selten ihre Unterstützung. Er führt ein eigenständiges Leben. Ein Wunder ist nicht geschehen, aber etwas Beruhigendes und Erlösendes scheint in dem Leben des jungen Mannes Einzug gehalten zu haben. »Ich spiele wieder Schach«, berichtet er der Mama, »zusammen mit einem Arbeitskollegen.« Und er fügt hinzu, dass er die Wochenenden immer öfter mit Max verbringt. »Der Max und ich machen Krafttraining. Du weißt doch, der Max hält viel von Fitness. Sein Zimmer ist voller Trainingsgeräte.« Die Mama hört gespannt, was ihr Sohn an Neuigkeiten erzählt. Seine Stimme klingt gut. Was der *Tiger* macht, weiß sie nicht und fragt sie auch nicht. Als ihr Sohn ein kleiner Junge war, wusste sie es auch nicht. Mütter wissen nicht alles über ihre Kinder. Sie können nicht alles wissen. Wenn sie ihn heute fragt, wird er ihr es nicht sagen. Und das ist gut so.

****

Nachworte

Protagonist
Ich war aus der Gesellschaft herausgefallen und wurde wieder ein Mensch. In meinem Kopf war Krieg und jetzt habe ich wieder Frieden gefunden.

Behandelnde Ärztin
Dieses Buch hat mich sehr bewegt und ich empfinde tiefen Respekt für meinen Patienten. Man spürt bei ihm die Last und Spuren der vielen schweren Lebenserfahrungen und wie sein Blick auf das Leben dadurch geprägt ist. Er strahlt aber auch eine große Natürlichkeit, Verspieltheit und Feinfühligkeit aus. Möge er seiner vielen Interessen und Talente, auch im Umgang mit Menschen wieder bewusster werden und noch viel Positives erleben!

Das Lesen dieses Buches macht einen demütig und stellt die Frage, was im Leben wirklich wichtig ist.

Sozialtherapeutin
Eine beeindruckende Ideensgeschichte, welche einem den möglichen Verlauf einer Suchterkrankung und den folgenden Verlauf deutlich näherbringt und mitfühlen lässt. Eine teils dramatische Geschichte mit einem positiven Ausgang.

Mutter des Protagonisten
Das Leben meines Sohnes verlief anders, als er es erwartete und auch ich es als seine Mutter hätte erahnen können. Sein fröhliches Naturell, seine Lebensfreude und seine vielfältigen Talente ließen auf einen überaus erfolgreichen Entwicklungsweg schließen. Es kam anders. Das Unglück brach mit voller Wucht auf das unschuldige Kind und den Jugendlichen herein.

Seine Kreativität, sein künstlerisches Talent und die Musik gaben meinem Sohn während dieser schweren Zeit immer wieder Hoffnung und Lebenswillen. Heute ist er in einem eigenständigen und gesicherten Leben mit persönlichen Freiheiten angekommen. Welch große Leistung! In der Rückschau bin ich der Meinung, dass eine intakte Familie hätte präventiv wirken können. Auch die professionelle Unterstützung im Rahmen einer Kinder- und Jugendlichenpsychotherapie hätte frühzeitig erfolgen müssen. Eltern können ihre Kinder nicht vor jeglicher Widerfahrnis beschützen und manchmal erkennen sie deren seelische Notlagen erst viel zu spät. Doch es ist wichtig, dass Eltern ihren Kindern signalisieren: „Ich bin für dich da, in guten und schweren Zeiten." Auch das soziale und medizinische Hilfesystem und die darin handelnden Menschen sind fehleranfällig. So löschte der „Verrat" in Wiesloch die Hoffnung meines Sohnes auf ein noch rechtzeitig gelingendes gutes Leben aus. Mein Dank gilt all denen, die meinen Sohn in seinen schwersten Zeiten empathisch und respektvoll annahmen und unterstützten. Der „Tiger" ist wohl bis heute nicht verschwunden, doch ich meine, da mein Sohn heute für dessen Existenz ein zunehmendes Verständnis entwickelt hat, wurde er zu einem zahmen Haustier. Mit seiner Biografie „Tiger im Käfig" möge meinem Sohn nicht nur Gerechtigkeit und Anerkennung zuteilwerden, sondern er kann mit diesem Buch auch seine Leidenszeit symbolisch ins Bücherregal stellen. Und ich bin sicher, dass seine kreativen, intellektuellen und empathischen Wesensmerkmale, seine Aufrichtigkeit und besonders auch sein Humor alle Lebensstürme überdauert haben. Künstlerisches und sportliches Tun können heilen und machen frei. Die Türen stehen endlich offen! Mein Sohn hat noch viel Lebenszeit vor sich. Ich wünsche ihm, dass es eine zufriedene und vielleicht seine beste Lebenszeit wird.